国家社会科学基金“十二五”规划2011年度教育学
一般立项课题(课题批准号：BJA110084)

U0845428

高职学生
职业能力培养体系
构建研究

唐 瑾◎著

教育科学出版社
·北 京·

出版人　李　东
责任编辑　王峥媚　胡　嫄
版式设计　郝晓红
责任校对　张　珍　刘　婧
责任印制　叶小峰

图书在版编目（CIP）数据

高职学生职业能力培养体系构建研究／唐瑾著．—北京：教育科学出版社，2016.8
ISBN 978-7-5191-0366-8

Ⅰ.①高…　Ⅱ.①唐…　Ⅲ.①高等职业教育—大学生—能力培养—研究　Ⅳ.①G718.5

中国版本图书馆 CIP 数据核字（2016）第 030707 号

高职学生职业能力培养体系构建研究
GAOZHI XUESHENG ZHIYE NENGLI PEIYANG TIXI GOUJIAN YANJIU

出版发行	教育科学出版社		
社　址	北京·朝阳区安慧北里安园甲 9 号	市场部电话	010-64989009
邮　编	100101	编辑部电话	010-64989394，64989443
传　真	010-64891796	网　址	http：//www.esph.com.cn
经　销	各地新华书店		
制　作	北京金奥都图文制作中心		
印　刷	北京易丰印捷科技股份有限公司		
开　本	169 毫米×239 毫米　16 开	版　次	2016 年 8 月第 1 版
印　张	16.5	印　次	2016 年 8 月第 1 次印刷
字　数	290 千	定　价	34.00 元

如有印装质量问题，请到所购图书销售部门联系调换。

前　言

高职学生职业能力培养是高等职业院校教学改革与建设的重点，因此，高等职业院校应围绕我国经济发展方式转变和产业结构优化升级的总要求，大力推行合作办学、合作育人、合作就业、合作发展，突出人才培养的针对性、灵活性和开放性，为区域经济发展和产业振兴、战略性新型产业发展、产业结构优化升级等培养一线的技术技能型人才，全面提升自身办学水平，不断提高服务经济社会发展的能力。

近年来，湖南外贸职业学院在这方面进行了有益的探索与尝试，学院在校企合作体制机制建设、合作开发新专业及专业建设、校企合作育人等方面取得了明显成效。本书针对我国高职学生职业能力培养体系建设面临的困难和挑战，把学生职业能力形成的过程分解成“知识学训—仿真实训—企业实训—顶岗实训”四个阶段。根据职业能力培养在这四个阶段的不同要求，对课程教学、思想教育和管理服务进行了重新设计，构建了以学生全面健康成长为目的、以职业能力养成为主线、以实践教学为主要手段的高等职业教育人才培养体系，真正做到教学育人、管理育人、服务育人，全面提升学生的职业能力。全书共有七章，内容主要包括高职学生职业能力培养的现状、高职学生职业能力的形成机理、高职学生职业能力“四阶段”培养模式的内涵、高职学生职业能力“四阶段”培养模式的构成、高职学生职业能力评价体系构建，高职学生职业能力培养实践探索(以湖南外贸职业学院为例)。

本书在撰写过程中得到了湖南省教育厅、湖南省教育科学研究院、深圳职业技术学院、武汉职业技术学院等单位专家的悉心指导，湖南工业大学刘太刚教授和湖南外贸职业学院的易石宏、胡昌建、吴敏良、彭铁光、叶宏、蒋唯、谢英芝、袁东兵、吴轶群等同人对本书的撰写和统稿提出了宝贵意见；同时，本书还借鉴了相关文献资料。在此，对他们的不吝指导和辛勤劳动表示衷心感谢！

由于作者水平有限，书中有关观点和论述难免有不妥之处，敬请广大读者提出宝贵意见！

唐　瑾

2015 年 4 月

目　录

第一章 绪 论

国务院于2014年6月23日召开了改革开放以来的第三次全国职业教育工作会议，会议深刻阐述了发展现代职业教育的战略价值，要求站在国家发展战略全局的高度，充分认识加快发展现代职业教育的战略意义。面对新形势、新变化，我国职业教育与市场经济发展还不协调，仍不能满足经济社会转型发展的需求，特别是职业人才培养与市场要求的差距还很大，中、高级职业技能人才总体规模不大，质量不高，有待进一步加强。加快发展现代职业教育，扩大高技能型人才培养规模，提高高技能型人才培养质量，是实现职业教育现代化建设的必然要求。因此，研究高职学生职业能力培养模式，进一步丰富和完善职业教育理论体系，对全面深化职业教育改革、构建中国特色现代职业教育体系，具有较强的理论意义与现实意义。

一、问题的提出

（一）高职人才培养的基本现状

高等职业教育是以培养高职学生职业能力为核心的应用型教育。改革开放三十多年来，我国职业教育取得了巨大成就，特别是21世纪以来，我国高等职业院校迎来发展的春天，前进步伐迈得很大。据相关教育统计数据显示，1998年，全国高职（专科）院校有432所，高校扩招后，截至2013年，全国高职（专科）院校已达到1321所，占全国普通高校数的52.3%，比1998年增加了889所。该数据中包含了1998年后一批由专科高校升级为本科学院，如果不考虑此因素，实际增加的高职（专科）院校更多。需要说明的是，这 1321 所高职（专科）院校基本都是在 1999 年后，由成人高校、中专升格和新创办的三种渠道构成的。高等职业教育的迅速发展，在规模上占据了我国高等教育的半边天，培养了一大批高技能型人才，为我国市场经济的发展、产业结构的转型升级提供了巨大的智力支持。同时，高等职业教育的发展又解决了我国众多农村学子上大学难的问题，为青年人的创业就业做出了巨大贡献。但也要看到，高等职业教育的发展越来越跟不上经济发展的脚步，发展模式比较单一，体制机制弊端逐渐显现，亟待通过教育教学改革提升高职学生的职业能力。

1. 高职人才培养政策和理论研究滞后

我国高等职业教育起步较晚，1980 年才创办第一所高等职业院校，1994 年的《国务院关于〈中国教育改革和发展纲要〉的实施意见》才首次正式提出发展高等职业教育。回顾计划经济时代，我国高等教育属于精英教育，能进入大学的只有中学学业成绩比较优秀的学生，他们具有比较扎实的学科知识基础，养成了良好的学习习惯，掌握了科学的学习方法。那个时代的职业教育模式与本科高校教育模式类似，注重系统性知识的传授与学习。

在大力发展市场经济后，高等教育从精英教育转向大众教育，高等职业教育顺应市场经济发展的需要快速发展起来。在市场经济发展初期，为满足市场需要，高职高专院校和成人高校进行了一些改革创新的尝试，如，与企业合作举办灵活多样的职业技能培训班，这种方式培养了一大批市场需求的高技能职业人才。高职高专院校通过这种形式，探索了高技能型人才的培养模式，获得了一定的发展，取得了一些成效。1999 年《中共中央国务院关于深化教育改革　全面推进素质教育的决定》的出台推动我国高等职业教育迈入发展的快车道。文件中强调，“现有的职业大学、独立设置的成人高校和部分高等专科学校要通过改革、改组和改制，逐步调整为职业技术学院或职业学院”。从此，职业教育开始受到政府与社会的广泛关注，对高等职业教育的价值定位的探索也随之展开，高等职业教育的价值定位逐渐明晰。高等职业教育属于应用型教育，普通高等教育属于研究型教育，高等职业教育与普通高等教育共同发展，从而形成具有中国特色的两种高等教育模式。对高等职业教育价值的科学界定，有利于加快高等职业教育发展。为进一步加快发展我国高等职业教育，国务院于 2014 年印发了《国务院关于加快发展现代职业教育的决定》，明确提出，我国现代职业教育体系是由中等职业教育、专科层次的高等职业教育、本科及研究生以上层次组成，意在打通职业教育的发展通道。事实上，对应用型高等职业教育的认识，没有跳出普通高等教育范畴，特别是国内学者们对高等职业教育理论研究成果大都局限在普通高校范畴。从 1999 年到 2014 年，中国期刊网上有关“高等职业教育”的研究论文信息共 120334 条，在核心期刊上发表的论文信息共 17253 条。在这一时期高等职业理论专著有 20 余本。如果追溯到 1979—1998 年的二十年里，内容涉及高等职业教育理论、课程、专业、教学等领域的专著成果，几乎没有。至于高等职业教育人才培养领域的研究成果，从 1999 年至 2014 年总共有 4037 条，其中，在核心期刊上发表的论文信息共 591 条，专门研究高等职业教育人才培养理论的著作仍不多。高等职业教育的理论研究滞后于实践，主要是高等职业教育研究成果积累的时间太短，影响了高等职业教育人才培养实践的有效性。当然，学术成果是在探讨过程中积累的，相对于高等职业教育发展历程而言，以上研究成果是很多的，对高等职业教育发展也起到了很大作用。

2. 教学方式较单一

随着市场经济的快速发展，我国高等职业教育的规模在不断扩大，为经济社会培养了大量的职业人才。但也要看到，在高等职业教育快速发展过程中，传统的教学方式方法没有与时俱进，难以满足时代发展的要求。基于此，教育部在 2000 年出台了《新世纪高职高专教育人才培养模式和教学内容体系改革与建设项目计划》（教高〔2000〕3 号），力求通过改进高职高专教育人才培养模式、创新教学体系，推动职业教育与时代发展接轨。高等职业教育教学内容体系建设是一个漫长的积累过程，不能期待“毕其功于一役”。2013 年，国家“十二五”规划立项课题《高职学生职业能力培养模式构建研究》项目组调研报告显示，大部分学生认为高等职业院校教师的教学内容比较单一，完全按照知识学术型模式在组织教学内容，几年都没有变化，内容比较陈旧，与经济社会发展脱节。大部分高职院校教师认为，学校教学内容基本还是应试教育模式，职业岗位的针对性不强，无法培养社会经济发展所需的技能人才。项目组随后对湖南外贸职业学院等高等职业学校进行关于高职学生对教学内容满意度的调查，结果显示，学生满意度最低的是顶岗实训内容，而顶岗实训恰恰是培养学生职业技能的重要途径。调研结果说明，目前高职院校的教学内容不能适应高等职业教育发展，部分教师不能胜任高等职业教育人才培养的重任，严重滞后于经济社会发展，无法实现高等职业教育人才培养目标，存在的问题很大。

3. 师资队伍普遍单一薄弱

我国高等职业教育发展的时间不长，现有的院校主要是由中等职业学校升格构建的，其师资成分也比较复杂，其中一部分为原来的中职师资。另外，还有一部分师资是来自“985”工程学校毕业的硕士和博士研究生，他们对高等职业教育很陌生，从事高等职业教育还有一个适应和提高的过程。2013年，国家“十二五”规划课题《高职学生职业能力培养模式构建研究》项目组到江西、福建、贵州和浙江进行了高等职业教育师资队伍建设专项调查，结果发现，抽样学校的师资整体素质不尽如人意。在学历职称方面分布呈正态，形成了有学术的教师多，而有技术的教师少的师资格局，极大地影响了高等职业院校人才培养的目标。学术型教师在教学上采用“满堂灌”，一刀切，以本为本，以“我”为中心的教学方法，使学生得到的专业实训机会较少，教师在教学中与学生的交流比较少。调查中发现，这些教师在教学中，轻视学生主体性的发挥，无视学生的差异性，不太重视教学效果，缺乏和学生心灵、情感和知识层面的交流。部分具有硕士及以上学历的教师自认为自己不能适应培养技能型人才的教学岗位，对岗位实训感到“有点困难”。实际情况可能还更为严重，很多教师认为学校没有制定鼓励教师到企业顶岗培训的具体规划与实施意见。被调研的相关学校没有给教师进修深造的学习机会。在专业实训教学方面，也没有采取有力措施鼓励提高实训教学的知识水平、操作能力、教学水平和科研能力。由此可见，高等职业院校师资水平离经济社会发展要求还有比较大的差距。

(二) 社会发展的现实需求

1. 推动市场经济发展的迫切需要

当前，我国正处于粗放型增长方式向集约型增长方式的转型时期，高等职业院校培养的高技能型人才满足不了市场经济发展的迫切需要。早在20世纪80年代，我国尚处在计划经济时期，国有企业是当时产业经济的主体，其生产技术要求不高，因此对技术工人的培养也就不太迫切。随着计划经济向市场经济的转型，特别是近几年经济规模不断扩大，经济结构不断优化，产业领域开始大量需求生产、服务的技术创新型、技能操作型人才，这为高等职业教育的人才培养提供了重要的机遇。根据2008年的统计数据，我国当年度技术工人总数约8500万人，其中，高级工、中级技师、高级技师580多万人，仅占4%左右。2013年人力资源和社会保障部统计，

"十二五"末，高级技工以上的高技能型人才只有占技能劳动者比例达到45%，才能满足我国经济社会发展的要求。高等职业院校肩负着高技能型人才培养的重任，高等职业教育对技能人才的培养主要包括培养人的职业能力与职业素养，即培养高级技术型、技能型人才及复合型高技能型人才上。高技能型人才主要包括技能劳动者中取得高级技工、技师和高级技师职业资格及相应职级的人员，可分为操作技能型人才、技术技能型人才、复合技能型人才、知识技能型人才。例如，在第一、第二、第三产业一线工作，具备精湛专业技能，能发挥关键作用，把握生产操作过程的技能人员。高等职业院校的使命就是培养具有高技能、高素质、高应用特点的人才，满足经济社会发展的需求。因此，高等职业教育在教育体系、教育结构、专业设置、教学内容、实习实训安排上就必须与市场需求紧贴，培养目标要与高级技术、技能应用型人才培养相一致。这就要求高等职业院校提高人才培养的有效性，紧贴行业发展，明确教育目标，让学生有足够的实训机会，在操作中不断反思，理解专业技能的内容，形成职业素养，提高人才培养的实用性。

2. 推动社会经济发展的重要支撑

早在1961年，美国著名经济学家舒尔茨就在《教育与经济增长》中提出了著名的人力资本理论，研究得出教育对国民收入增长贡献率为33%的著名论断，开启了学者们对职业教育与经济发展关系问题的研究。尽管国内外有不少学者的研究表明普通教育对经济发展的贡献不比职业教育小，但是更多的研究证实，在一定条件下职业教育对经济发展的贡献大于普通教育。

众多学者研究成果表明，经济发展的不同阶段对人才需要有不同的要求。国内代表学者韦进的实证研究表明与普通高校毕业生相比高职学生的工作满意度、劳动生产率更高。目前，党中央、国务院正在全面深化改革，进一步激活市场活力，产业转型升级迎来了战略机遇，但同时经济下行压力加剧，生产成本上升，结构性矛盾突出，导致大学生就业难等问题，一直受到社会关注。就企业而言，企业难以在短期内招到熟练工，从而出现"技工荒"等"有事没人做"的局面。原因有以下几点：首先，对部分劳动密集型企业，如纺织行业、简单的技术岗位来说，劳动强度大，工酬低，对高职学生缺乏吸引力，因而造成部分劳动密集型企业招不到工，而部分无技术特长的劳动力宁愿失业也不愿去这些企业工作；其次，有的企业岗位技术含量高、对技能要求也高，大学里根本没有这样的专业设置，也培养不出有此技能的毕业生；再次，市场对高级技术、技能型人才的需求现有的大学生中无法得到满足，再加之就业信息不畅通，使得他们找不到工作，成为啃老一族。大学生就业难的另一面却存在巨大的市场需求矛盾，据中国劳动力市场信息监测中心2013年度的数据显示，用人单位对技术等级有明确要求，主要集中在初级技能人员、中级技能人员和技术员、工程师，其所占比重合计为55.5%。从市场供求状况看，目前市场上各技术等级均处于需求人数大于求职人数的状况，求职倍率相对较高的是高级工程师、高级技师和高级工，高级工程师的求职倍率为3.65%，高级技师和高级工的求职倍率为1.66%。数据表明，市场上的高级技术、技能型人才存量不足，无法满足经济发展的需要。面对大学生供给与市场需求之间矛盾的加剧，高等职业教育只有通过深化改革，紧密联系经济发展，才能从根本上解决职业矛盾。

（三）实践要求与理论冲击

1. 实践要求

众所周知，政府、学术界、学校、学生对目前高等职业院校的人才培养现状较为关注但并不满意。根据市场职业岗位群的要求和学生全面发展的职业素质的要求，教育人才培养模式的改革创新重点是构建满足社会发展需求的高等职业教育人才培养体系，以终身教育为理念，打通专科、本科和研究生渠道，通过工学结合的专业岗位设置、教育内容安排、教学效果评价，以及学生职业能力训练的实习实训活动，实现学生职业能力的全面发展。我国高等职业教育人才培养模式创新是在1999年高校大规模扩招后开始的。1999年以前，高等职业教育人才培养模式主要集中在知识教学上，多称为知识性教学计划设计与开发。这种模式的专业设置与市场需求之间的融合度低，培养的人才达不到经济社会发展所需的人才要求。因此，这就要求高等职业院校在培养高技能型人才中对学生职业能力的培养，既要注重学生精湛的专业技能、职业能力的培养，又要对学生进行相关岗位环节职业操作能力的培养，使他们能在岗位关键环节中具备发挥作用的能力，能够解决生产操作难题，服务于岗位一线领域。事实上，用这个标准衡量高等职业院校人才培养的目标就会发现，高等职业学院的实训内容与职业岗位技能培训不一致，职业岗位知识、技能、态度的培训不系统，因此导致大部分高等职业院校工学结合不紧密，没有完成培养任务。高等职业教育人才培养应按照系统论的方法，与职业主体相匹配，按照职业岗位群的需要，构建不重复浪费的职业知识、技能和素养，科学有效的实训体系，促进学生全面发展。具体来讲，高等教育技能型人才的培养是以培养岗位能力、操作能力和社会能力为主要内容，以岗位工作流程导向，突出工学结合和职业岗位或岗位群的职业人才培养，因此高等职业院校必须按照岗位技能需求，优化专业设置，重构市场型课程体系，改革原有的专业岗位和教学内容，对原来知识理论端、公共实训端、岗位专业教学等方面进行全面创新，实现与市场的无缝对接，这是构建现代高等职业教育体系的实践要求。

2. 理论冲击

20世纪以来，高等职业教育理论研究异军突起，从普通高等教育理论研究中分离出来，打破了普通高等教育理论一统天下的局面，丰富了高等职业教育理论宝库。对高等职业教育的理论研究，主要注重学生岗位职业能力的培养体系，突出以职业、岗位、工作、行动、任务、过程、情境、技能和能力等为职业教育模式的核心内容。从学术的角度研究高等职业教育人才培养模式理论，仅强调理论的系统性和科学性，没有把握高等职业教育人才培养的特点。从能力本位的角度研究高等职业教育，主要针对具体工作岗位，以工作岗位所需要能力的获得作为评判的标准，岗位、任务、技能、能力是能力本位职业教育理论的核心话语。有研究者在调查中甚至发现，为生产企业培养生产一线技能型人才的某高等职业院校，其部分毕业生由于在学校掌握的生产技能达不到企业生产要求而又不愿意从学徒做起，结果竟然去从事“文员”类工作。① 能力本位的初衷旨在培养完成具体岗位任务的能力，但缺少必要的张力和弹性，技能的针对性和时效性不强，使得综合性能力很弱，没有可持续。因此，就高等职业教育而言，无论是从学术角度，还是以能力本位的研究角度，认知都是片面的，具有很大的局限性，对高等职业教育的方式、内容影响很大。如果人才培养模式由工作过程、行动情境、工作任务、行动导向、职业情境、能力发展所主导，那么职业教育理论就会向岗位工作实践过程转变，就会以重构岗位知识、技能、态度为主导，原来的学科知识体系就会被岗位过程所取代，教学内容向岗位过程转化。而传统的高职人才培养模式是以案例作为教学方法，而以工作过程为导向的高职人才培养模式实质上是将案例学习转换为

---

① 查吉德. 关于高职人才培养目标的思考［J］. 河北师范大学学报（教育科学版），2011（3）：70.

岗位教育，使得案例教育的性质发生质的转变。建立在工作过程导向基础上的高职人才培养体系，实际上就是将职业岗位进行项目化培养，在不同专业中，不同层次的岗位培育中，高等职业教育人才培养目标是比较明确的。职业岗位项目化是高职人才培养模式的重要特点，通过对学生进行仿真性职业技能项目训练，培育学生主体职业能力，养成良好的职业素养，实现人的全面发展。当然，依靠项目和岗位操作过程来区分中等职业教育与高等职业教育的人才培养模式是不行的，两者在学生职业能力培养标准方面有很大的差异性，这也是学者们和广大职业教育教学工作者所关注的重点。

二、研究价值及意义

近年来，随着高等职业教育与市场经济进一步融合发展，高职院校主要以职业技能培养为主线，以实现高质量就业为导向，遵循终身教育理念，把提升人才培养质量贯串于全过程，促进学生全面发展，为技术技能型人才的出彩人生奠定坚实基础。经济发展不仅对高技能型人才的数量、规模提出要求，而且对人才的结构、质量提出更高要求。实践表明，大量的高技能型人才支持与推动着国家加快推进工业化、城市化、农业现代化建设。因此，加强对学生职业能力培养研究，对造就适应经济社会发展的高素质技能型人才，进一步加快经济发展具有十分重要的现实价值。

（一）理论价值

1. 科学界定职业能力相关概念，深化职业能力培育内涵

科学界定职业能力概念，揭示职业能力培育内涵，有利于引导高等职业院校转变职业教育观念，重新确定高等职业院校人才培养战略。对一些职业院校办学进行调研后获悉，当前，高职院校仍然不同程度地存在着普教化、学术化、学历化倾向，重知识、轻技能，强化分数、淡化能力的弊端尚未从根本上得到缓解。高等职业院校在坚持全面发展的基础上，应重点加强工学结合的职业技能的培养，使得高等职业教育目标定位、内容调整、过程安排、制度设计以及教育环境的构建，更加符合职业教育发展、职业学校办学和职业人才培养的规律，符合技能型人才成才和企业用人的实际需要。

2. 构建职业能力培养体系，进一步提高实效性

十八届三中全会指出“更新教育观念，深化教学改革、考试招生制度改革、学生评价制度改革和职业教育改革等”，这是当前教育改革的突出重点。因此，应该在认真分析当前国家职业资格、行业职业标准和企业职业认证体系现状的基础上，针对其中的不足和缺失，紧贴市场需求，通过学业资格与职业资格之间的转换制度改革，准确构建高职学生职业能力培养体系，为其就业、转岗、职业生涯持续发展提供服务支撑，增强高职学生职业能力培养的灵活性和渗透性，进一步提高职业能力培养的信度、效度和区分度。按照国务院 2014 年印发的《国务院关于加快发展现代职业教育的决定》要求，结合当前教育部关于学生顶岗实习工作推进情况，深入分析职业学院的传统职业教育人才培养的弊端，研究校企合作、工学结合的“四段式”新型人才培养模式，以国家经济社会发展需要为出发点，以提高质量为核心，突出能力本位，对高职学生职业能力培养体系进行顶层设计，优化职业能力培养环境中的各个要素，以就业为导向，全面深化职业院校人才培养模式改革，使得职业教育教学的全过程更加符合职业能力形成规律。

为此，结合我国职业教育发展理论和国际职业能力培育的理论研究成果，深入探索“四段式”人才培养模式及高职人才培养模式，对高职学生职业能力的培养，以及职业能力建设的制度设计提供有力的理论支持，拓展了高等职业教育研究领域，进一步丰富了我国高等职业教育改革的理论宝库，具有极强的理论价值。

（二）实际意义

1. 促进人的全面发展

人的全面发展是现代教育的理想。夸美纽斯在其专著《大教学论》一书中，提出了泛智教育的理想，希望所有的人都受到完美的教育，得到多方面的发展，成为和谐发展的人。“人的全面发展”是马克思主义的基本原理之一，也是我国教育方针的理论基石。随着市场经济不断完善，职业教育为市场经济发展提供了重要的人力支撑。发展职业教育就是构建以终身教育为理念的现代职业教育体系，为大多数有志青年提供接受多层次、多形式的教育服务，全面提高全民族素质，实现中华民族的伟大复兴。然而，长期以来，我国教育模式是单一的应试教育，属于精英教育体系，一直存在着重知识、轻素质，突出表现为重知识的继承性而忽视知识的创新性；

注重知识接受和职业选择，忽视能力教育、自主性教育和责任教育等，从而造就了一批高分低能的人，无法满足市场需求。因此，发展职业教育就必须坚持与时俱进，打破发展瓶颈，建立和完善终身教育制度，打通应用型职业教育的专科、本科和研究生教育渠道，加强普通教育、职业教育、成人教育和高等教育的沟通和衔接。发展职业教育必须符合市场经济发展要求，着力点是职业能力的培育。职业教育的本质应从知识教育、素质教育逐步向能力教育倾斜，以培养个人的能力充分而全面的发展为核心内容。每个人由于其所从事的职业岗位的不同，而使得对其所需求的职业能力也是不同的。从市场的角度上审视，在个人的全面发展中，职业能力起着主导作用，职业能力的充分发展是人的全面发展的当代形态，也是人的全面发展理论的新的立脚点，具有很现实的指导意义。

2. 推进人才强国战略

人是社会历史的主体，也是生产力中最活跃的因素，一部社会发展史就是人类创造性能力发挥的历史。国内外思想家都非常重视人的价值和作用，并认为人力资源是第一资源，因此，必须注重人力资源能力建设。人力资源是自然资源开发、利用和发挥作用的基础条件，最大限度地开发人的智力是人力资源的有效开发、配置和利用，也是人的体力、智力、知识、技能、精神及潜能主要目标，对社会经济的发展具有十分重要的作用。中国是世界第一人口大国，也是世界人口资源大国，开发人力资源也就成为我国一项根本性的战略任务。但我国经济社会发展中人力资源方面既有比较优势，也有潜在的挑战。人力资源方面存在挑战主要是人口负担问题，只有将人口负担转化为人力资源优势，提高现实的生产力，才能减轻人口负担。人力资源开发的实质是开发人的各种潜能，提高人的生存和发展能力。只有以能力建设为核心去开发人力资源，才能抓住机遇，实现社会经济的持续、健康发展。中共中央、国务院 2003 年印发出台了《中共中央国务院关于进一步加强人才工作的决定》（中发〔2003〕16 号）文件中明确规定："人才资源能力建设是人才培养的核心。"党的十七大报告中也指出，要"优先发展教育，建设人力资源强国"。我国在加快经济社会发展的进程中，人力资源的开发和利用越来越显现出特殊的地位和作用。在新的历史时期，我们要实现人口大国变成人力资源大国，再到人力资源强国的转变，实质上是人口质量的转变。建设人力资源强国，只有义务教育和高等教育是不够的，最重要的是职业教育这个基础性工程。因此，必须确立人力资源是第一的思想，坚持人力资源是经济社会长期持续发展的第一资源，是全面开发人力资源和全面建设小康社会的第一任务，是实现富民强国的第一国策，是各级政府的第一责任。在人才资源能力结构中，职业能力是关键，以职业能力建设为核心，大力加强职业人才培养工作，紧贴市场需求，重点培养人的学习能力、实践能力，着力提高人的创新能力。实施推动人才强国的战略重点，就是大力发展职业教育，普遍提高劳动者的职业素质，把我国从人口大国变成人力资源强国，这是提高民族产业竞争力和国家核心竞争力的必由之路。

3. 激活人力资源要素

人类社会经历过原始社会、封建社会、资本主义社会和社会主义社会五种社会形态，职业分化导致社会形态的转变。当前的社会形态必须适应社会转型的需要，这个社会特点决定了技术型、技能型人才群体成为社会转型的人才主体，具有特殊作用。他们独立的、稳定的特点，使得其薪酬待遇和社会地位普遍不高。从职业教育角度，需要加强大学生职业能力培养，通过职业教育，改善和更新职业技能、知识结构，提高工资水平，以提升其职业竞争能力，改善职业技能状况，为其社会地位的提高打下基础。从国家的角度看，我国正处于经济转轨和社会加速转型的重要历史时期，职业分化和社会分层正成为社会转型的基本趋势。加强职业能力培养，有利于提高人口普遍素质，特别是一线劳动力的综合职业素质，进而提高他们的生活水平，从而有利于全面建设小康社会，加快实现中华民族的伟大复兴梦。

我国对职业能力建设是根据市场经济发展要求，多方面推进的，避免了重复职业能力资源浪费。由于大部分高职院校缺乏对职业能力的认识，抓不到人力资源的开发重点，培养出来的是半成品人才。通过市场配置最优秀的人才，成为当前改革最紧迫、最艰巨的挑战。因此，要解决这个问题，就是要找到解决问题的切入点。应该看到，当前的职业人才培养现状是用人单位缺乏人才使用标准，没有明确岗位标准，没有抓住职业培训的主线，使得用人单位有需求，但大学生难以就业，这就是培养体系和用人体系不协调，存在“两张皮”现象。事实上，个人所从事的职业和岗位的不同，职业能力的需求也是不同的。因此，职业能力是在众多能力中对个人的发展起着主导性的作用。高职院校是人力资源开发的重要载体，主要目的是培养高技能职业人才。高职院校的目标任务是高职学生的职业能力培育，应该贯串于高等职业教育全过程。按照职业能力培养的不同标准，发挥好政府、高职院校、企业、社会（团体、社区、个人等）等主体的各自优势，形成职业能力建设的网络主线。一般情况下，政府应承担公益性和通用性的职业能力建设，高职院校主要承担基础性较强的职业能力建设，企业是职业能力建设的主要提供者，满足不同人群就业和职业需求。面对我国金字塔形的人才结构，培养再顶尖的高素质人才，培育出再多的博士生，也不是人力资源强国。从这个意义上说，职业能力建设与市场经济发展要求相符合，发挥市场优化配置作用，加快激活人才资源要素，提高全民整体职业素养。

4. 强化能力本位核心

知识作为第一人力资源要素，使得高知识的人力资源队伍成为国家竞争力优势的核心要素，构建高知识人力资源管理模式已经上升为国家发展战略。国家经济发展的水平体现了国家知识经济发展水平，以智力资源的占有、配置，以科学技术为主的知识的生产、分配和使用（消费）构成了国家人力资源状态，对其进行相关的制度安排，直接关系到国家经济发展的成败。但也要看到，知识经济的到来意味着人类社会发展由血统、权力、金钱转到能力上来，使得人的能力、人的价值观发生了变化，能力本位的核心文化价值观成为知识经济特点。能力本位思想逐渐取代素质本位、人格本位思想，为职业教育体系改革提供了新的思想动力。能力为本是知识的生产、积聚、获取和应用的能力，展现了以能力为本位的核心价值观，推动人类社会从对自然资源的依赖中走出来，走向对自身智力资源的开发和利用，使得智力资源成为经济增长的重点要素。

能力本位教育思潮始于20世纪60年代世界范围的职业教育与培训思潮。它以重视获得岗位操作能力为目标，提倡以能力为基础的职业教育体系。能力是知识经济时代支配、操纵社会和人的发展的主导力量，以全面分析职业角色活动为出发点，以提供产业界和社会对培训对象履行岗位职责所需要的能力为基本原则，强调学生在学习过程中的主导地位，其核心是如何使学生具备从事某一职业所必需的实际能力。能力本位是市场合理配置资源的方式，发挥人的积极创造性，按能配岗，按能配工，释放人的潜能，使人有用武之地，进而促进生产力的发展。能力本位冲破传统的官本位发展的思想观念，从注重先天因素走向后天因素，向注重内在素质和能力因素，涉及奋斗、潜能和业绩等因素，必将使社会充满活力与生机。

三、研究视角及问题

（一）研究视角

在论及社会科学研究时，德国社会学家马克斯·韦伯在《社会科学认识和社会政策认识的“客观性”》一文中认为，在关于人类文化的各门科学中，概念的形成取决于问题的提出，而问题的提出又是随着文化自身的内容发生变化的。该论断揭示了问题的提出和概念形成的重要意义。职业能力是人力资源开发的核心，是人才培养、使用和管理的重要指标，其内涵及培养问题是理论和实践的难题，也是一项重大制度建设，迫切需要加强理论与实践的研究，以此推动职业能力建设的整体进展。对高职学生职业能力培养研究，应从理论研究切入，在理论上正确认识和科学界定职业能力以及形成的内在机理。只有在理论认识上拨开云雾，才能在实践中探索出合乎发展规律的具体实施建议及评价机制。

（二）研究问题

根据最近10年有关职业教育的研究文献显示，有近半数是关于“职业能力”的研究成果，主要集中在高等普通院校，高职院校的研究力量相对比较薄弱，各方研究力量比较分散，研究质量无法得到切实保障。从理论研究看，学者们对职业能力研究的兴趣不大，重视程度不高，对“职业能力”的内涵阐述不科学，学生职业能力的价值取向不明确，以总结经验为主，主要体现在对国内外学生职业能力培养和评价的原则和经验的总结。总体上讲，学者们对职业能力的研究尚处于萌芽状态，学术界尚未形成职业能力研究的有效方法和科学范式，关于职业能力的内涵问题尚未形成一致性观点，以至于职业能力相关问题研究的有效性大打折扣。对高职学生职业能力培养的研究正是在此背景下展开的。将“高职学生职业能力培养”作为本书的主题，旨在将职业能力研究进行初步的梳理，构建符合于市场所需求的高职人才培养新模式。为了这一宗旨，主要围绕三个问题展开，其一是探索职业学院培养学生职业能力的新模式以及实现途径；其二是形成高职学生职业能力培养的新内涵，构建高职学生职业能力培养新体系；其三是探讨高职学生职业能力培养体系，成为高职学生职业能力培养的主要任务和研究目标。又因为职业教育具有鲜明的职业技能性和就业导向性，需要培养大量的高技能型人才推动我国人力资源强国建设。因此，力求在以下几个方面有所作为。

第一，在职业能力培养方面：主要探讨职业能力形成及其影响因素，构建“四段式”高职学生职业能力形成与积累新模式。

第二，在职业能力的内涵建设方面：在已有研究和广泛实践的基础上，对职业能力内涵的定义，分析职业能力的特征，深刻阐释职业能力新结构，把握职业能力的本质性和周延性特点。

第三，在职业能力评价体系构建方面：阐述了认证在高职学生职业能力培养过程中的重要作用，初步构建职业能力认证体系，以及高职学生职业能力培养的表现性评价，分析学业成就评价和表现性评价在职业能力培养中应当是什么样的关系。

四、研究方法及创新

（一）研究方法

本书以职业能力的阐释为主线，阐明其培养机制和评价机制，并纳入职业教育的研究领域，所选定的是一个跨学科的研究专题，根据研究需要，主要采取比较分析、文献分析和调查论证相结合的方式进行研究。

1. 比较分析

我国改革开放30多年来，职业教育的发展规模在不断扩大，随着社会经济的转型，社会分层和社会流动加快，职业教育与社会流动互动关系的变化，重构了职业教育的时代价值。本书从比较的角度，分析相关职业教育人才培养模式在不同时期的基本措施和做法，重点总结这些模式在当时社会结构下发展职业教育的经验，在对职业能力培养方面的启示。以问题和现象为线索，在研究中将比较作为一个最主要的研究和分析方法之一，是建立在不同时期人才培养模式分析的基础上，也是根据相关职业教育制度的同质程度归纳为不同的模式，是对研究的概念、现象、问题的规律性东西进行比较分析。可以说，传统职业教育人才培养模式有许多值得借鉴的地方，通过对不同时期职业教育人才培养模式运行效果进行比较后予以借鉴，因而比较分析研究方法也就是最主要的研究手段。对高职人才培养模式问题研究，恰恰需要从历史与比较这两个维度去进行系统分析。

2. 调查研究法

调查研究法主要是以问卷调查方式进行，是以书面提出问题的方式进行搜集资料的一种研究方法。在实施过程中，研究者将所要研究的问题编制成表格，通过随机抽样的方式以及当面作答或追踪访问的方式填答，从而了解对某一现象或问题的看法和意见。该方法的运用，关键在于编制问卷、选择对象和结果分析。例如，为了对高职学生职业能力培养进行深入研究，特编制了调查问卷，分别对湖南省部分高等职业院校的国际贸易专业三个年级学生组织进行了调研，涉及学生、专业课教师和实训指导课教师、专业负责人，目的是了解专业技能人才有效培养的基本情况。同时对湖南外贸职业学院进行了重点调研，该学院已有悠久的办学历史，国际贸易专业是该校的重点建设专业。《高等职业院校职业能力培养情况的调查问卷》为综合型问卷，主要从培养目标、校企合作、就业满意度和技能人才有效培养 4 个方面对学生进行调查，共发出学生问卷 200 份，教师问卷 37 份，专业负责人问卷 1 份，收回有效问卷率 100%。

3. 文献研究法

文献研究法是一种通过搜集、鉴别、整理和分析文献资料，探索事物及其发展规律的方法，用于证明自己的假设。除了搜集、鉴别、整理国内外高等职业院校技能人才有效培养研究有关文献，了解国内外学者在这一问题的研究上所取得的成绩，存在的问题以及研究的发展趋势，从而为本研究的深入进行提供科学的思路和必要的资料。高等职业教育的逻辑与种种矛盾很难从教育本身得到解释，必须跳出思维的局限，从社会学等多学科视野，分析研究职业教育与社会环境的变化关系，研究社会流动与职业、职业教育等的互动关系，反而能得出好的结果。北京大学钱民辉教授认为，如果从“教”这个角度分析，“职业教育学”的研究是不充分的，反而从职业的角度，分析“职业教育学”更为透彻，针对性更强。从职业的角度，以社会分层理论为依据来研究职业教育，反而更能把握职业教育发展规律，发现问题背后的问题。因此，本研究所选定的是一个跨学科的研究专题。它跨越了社会学、教育社会学、教育学等多个学科领域。本研究认为，问题与现象在不同地区具有特殊形态，在经济更为发达地区，往往可以发现，职业教育对这些地方经济社会发展影响更大、更直接。

（二）研究创新

1. 从时效性视角对高等职业院校“四阶段”职业能力培养问题进行了深入研究

本研究以“时效性”为切入点，从有效益、有效果和有效率三个方面对高等职业院校“四阶段”职业人才培养的问题展开研究，深入探索高职学生的职业能力资本的积累过程规律。同时对高等职业院校“四阶段”技能人才培养目标的确立与修订，校企合作在高等职业院校技能人才有效培养中的作用及其实现，以及高职校企合作长效机制建设等问题进行了分析，提出了高等职业院校“四阶段”人才培养的概念，并指出有效课程、有效实训、有效教师和有效评价等要素影响着学生职业能力培养。

2. 构建了高等职业院校“四阶段”职业能力有效培养体系

如何判断高等职业院校“四阶段”职业能力培养的实效性，是高等职业院校技能人才有效培养实践的关键问题。基于对高等职业院校人才培养“有效性”问题的研究，本研究构建了高职学生“四段式”职业能力培养的新模式，实现了高职学生职业能力培养与市场需求的无缝融合。

第二章

高职学生职业能力培养的现状

第一节　职业能力相关理论的发展

概念的产生与不断完善，是人们认识探索它的本质性与周延性内涵成果的积淀。职业能力也一样，它的产生与发展是从职业能力的本质性与周延性内涵的发展中汲取思想。社会的发展与转型，需要高技能型人才作支撑，职业能力成为人们生存所需的基本能力。人类社会的发展水平决定社会生产效率，人的职业能力则决定了国家人力资源的水平和质量，影响其自身生存的质量。深入展开对职业能力的研究，首先要对职业能力理论的发展进行阐述，本研究在总结国内学者在内涵、培养和模式等方面研究成果基础上，重构职业能力研究的理论体系，为进一步展开职业能力研究提供理论支撑。

一、职业理论的演变

“职业”一词从不同的角度理解是不同的。从社会角度来看，职业是劳动者为了获得社会角色，为社会承担一定的义务和责任，获得影响的报酬。从人力资源的角度来看，职业是人一生中所从事的不同职业、工作和职位构成的系列。总的来说，职业是人通过参与社会分工，利用自身所拥有的知识和所掌握的技能，创造物质财富、精神财富，并获得工资报酬，满足物质和精神生活的工作。

1. 国外学者对“职业”一词的研究

国外学者们对“职业”内涵的研究由来已久，但一直处于争议中。到20世纪50年代初期，许多心理学、社会学的研究开始探索职业行为与生涯发展的问题。较有代表性的是舒伯（Super），以其为代表的学者们开始系统阐释和研究职业发展理论。早期的职业理论，主要用于指导个人进行职业选择，从个人视角对职业的选择、决策、行为等的一系列考察。到20世纪70年代末期，职业理论在管理学领域受到关注，组织层次的职业管理理论开始逐步形成。其主要代表理论和观点有：美国教育家杜威以现代工业科技的进步和社会生活为背景，对传统职业观进行了批判，在此基础上，对“职业”赋予了新的内涵。他认为，职业就是生活，是任何形式的连续不断地活动，其本质就是智力和道德的生长，是一个表示有连续性的具体名词，任何在社会上履职的人，不管是政治家还是清洁工，不管从事的是脑力劳动还是体力劳动，从事的都是职业。美国社会学家泰勒认为，职业的社会学概念是一套成为模式的、与特殊工作经验有关的人权关系，这种工作关系的整合，使得职业结构的发展和职业意识形态更为凸显。美国社会学家赛尔兹认为，职业是一种为了不断取得收入而连续从事的具有市场价值的特殊活动，这种活动决定着从事它的那个人的社会地位。职业范畴主要是技术性、经济性和社会性。

戴尔通（Dalton）和汤普生（Thompson）按照人在不同阶段所从事的工作的不同，将职业分为四个阶段（见表2-1-1）。

表2-1-1　职业生涯发展四阶段

项目＼阶段	第一阶段	第二阶段	第三阶段	第四阶段
主要活动	协助、学习	独立地做贡献	训练、协调	确立组织的方向
遵循指示	接受指导、照顾	学习照顾自己	学习照顾别人	照顾、指导别人
关系类型	学徒	同事	师傅（资深者）	赞助人（顾问）
心理特征	依赖性	独立性	为他人承担责任	行使权力

相关调查发现，并非所有人一定要经历四个所有阶段，大部分人并未单独经历一、二阶段。例如，有些人在经历第二阶段的同时还充当他人的师傅。不仅扮演学生角色，也担当师傅角色。因此，职业本身就是一种组织原则，这种组织原则富有生命力、主动性，也符合人的能力发展趋势。

2. 国内学者对“职业”一词的研究

对于职业的内涵，国内专家、学者主要从社会学和经济学角度提出了不同的观点。

（1）社会学角度的观点。

社会学家们认为：职业是人们从事相对稳定的、有收入的、专门类别的工作。它具有目的性、社会性、稳定性、经常性、群体性等特征。职业教育之父黄炎培认为，职业本身就包含了双重意义，首先，它包含了对己谋生与对群服务，其次，职业不仅是社会分工的需要，也是发展人的天赋能力和个性特点的基础。

1999 年 5 月颁布的《中华人民共和国劳动法》第六十九条规定，国家确定职业分类，对规定的职业制定职业技能标准，实行职业资格证书制度。据此，颁布了《中华人民共和国职业分类大典》（以下简称《大典》）。2015 年版《大典》共分为 8 个大类，75 个中类、434 个小类、1481 个职业。随着对职业能力的研究在不同国家、不同行业领域的广泛开展，逐渐出现了两种倾向，一种是偏重对行为能力的研究，一种是关注特定领域基本职业能力的研究，如会计师、管理者、培训者等专门能力。通过研究发现，每一种职业都有自己的从业规范，并有相应的职业能力要求，具有连续性、经济性、技术性、社会性、差异性、时代性等特征。我国学者陈婴婴从社会学的角度，指出职业是个人进入社会后通过物质生产或非物质生产后获得某种社会地位，这种社会地位不仅可维持自身生计，同时也通过这种社会地位获得社会资源的生产和分配，同时建立相应的社会关系的持续的人类活动方式。社会学的职业含义主要包含四个方面的内容。

①职业社会分工体系中的一种社会位置，这种位置是获得性的；

②职业是一种与专门工作相关人群的社会关系，是从事某项相同工作的全体；

③职业拥有经济收益权，同权力和利益是紧密联系在一起；

④职业是国家和社会承认和认可的，并具有相应的职业标准。

（2）经济学角度的观点。

经济学所指的职业概念与社会学所指的存在明显的不同。通常将职业定义为是一个人的从事的事业或维持生计的特别手段。我国学者潘锦棠认为职业是劳动者从事相对稳定地从事某项有报酬工作而获得的劳动角色，职业同劳动的社会分工紧密相连，劳动者相对稳定地从事某项具体的劳动分工，那么这种劳动分工或者说社会工作便是职业。这种职业具有社会价值，并且决定了这个人的社会地位。经济学的职业概念主要包括以下四方面内容。①

①职业是劳动者在社会分工体系中所获得的一种劳动角色。它赋予了劳动者不同的工作内容、不同的职责、不同的社会地位、不同的劳动规则和标准。

②职业是劳动者连续地不间断地从事某种社会活动，劳动者只有连续地从事的社会工作才能成为劳动者的职业。

③职业是劳动者所进行的一种社会性的活动，这种活动必须为他人和国家所认可，具有社会性。

④职业是劳动者为了从中取得经济报酬而从事的某项工作，具有经济性。综观各种研究成果，职业可以简单定义为劳动者为了获得经济收入所从事的社会工作，具有社会性、目的性、稳定性、群体性、经常性等特征。

二、职业能力理论的发展

职业能力，顾名思义，是从事某种职业所应该具备的能力。根据职业能力理论的发展变迁，主要有整合能力职业观、行为主义能力职业观、结构功能主义能力职业观和能力情境职业观四种不同职业观概念阐述。

1. 整合能力职业观

美国学者盖力（Gale）和波尔（Pol）在《能力：定义与理论框架》一书中对能力进行了定义，认为能力是胜任一定工作角色所必需的知识、技能、判断力、态度和价值观的整合。新职业主义认同这种能力整合的辩证观点，将个人的一般素质与具体工作情境结合起来，强调个人的经验与具体的工作情境之间的关系，提出任何教学活动都应该在情境中进行。这种职业观一方面承认能力是个体知识、技能、态度三者综合而成的一种复杂的素质结构。另一方面又承认这种素质结构是与一定的工作情境和工作角色相联系的，而且是通过个体在完成特定工作任务时才能表现出来的。整合能力职业观辩证地将个体的素质和具体工作情境联系起来，在一定程度上避免了个体素质和工作情境割裂开来，有助于将能力分为不同等级的素质结构，构建从低级水平的能力体系到高级水平的能力体系。但是整合

① 刘育锋．面向世界的职业教育新探索［M］．北京：北京理工大学出版社，2009：8.

能力职业观在强调能力一致性时，也忽视了不同类型能力之间的差别。

2. 行为主义能力职业观

加拿大运动训练专业能力本位研究文献中曾对能力本位教育进行了阐述，认为能力本位主义教育是建立在对某一特定职业岗位所需能力的基础上，职业是和完成每一项工作任务相联系的，认为职业即技能，强调任务技能，注重能力目标行为化。这种能力观指导下的职业教育与培训体系中把职业能力看成可以分解的一系列独立行为，更注重学生能否完成明确的、可操作性强的、可测量的职业行为，重点集中在“应该会”做什么，即行为主义能力职业观。这种能力职业观缺陷显而易见：不能完整地将工作任务进行能力分解；只关注和强调自身完成任务的技能，而忽视了技能基础素质的重要性，忽视了外部环境、团队合作对个体行为的影响，忽视了真实的工作环境中各种外力所起的重要作用。因此，依据这种概念进行个体能力评价，只是相对简单、机械、以身体运动为主的一些操作技能，它测量的只是职业能力表层的技能，并没有真正测量到学生的全面职业能力。

3. 结构功能主义能力职业观

和行为主义的职业能力观不同，结构功能主义能力职业观比较注重技能基础素质的培养，认为具有普遍适应性的一般素质同样重要，一般素质不仅是掌握任务技能的基础，也是促进个体能力发展提升的基础。美国一些工商管理院校普遍采用了这种能力观，并以此为依据来确定人才培养的能力标准和课程的开发，主要体现为个体的创造能力、学习能力、思维能力等。这种能力观也存在一些不完善的地方，如思维能力，对情境具有高度依赖性，如果脱离实际情境来培育这种素质能力，是很难取得实际效果的。脱离具体的工作情境来评价学生的能力，显然也是欠科学的。结构功能主义能力职业观认为个体的职业能力具有整体性，整体的能力远远大于单个能力要求的简单总和。

4. 能力情境职业观

上述三种能力观虽然有较大差距，也各有利弊，但是从其本质而言都是将能力看成具有跨情境的稳定性特质，忽视了个体实践工作经验对能力形成的作用。著名的澳大利亚职业教育专家桑德伯格（Sandberg）提出了一种基于工作情境界定能力方法，突出人的职业能力只能在真实的工作情境中通过实践获得。这种观点实现了对人的职业从单纯地看重知识向看重包括态度、知识、技能等转变，将一般素质和具体工作情境相结合，把个体工作能力看成在职业工作环境中表现出来的态度、知识和技能的整合。提高学生的能力必须注重培养学生在具体工作情境中的工作能力。

综上所述，随着经济社会的发展、分工的不断细化，职业环境的不断复杂化，研究者们从不同的视角、不同的价值取向对职业能力的理解也各不相同，职业能力的概念也出现了不同的理解，学者们从多角度、多视角、多学科来研究这个问题。尽管如此，由于学科视野的局限性，各学科都无法突破各种限制和假设去界定职业能力，而且各国传统文化不同，这种传统文化是各国发展职业能力的基础和起点，已经深入影响到培养体系和能力评价制度。可以肯定的是，历史在不断进步，人们对职业能力的理解越来越深入，对职业能力的实质、结构、发展规律以及培养评价机制的研究及构建将越来越科学和完善。

第二节　职业能力培养的研究综述

一、我国学者对高职学生职业能力培养的主要研究

我国学者对职业能力研究较晚，1998 年教育部下发的《面向二十一世纪深化职业教育教学改革的原则意见》文件中首次出现“职业能力”一词，对职业教育提出了要求，职业教育是培养同 21 世纪我国社会主义现代化建设要求相适应的，具有综合职业能力和全面素质的，直接在生产、服务、技术和管理第一线工作的应用型人才。此后，很多国内专家和学者展开了对职业能力方面的研究，也提出了一些极具价值的观点。

1. 关于学生职业能力本质的研究

关于学生职业能力到目前还没有一个公认的概念。学术界和教育领域对职业能力的理解也是多种多样。早期的专家和学者们认为职业能力是行为主义的范畴，将职业能力等同于操作能力、动手能力，认为职业教育人才培养的目标主要是掌握操作技能科技的，学生只要掌握一门技术，就算是完成了学习任务，其实这是一种十分狭隘的理解。随着科学技术的进步，对职业能力的要求越来越高，劳动者仅仅掌握一门技术，已经无法适应新岗位要求的能力，要确保自己能够处理日渐复杂的各种

业务，在一个快速变化的社会情境和频繁的岗位调换中立足，必须培养受教育者拥有一种普遍适应的职业能力。后来的学者们对职业能力本质和内涵界定发生了一系列变化，到了20世纪80年代，学者普遍认为，新时代的劳动者，不仅要具备完成本职任务的能力，而且要具备应变能力、判断能力、分析能力和创造性能力，以及独立解决纷繁复杂局面的各种能力。职业教育要充分考虑到社会和职业的各种准则，做出积极的应对，特别是所开发的课程要有意识地引导学生培养各种能力，以便更好地适应未来社会发展的需要。

对于职业能力本质的界定，孟广平（原国家教委职业技术教育司司长）（2000）在吸收了各种意见的基础上，总结学习了能力本位教育（competency based education，CBE）工作，从狭义和广义分别定义了职业能力，他认为狭义的职业能力指某个岗位的工作能力，广义的职业能力指某类职业群的共同基础能力。狭义的职业能力有点是岗位工作能力的针对性强，缺点是适应发展变化能力不足。广义的职业能力培养目标是不仅对学生进行职业技能训练，而且要培养他们的学习能力，提高学生的应变、创新能力。[①] 邓泽民（2002）等“将职业教育中的职业能力定义为：个体将所学的知识、技能和态度在特定的职业活动或情境中进行类化迁移与整合所形成的能完成一定职业任务的能力”。并且认为职业教育中的职业能力具有：应用性；层次性（复合性）；专门性（方向性）；个体性（差异性）；可变性（动态性）基本特征。[②] 吴晓义（2006）在其博士论文研究中，认为职业能力即指从事职业活动所必须具备的本领，它是成功地进行职业活动必须具备的知识、技能、态度和个性心理特征的整合，其中包括特定职业能力、通用职业能力和综合职业能力。[③] 徐国庆（2007）认为，通常可以把职业能力解释为“工作任务的胜任力”，可以有两种理解，一是职业能力是从工作任务中另外分析出来的心理要素，因此，其获得需要在工作任务分析的基础上进一步进行；二是职业能力虽然是心理要素，但其内容是由工作任务确定的。[④] 匡瑛（2010）从心理学角度出发，梳理了基于不同心理学派的职

① 孟广平．能力、能力本位教育与职业技术教育课程开发［J］．职业技术教育，2000（12）：32.

② 邓泽民，陈庆合，刘文卿．职业能力的概念、特征及其形成规律的研究［J］．煤炭高等教育，2002（2）：105.

③ 吴晓义．“情境—达标”式职业能力开发模式研究［D］．长春：东北师范大学，2006：72.

④ 徐国庆．职业能力的本质及学习模式［J］．职教通讯，2007（1）：25.

业能力内涵，从纵向发展和横向发展两个方面比较分析不同国家的职业教育的职业内涵，发现各国对职业能力内涵的理解存在显著的差异，认为职业能力即职业技能、职业知识、职业潜能以及职业能力即情境性的综合能力。强调我国职业教育的改革与创新，在强调工作过程，突出实践技能地位的同时，也应该注重情境的创新，注重培养学生职业能力多元维度的发展。① 赵志群（2013）将职业能力定义为：个体在职业、社会和私人情境中将科学思维，对个人和社会负责任形式的热情和能力，是科学的工作和学习方法的基础，他认为可以对职业能力从不同的方面进行分类：从能力的组成元素上讲，职业能力包括有关的知识、技能、行为态度和职业经验成分等；从职业所涉及的内容范围上，可分为专业能力、方法能力和社会能力三部分。②

综上所述，随着职业教育的发展、科技进步和知识更新，对职业能力的所需、对职业能力本质的理解处于巨大的变化中，职业能力的本质性研究已由最初关注某一职业岗位出发强调必备的知识、技能、经验、态度到同时重视从职业群出发所应具备的一般的关键能力和创业能力。在不断变化过程中，“综合职业能力”“职业核心能力”“职业关键能力”“职业通用能力”等概念被纷纷提出，从不同的侧面和视角对职业能力阐述，对指导职业教育中职业能力的培养和评价实践具有重要意义。笔者认为，职业能力是指从事职业活动中表现出来的多种能力的综合，这些能力相互联系在一起，共同综合成为相互影响的一个整体，这种能力不仅包括职业技能，还包括了胜任这项职业活动的其他能力，例如，职业道德、人文素养、身心健康、专业能力等，是劳动者知识、技能、态度等要素的整合。

2. 关于职业能力构成要素研究

由于对职业能力的层次和角度的理解不同，各国的职业教育出现了不同的风格，和德国的职业行动能力不同，我国倡导综合职业能力。我国学者蒋乃平在吸收了国外职业教育对能力的理解后，提出了综合职业能力主要由从业能力和关键能力组成的观点。从业能力是劳动者生存和立足社会必备的基本层次的能力，是针对一种职业的能力。关键能力是一种较高层次的职业能力，是劳动者谋求自身发展所需要的高层次能

① 匡瑛. 究竟什么是职业能力——基于比较分析的角度［J］. 江苏高教，2010（1）：132.

② 赵志群. 职业能力研究的新进展［J］. 职业技术教育，2013（10）：5.

力，是跨职业的能力。关键能力主要由专业能力、方法能力、社会能力和实践能力四种要素组成。专业能力是个体运用专业知识和技能独立解决专业问题的能力。方法能力是学习能力的重要组成部分，所谓“授人以鱼，不如授人以渔”，在知识爆炸的时代，学校传授的知识已不能满足学生应对将来工作的需要。培养学生终身学习的能力是职业教育人才培养的一项重要任务，学生只有掌握了方法，才能为他们日后的职业发展奠定良好的基础。社会能力是一个社会人所必须具备的基本生存能力。特别是随着第三产业的发展，从事服务业的人数将大幅度增加，从事服务行业，要求从业者具备较强的听说读写、沟通交流、市场开拓以及创业合作等基本技能。实践能力包括许多在工作过程中的知识和技能，经验也起着非常重要的作用。

除了综合职业能力观点之外，陈宇的能力结构化观点目前被认为最有代表性。能力结构化中位于底层的是行业通用能力和职业核心能力，在此之上是职业特定能力。职业特定能力是学生快速适应职业岗位的职业技能，也可以称之为职业岗位能力。目前，国家职业标准的编制、职业资格认证的考核都是以培养职业特定能力为目标来进行。行业通用能力是某一些相同特征、相同属性和相近专业群中所体现出来的共同技能和知识要求，当职业发生变化，这种能力依然存在，个体在变化后的环境中依然可以重新获得职业技能。因此，行业通用能力具有广泛的适应性和转移价值。行业通用能力既注重能力的一般性，又注重不同类型能力的培养，提高了学生的迁移能力和对未来职业变换趋向的适应能力。职业核心能力也是高等职业教育质量评价标准之一，被称为“跨职业能力”和“可携带能力”，是从事任何职业所必需的，体现在具体职业活动中的最基本的技能，具有普遍性、适用性、可迁移性等特征，会影响到整个行业的通用技能和技能领域，是伴随人一生影响极其深远的可持续发展能力。

能力结构化观点可以用冰山层次模型形象地表示出来（见图 2-2-1）。冰山层次模型将职业能力分为三个层次，其中，露出的最上层是职业特定能力，主要包括基本知识、基本技能，是容易了解和测量的部分。水面以下的是行业通用能力和职业核心能力，主要包括特质和动机、社会角色、自我形象等，它们是隐性的，不太容易通过外界的影响而得到改变，但对人的行为与表现起着关键性的作用。例如，核心能力承载着整个能力体系，在职业能力结构中，职业核心能力越宽厚，上面承载的行业通用能力和职业特定能力就越强大，可见，职业核心能力的培养非常重要。

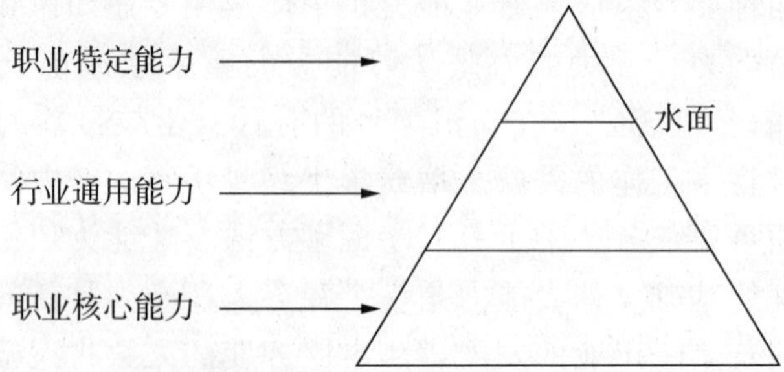

图 2-2-1 冰山层次模型示意图

能力结构化观点还可以用模块集合模型来表示（见图 2-2-2）。每个职业包含三种类型能力模块，首先是特定职业能力模块，其次是可以和其他职业通用的基本能力模块，再次是与所有职业基本要求相一致的核心能力模块。核心能力模块是所有职业共有的，如分析能力、判断能力，解决问题的能力。

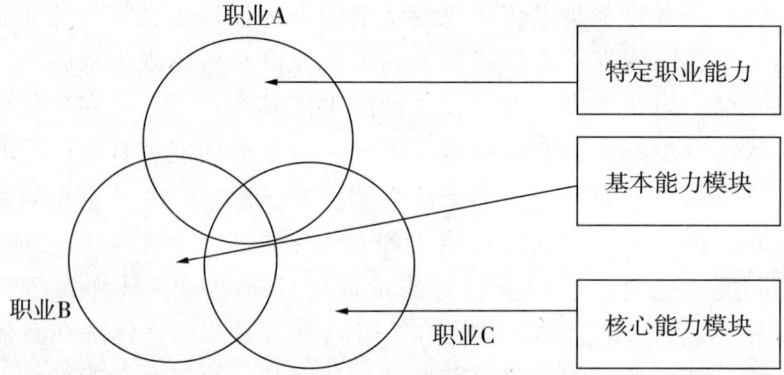

图 2-2-2 模块集合模型示意图

我国目前高等职业教育的培养目标定位在强调人才培养的职业岗位的针对性上，争取实现学校和职业岗位的零距离，同时也强调一般职业能力和职业素养的培养，提高学生对社会的适应能力。因此，上述的三个层次职业能力结构体系对我国高等职业教育起到很好的政策导向作用，在政策层面为职业能力分析提供了一个基本的框架和思路，对科学制订职业能力培养的计划、课程体系、实施测评等，具有重要的理论和实践意义。

3. 关于职业能力开发与培育问题研究

从心理学和教育学的角度看，能力的形成过程是知识、技能和态度的迁移和整合的结果，人类对职业能力的理解和开发也是一个逐渐深入的过程。早期最有影响的社会效率主义的职业能力开发理论认为，职业能力的学习和获得是一个应用奖励形成特定的“刺激—反映”联结的过程。中期的新职业主义的职业能力开发理论认为，职业能力开发的任务不是使劳动者掌握机械的操作技能，而是要形成职业世界共同的、普遍的和核心的知识，即核心技能。后期的建构主义职业能力开发理论突破了现代知识观、学习观的束缚，突出强调职业能力开发的情境性、个体性和建构性，注重在真实情境中激发学习动机和形成职业能力，主张通过弹性化的职业能力开发目标来更加充分地挖掘人的潜力和创造力。石伟平（1997）认为职业教育体系应该建立在广义的职业观基础上，围绕任务和工作角色开发职业能力，由职业能力开发职业标准，再由职业标准开发评定方法与培训方案或学习计划，要做到这一点，必须将我们的能力视野从特定职业岗位相关的指示、技能和态度扩展到更广的领域。① 邓泽民等（2002）对职业能力的形成过程，提出应该从几个方面着手实现知识、技能、态度等有效的迁移和整合。通过精选教材；合理编排教学内容；合理安排教学程序；教授学习策略、提高迁移仪式性；建立模拟的职业环境等方式，使学生熟练掌握职业所要求的主要的知识、技能、态度和关键能力。② 在职业能力开发模式领域，已经形成了“学徒制”模式、“双元制”模式、CBE 模式、TAFE 模式等许多在世界范围内颇有影响的职业能力开发模式。吴晓义（2007）以目标和情境为切入点，提出“情境—达标”式职业能力开发模式，认为“目标”与“情境”是影响职业能力开发质量的两个重要变量，把未来工作的教学情境作为职业能力开发过程中的出发点，能极大地提高职业能力开发的质量和效率。此外，职业能力开发模式是连接理论和实践的桥梁，可以内化为广大教师的自觉行为，外化为学生积极地了解和适应未来的职业世界。③ 近年来，有关职业能力开发和培养，基本上是在学习和借鉴国外理论和模式的基础上，根据我国职业教育的实际进行构建的，针对不同层次、不同行业，涉及电力、会计、机械、汽车、旅游、医疗等具体的职业

① 石伟平．职业能力和职业标准［J］．外国教育资料，1997（6）：59.

② 邓泽民，陈庆合，刘文卿．职业能力的概念、特征及其形成规律的研究［J］．煤炭高等教育，2002（2）：105.

③ 吴晓义．职业能力开发研究的理论进展［J］．职教论坛，2007（7）：48.

能力培养开发。关注人的全面发展进行课程开发和教学改革，将是未来很长一段时间内职业能力开发和培养的重点。

4. 关于职业能力评价和认证的研究

职业能力只能在工作情境中通过实践获得，严格地说，职业能力考核也必须在真实的工作环境中通过实践进行。构建科学的职业能力评价体系对实现高职人才培养目标，促进高职学生全面发展具有十分重要的意义。德国和澳大利亚先进国家对高职学生职业能力评价均采用在权威的评价机构，通过科学的评价内容，多样化的评价手段进行系统权威评价，以确保其人才培养质量。李福东（2012）通过对德国、日本、美国、英国四个国家的职业能力标准、职业能力表现和职业能力判断方法进行了系统的总结和分析，认为我国职业能力评价体系的构建应从宏观层面学习和借鉴国外职业能力评价的制度体系和政策保障，微观层面上，以最新的职业能力开放性测评为重点，围绕职业能力标准、能力证据和判断方法三个核心环节，设计科学的评价实施方案，构建和完善我国职业教育的质量评价体系。[①] 刘德恩（2000）认为，职业能力评价，是通过一种或多种途径取得职业活动绩效的证据，并把这些证据对照特定职业能力标准，从而判断职业能力水准的过程。目前较为流行的三种职业能力评价模式为行为样本的评价模式、工作现场观察的评价模式和已有绩效的评价模式。它们各有优势和劣势，行为样本的评价模式是学校教育评价的典型模式，学校的考试、统一的职业证书考核等，都属于这种模式。工作现场观察的评价模式是企业在职培训最常用的模式，这种模式客观、真实、全面，但是评价数量有限、过程控制复杂。已有绩效的评价模式主要通过最具代表性的典型事例，查阅工作绩效记录，从而鉴别、评价和认定职业能力，这种评价模式仅适合职后培训或岗位评价，不太适合学校教育。[②]

在我国，被广泛采用和实行的评价模式（方式）主要是职业能力倾向测验和职业资格制度的认证体系。其中，职业能力测验倾向按内容主要分为一般能力倾向测验、特殊职业能力测验、创造力测验和心理运动机能测验等。一般能力倾向测验典型方法有普通能力倾向成套测验（General Aptitude Test Battery，GATB）和区分性能力倾向测验（Differential Aptitude Tests，DAT）。华东师范大学俞文钊教授等根据 GATB 编制的“职业能力倾

① 李福东，曾旭华．国内外职业能力评价研究和应用［J］．中国电力教育，2012（12）：35.

② 刘德恩．职业能力评价的三种模式［J］．职教通讯，2000（11）：27.

向的自我测定”问卷，被许多院校采用。

目前，我国普遍实行职业资格证书制度，国家组织编制颁布了《中华人民共和国职业分类大典》，确定了国家职业标准的框架，并在一系列职业和工种中颁布了《国家职业标准》。但是制度实施的时间还不长，在职业分类、职业标准的制定，职业技能的评价法律法规、制度体系、管理体系等建设上还有很多不完善的地方。还应加强职业能力标准的研究与制定，从单纯强调技能认证向职业能力综合认证过渡，注重发挥制度促进终身学习的作用，同时保持国家标准与地域行业标准的合理性，加强职业能力认证的法律法规体系建设。此外高职学历证书和职业资格证书的内在联系进行科学分析，开发双证互换的课程内容，同时在教育、管理、就业等方面全方位联动，实现职业能力评价体系科学化和合理化。

二、外国学者对高职学生职业能力培养的主要研究

俗话说：他山之石，可以攻玉。德国、美国、澳大利亚、韩国、日本等发达国家在职业能力培养研究上具有明显的特色，有许多先进的方法和经验值得借鉴。

1. 德国双元制教育模式

有人认为德国虽然没有世界上最好的大学，但是拥有世界上一流的职业教育。双元制是目前世界上较为成功的职业办学模式之一，是德国职业教育的核心。所谓“双元制”，是学校和企业分工协作，共同完成人才培养全过程的一种模式。① 双元制强调技能和实践能力的培养，注重实践、技能和为未来工作。因此，无论在课程目标的制定上，理论和实践的时间安排上，还是培训的运行机制上，都体现出强烈的实用型、岗位性、技能型等特征。学生具有双重身份，既是学校的学生同时也是企业的学徒，30%～40%的课程在职业学校进行，60%～70%的课程在企业中进行，如生产岗位、培训中心、跨企业培训中心。职业教育的专业设置、课程设置、培养目标、教学方式和考试方式都围绕职业需要来进行。这种校企合作办学的模式，以能力本位为目标，企业把职业教育作为企业行为来看待，给学生提供更加规范的生产实践，进一步培养了学生的高水平技能，提高了其对工作岗位的适应性。

---

① 刘林，夏田．谈德国双元制教育模式及思考［J］．办公自动化，2014（19）：35.

2. 美国 CBE 教育模式

美国职业教育培训的人才是“宽专多能型”，其培养模式主要是能力本位教育（competency based education，CBE），现在广泛应用于美国、加拿大等北美的职业教育中，也是当今世界一种较为先进的职业教育。“CBE 教育模式的核心是从职业岗位的需要出发，确定能力目标，重视能力培养和训练的教育体系。强调以能力作为教学的基础，学生在学习过程中占主导地位，使受教育者具备从事某项职业或岗位群所必需的实际能力。”① CBE 模式在课程管理上实行学分制，学生可以根据自己的需要选择课程，形式比较灵活多样，在培养过程中，行业用人部门和学校之间建立了非常好的紧密合作关系，有效缩减了学校和企业、职业教育和经济发展之间的距离。尽管能力本位制在教育目的上存在重视行为、忽视品德的短视倾向，逐渐被素质本位、人格本位所取代，但它的基本思想，对职业能力的强调至今仍有市场，值得我们学习和借鉴。

3. MES 教育模式

MES（modules of employable skill）即模块教学法，是国际劳工组织开发出来的一种职业技术培训模式②。MES 系统论、信息论、控制论为基础理论，描述出每一个具体职业或岗位所应该具备的全部职业能力，将这些职业能力划分为不同的工作任务，以每项工作任务作为一个模块。将模块所需的知识和技能分解为学习单元，用模块和学习单元来表示培训大纲和培训内容。这种模式有效缩短了培训与就业的距离，大大提高了学习效率，模块和学习单元增减方便，有效保证了培训内容的开放性和时效性。MES 模式于 1987 年通过国际劳工组织引入我国，二十多年来，我国在推广运用 MES 模式开展技术培训工作方面取得了很大成绩。

4. 英国 BTEC 模式

BTEC（business & technology education council）是英国商业与技术教育委员会的简称，是英国著名的职业资格授予机构之一。“BTEC 教育模式以培养岗位群的需要出发，以培养学生的通用能力和专业能力为目标，以学生为中心，打破传统的学科性教学模式，以课业代替考试，采用内外结合

① 田静．刘福军，杨锐英．国外高等职业教育几种典型人才培养模式的比较［J］．成人教育，2007（4）：94-96.

② 李爱英，MES 与职业技术教育教学模式的改革［J］．芜湖职业技术学院学报，2000（4）：55-57.

的质量监控和评价体系，重视学生实践能力、学习能力等方面的培养。”①BTEC模式采取以学生为中心的“3个1/3”的教学组织形式，即1/3课堂教学，1/3查阅资料、搜集信息，1/3进行社会实践。这种培养模式把课内教学与课外实践活动紧密结合起来，充分发挥学生的潜能。

5. 澳大利亚TAFE模式

TAFE（technical and further education）即技术与继续教育，是澳大利亚全国通用的职业技术教育形式，类似于我国的高等职业技术学院，和大学教育一样，TAFE是澳大利亚高等教育非常重要的一部分。实际上，“TAFE模式是具有澳大利亚特色的CBE模式，其核心还是模块教学，与学术性较强的传统大学不同，TAFE强调学生实际工作能力的培养”②，把学校教育和企业培训紧密地结合在一起，学生大概只有20%的时间是在学校学习，有80%的时间是在工作现场学习，获取全国通用的职业资格证书，是一种新型的现代学徒制度，这种独具特色的职业教育模式体现了终身教育的理念，为澳大利亚培养了大批高级实用型人才。

第三节　高职学生职业能力培养体系的现实状况

一、高职学生职业能力培养体系的问题与成因

（一）高职学生职业能力培养体系中存在的问题

1. 在人才培养目标定位上把技能等同于职业能力，重视不够

人才培养目标是人才培养模式的核心，是决定高等职业教育类型和发展、反映高等职业教育人才培养质量的关键性因素。目前，对高等职业教育人才培养目标说法不一，教育部对高等职业教育的培养目标表述为：在具有高中文化的基础上，培养生产、管理、服务第一线，具备综合职业能力和全面素质的高等技术应用型人才。对于高等技术应用型人才的理解各有侧重，有些理解为技术性人才，有些理解为技能型人才，还有些理解为

①② 田静．刘福军，杨锐英．国外高等职业教育几种典型人才培养模式的比较［J］．成人教育．2007（4），94.

应用型人才。这些理解都有失偏颇，实际上，普通高等教育和高等职业教育的最大区别是职业性。再加上当前很多高职院校对职业能力认识模糊不清，对学生职业能力的培养没有给予足够的重视，在人才培养目标的制订和实施过程中，将职业能力与技能混为一谈，在人才培养质量考核中，也往往将学生在某一领域的实际操作技能作为人才培养目标，而忽视了对其他能力的培养。通过企业调查发现，企业在选用人才上，不只注重某一单方面的能力，更注重综合素质和能力。用人单位往往更注重学生的素质和责任心，其次为竞争能力、适应性、思想品德等，专业技能反而处于相对次要的地位，这种现象在文科类专业中更为明显。高职院校只有认识到这一点，才能正确定位人才培养目标，在职业能力培养方面有所作为。

2. 在人才培养模式上把技能训练等同于职业能力培养，方式单一

当前，高职院校在人才培养方案的设计上，把专业技能训练等同于职业能力的培养，忽视文化课和专业课相互渗透对职业能力培养的作用，导致学生对某些模糊类型工作动手能力弱。学生的动手能力主要体现在两个方面，一种是频繁出现的、已知的、类型明确的工作，这类工作要求必须有较强的动手能力，有实际的解决方法，通过大量的反复练习和技能训练，可以实现快速、高质量解决。还有一种是模糊类型的工作问题，这类工作需要员工运用所学知识，收集相关信息，寻求解决问题的具体办法。这就需要高职学生具备更强的学习能力、收集信息的能力、举一反三的能力、灵活处理问题的能力。很多学生会做固定的技术活，但是遇到新问题就束手无策，不知如何下手。如果说明确问题解决依赖于学生的专业技能的话，模糊类型问题的解决更多依赖学生的职业能力。职业生涯是一个漫长的过程，通过技能训练培养出的高职人才可能不愁找不到工作，但是从当前的职业发展来看，大量新职业的涌现要求劳动者具有较强的角色转换能力和适应能力。只重视专业技能的培养，忽视基本能力和关键能力的培养，必将限制和阻碍劳动者的职业发展空间。

3. 在师资队伍建设上简单认为“双证”持有者即“双师”，师资队伍建设不够

培养学生的职业能力是一项复杂而艰巨的任务，对“双师型”教师的素质提出了较高的要求。目前，我国对“双师型”教师的重视程度也逐渐提高，但是对“双师型”的理解还停留在字面上，很多高职院校在“双师型”教师的认定上，认为“双师型”教师就是“双证”教师或“双职称”教师，即获得“教师证+中级以上专业技术职业资格证”或者具有“讲师

及以上职称+中级以上专业技术职业资格证”就是“双师型”教师，就可以享受“双师”相关待遇。导致有些教师不择手段获取无用的技术职业资格证书，而不管证书是否与自己所授专业对口。还有些职业资格证书可以通过书本学习后笔试获取或是通过培训机构轻易获取，并不能代表持有者的企业实践经验和能力。这直接影响到学生职业能力的培养质量，关系到高职院校的生存和发展。

4. 在学生评价上将分数等同于能力，考核机制不科学

尽管高等职业教育一再强调要改变考核方式单一的现象，积极推行能力本位的多种考核方式，但是在实际考核过程中，受多种因素的影响，沿袭传统的以学科本位评价模式为主体——“期末一份卷，分数定能力”的方式，重结果，轻过程，忽视学习的过程，使高职学生过于重视分数，考核的重点不是学生对某一技能的掌握熟练程度，而是对学生某一课程知识点的熟记程度，强调学生的记忆力和能力，而不是学生的动手能力、实践操作能力。高职学生本身对书本知识的理解和熟记能力有一定的欠缺，这种强调问题答案的标准性，势必扼杀学生学习的积极性和创新性。

此外，受校企合作、企业参与办学程度的影响，对高职学生职业能力培养评价主体单一。现行的高职院校学生职业能力培养大多是由学校评价，缺乏行业企业专业性的指导意见，评价的内容也不够客观全面，这种片面的评价方式不能真正评价高职院校人才培养的质量。同时，对高职院校人才培养质量评价主要是教育主管部门组织进行人才培养工作评价，这种评价指标主要有办学思路、办学定位等要素以及教学过程，近些年，就业率也被当作一个重要的指标纳入到人才培养工作评价体系中，许多高职院校认为高职学生就业率高，学生职业能力就高，高职院校人才培养质量就高。显然，这种片面的评价方式不能够真正评价出高职院校人才培养质量的高低。

（二）高职学生职业能力培养体系的成因分析

1. 观念滞后，学生缺乏职业能力培养的意识

职业能力的培养离不开学生的主观能动性，目前的高职学生“等、靠、要”思想比较严重，独立思想和解决问题的能力十分欠缺，对父母的依赖程度过高，受社会观念的影响非常大，普遍认为读高职就是来学技术，错误地认为只要拿到职业资格证就是合格的高职学生，忽视了对自身职业能力的培养。这些学生在校时很少思考将来的就业问题，缺少科学的职业生

涯规划，毕业时也较少去主动、积极就业。这种盲目的学习、就业是缺乏科学的职业生涯规划的体现，缺乏职业生涯规划使得学生不能正确评估自己的能力，不能正确定位自己是否和就业岗位相匹配，不能清楚看到职业能力在职业生涯规划中的重要性，因此，在三年的高等职业教育中学生找不到正确的职业目的和职业目标，也就难以成为社会所需高质量人才。

2. 定位模糊，高职院校对职业能力培养不够重视

高职院校自身的定位直接关系到学校未来的发展。我国的高等职业教育起步较晚，但发展速度较快。乘着快速发展高等职业教育这股东风，大量的中等职业学校升格为高等职业院校，行业企业参与了职业教育办学。从办学理念、办学定位角度来看，高职院校还存在两方面问题。一方面为了跟高等教育身份相匹配，院校的办学目标过于宏大，追求高大上，甚至把国家对高等职业教育的总体办学方针和思路作为本校的办学方向。还有大量的高职院校存在盲目向普通大学学习和靠拢的现象，不论是课程设置还是教学方法，都表现出“重理论、轻应用”的倾向，丧失了自己的特色。另一方面受中等职业学校办学模式的影响，高职院校在师资队伍、人才培养方式，没有实现中等职业教育向高等职业教育顺利转型。在这种错误定位的导向下，高职院校所培养出来的学生既没有掌握娴熟的专业技能，又没有掌握扎实的理论基础，无法满足用人单位对人才素质的要求。此外，某些高职院校由于办学历史不长，根基不深，办学思路不明。特别是某些院校领导更迭后，不同办学思路造成办学定位的摇摆，在招生、就业以及所处行业重新洗牌的压力下，高等职业教育在盲目跟风中迷失方向，乱了阵脚，步入歧径，陷入困境。

3. 培养过程不当，专业及课程设置脱离实际

高职院校专业课程设置不当主要表现在三个方面。第一，专业课程设置脱离社会实际需求。随着经济的发展，一些行业，特别是服务业领域出现了很多新的岗位的缺口，高职院校在课程设置上没有及时调研，课程人才培养方案和课题体系没有及时进行调整，导致旧的课程体系培养的人才难以满足新岗位的需要，从而产生了专业人才供需结构失衡，形成了“企业需求旺、高职毕业生过剩”的局面。第二，专业名称频繁更换。在高校扩招政策下，各高职院校为了扩大生源，往往用一些新潮时髦的专业名称或专业方向来吸引学生，完全不考虑学校自身的条件，没有从长远的角度来思考专业的可持续发展，结果造成专业重复建设严重，浪费大量的人力、物力和财力，也影响了学生的职业适应能力。有些专业在学生入学时可能

市场需求旺盛，等到毕业的时候却变成了供大于求；有些专业过分追求“专业”，追求过细的专业设置，导致学生毕业后就业面非常窄，学生职业适应和转型比较困难。第三，专业课程体系陈旧古板，缺乏灵活性、弹性和延展性。在教材的选用上，有部分高职院校仍然选择普通本科院校的教材，没有突出实践性和职业性。经常有高职学生走上工作岗位后感慨：在学校所学知识学非所用。最终造成高职人才培养规格与社会所需求的不一致，高职学生的职业能力不被社会企业所认可，高职毕业生发展后劲明显不足，职业发展空间不大的局面。

4. 培养方式单一，校企合作还不够深入

目前，我国的高职人才培养方式推行的是三年制——“2. 5+0. 5”人才培养模式，以课堂教学为主，即“两阶段”模式：前两年半在学校学习理论知识，后期半年在企业顶岗实习。这种模式的优点是可以把前期所学的理论知识在后期实习中巩固、提高，在实践中得到熟练和强化。对于这种培养模式，企业“又爱又恨”。很多企业一方面想通过实习合作解决用工荒，留住优秀的人才；另一方面，由于企业生产管理的日常性，安排实习这种非常规工作必然给生产和管理造成麻烦。企业又不愿意接受大批量的高职学生来企业实习，即使是校企合作单位。

更进一步来看，由于企业没有预先对学生能力培养的需求进行分析，并且不能直接参与高职院校人才培养的方案的制订，同时也无法在高职院校办学过程中通过计划、组织、协调对高职院校人才的培养过程提出建议，这些都阻碍了校企合作的进一步深入。这样的培养方式，实质上仍是一种以学校课堂教学为主的单一的培养方式，不利于学生实践技术能力的提高。由此可见，我国高职院校的校企合作仍处于不成熟的初级水平，培养出来的学生还只是简单的劳动力。

5. 师资力量薄弱，师资队伍建设渠道不畅

著名的民国教育家梅贻琦有一句名言：“所谓大学者，非谓有大楼之谓也，有大师之谓也”，强调兴办大学的关键条件不决定于物质，更重要的是要有高素质的师资队伍。这充分说明了师资力量的雄厚对提高高等教育人才培养质量起着关键性作用，对于高等职业教育亦是如此。许多高职院校教师是升格前的中职学校教师，他们大多学历不高、知识结构比较单一，教学研能力相对较弱，他们的能力并不能随着学校的升格而自然得到提升。高等职业教育对人才培养的规格、职业能力要求高，对教师的实际能力要求更高。高职院校对新进教师的学历要求提高，有相当一部分新教师是从

学校毕业后就直接走向讲台，从学校到学校，按照当初自己本科教师的那套授课方法，把高职课堂当成普通高校的课堂来讲授，空谈理论。此外，高职教师的考核评价制度也阻碍了教师的发展空间。教师既要掌握教学理论知识、又要丰富行业实践经验，还要加强科研能力，提升职称，可能又没有太多的心思放在教学和教法上求深、求精、求新，因此，很多高职院校真正意义上的“双师型”教师寥寥无几，这与学校的机制不无关系。

从更广泛的宏观角度来讲，受经济体制、人才机制和运行体制的影响，社会、企业、高职院校没有形成人才共享、自由流通的体系，从社会、企业引进具有实践教学能力的教师也比较少。即使能从企业转型为教师，这些人在教学理念、教学方式、方法和课程体系方面没有受过系统教育，也有不少的问题。高职院校的教师很少有机会去企业进行顶岗培训和挂职锻炼，对新技术新设备的了解有限，影响了高职学生职业能力的培养。

6. 实践机会缺乏，高等职业教育实践教学不受重视

我国高等教育历来就存在“重理论，轻技艺”的教育倾向思想，实践教学遭遇课时大缩水。根据教育部2000年《关于制定高职高专教育专业教学计划的原则意见》文件要求，三年制专业实践教学一般不低于教学活动总学时的40%。尽管在人才培养、课程体系中实践教学占的比重达到这个比例，但是教学中，实践课实际开出率不足20%，即便如此，开出的实践课还存在很大水分。有些学校为了凑齐这个40%的比例，采取在期中或期末的时候搞突击，进行综合实训。这种实训方式缺乏过程管理和监督，有的干脆是“放羊”，学生交几篇实训日记、实训总结就算过关，实习效果令人怀疑，教学质量根本得不到保证。

实践性是职业教育区别于普通教育最显著的特点，尽可能地参加实习、实训是提高高职学生职业能力的有效途径。通过实践操作可以将专业知识、基本职业技能转化为实践经验，否则就是停留在表面，只能是纸上谈兵，职业能力的训练和培养也是一句空话。从学校角度来讲，有的高职院校为了给学生提供实践机会，花大力气建设校内外实训基地，积极联系相关的企业落实校外实习实训基地，甚至不惜血本在校内建立实习工厂、实验实训室等。也有不少学校因实习设备和“双师型”教师不到位，实验实训室变成了摆设，设备几年后成为破铜烂铁，造成了实训资源的大量浪费。还有很多高职院校经费问题不能解决，实习实训工作无法开展，或者成为压缩饼干，出现“闭门造车”式的教学也不足为奇。从企业角度来讲，企业虽然意识到校企合作的好处，但是不愿意花成本、花精力参与学校的培养，

不愿意将自己的生产场地、生产设备给学生进行实践操作训练，还有很多企业不愿意给高职学生提供实践操作的机会。

二、高职学生职业能力培养体系的改革与发展

（一）高职学生职业能力培养体系的演变历程

我国社会主义市场经济的不断发展与完善，推动了高职学生职业能力培养体系的改革与发展，共经历了四个阶段的发展。

1. “三段式”培养模式时期

原教育部部长周济在教育部 2008 年度工作会上的讲话中提出，职业教育要“积极推行‘三段式’办学模式”。这个“三段式”既包含了职业教育的人才培养模式，也包含了职业教育的办学模式。在高职院校兴办之初，教学沿用传统的三段式培养模式，即按公共课、基础课、专业课三段来安排教学内容，贯彻“一年学基础，一年学技能，一年顶岗实习”的模式。这一时期的高等职业教育没有和学历教育区别开来，重知识传授，重文凭取得，有些学校简单地理解为“文化、理论、实习”的“三段式”，没有很好地承担起劳动力职业能力培养职能，与社会经济需求脱节，不能满足经济发展对劳动力素质的要求。特别是从中职升格的一大批高职院校，在办学定位、培养目标模糊不清，盲目模仿甚至照搬普通高等院校，成为普通高等院校的复制品，失去了高职院校的特色，严重背离了职业教育的方向。培养的学生在职业能力结构上存在脱节现象，重点也不突出，背离高等职业教育与普通高等教育相互补充，相得益彰的初衷。

2. 校企合作、工学结合模式时期

国务院 2005 年颁发了《关于大力发展职业教育的决定》（国发〔2005〕35 号）和教育部 2006 年颁发《关于全面提高高等职业教育教学质量的若干意见》（教高〔2006〕16 号）中提到，高职院校开始大力推行校企合作、工学结合的培养模式改革，积极推行与生产劳动和社会实践相结合的学习模式，把工学结合作为高等职业教育人才培养模式改革的重要切入点。把校企合作这种办学模式和工学结合这种育人途径有机结合起来，显示出了强大的生命力。学校和企业之间相互信任，彼此合作，加强了理论学习和生产实践的结合，提高了学生的动手能力，为学生以后毕业就能

上岗缩短了距离。尽管说，校企合作、工学集合实现了学校、企业、学生的“三赢”，但是还没有建立起相应在运行体制和长效机制，部分学校把校企合作当作解决学生就业的渠道，而不是提高学生职业能力的突破口；不少企业存在短视行为，把校企合作当作解决用工难的手段；学生普遍缺乏工作经验和社会经验，容易受伤害，学生和家长对此存在一定的顾虑和抵触。

3. 以就业为导向的培养模式时期

当前，高等职业教育存在一个重要问题是教育与市场的严重脱节，高等职业教育培养的学生与社会经济发展对人才的需求存在较大差距，职业教育发展与经济发展不同步。“以就业为导向”，就是要求高职院校在培养毕业生的过程中坚持以“满足社会需求”为出发点，人才培养向市场需要靠拢，教学内容向岗位能力看齐。根据岗位需要进行人才培养模式设置，使毕业生不仅能及时就业，而且具有一定的社会适应性。强调以就业为导向来培养人才是根据社会的发展调整专业设置，按照就业的需要开设专业、开设课程和组织教学，构建合理、实用的高职专业课程体系。这种人才培养模式让市场成为人才培养活动的遥控器，灵活性强，但容易使高职院校盲目追捧一些热门专业、新型专业，师资和硬件条件缺乏达不到热门专业的人才培养条件，导致培养人才的结构比例失调，培养出来的人才质量不过硬。

4. 职业能力培养模式时期

近几年，随着对职业能力概念的广泛关注，我国职业教育开始借用德国职业教育经验，对职业能力培养模式进行了一些有益的探索。德国双元制模式以能力本位为核心，突出了企业的高度参与和企业的主动行为，课程设置、课程内容以及课程实施和评价均要企业全程参与，均要和未来就业的岗位需求相匹配。这种模式从总体上讲旨在培养学生将来在社会上就业、择业和创业的能力，实现由知识本位向能力本位转变，它不仅着眼于现实职业对学生实际技能的需要，更以发展的眼光来培养学生对未来职业的适应能力，因此，职业能力培养不仅体现了高职院校培养学生的本质要求，而且是高职学生培养发展的必然趋势。但是这种先进的培养模式，并不是所有的高职院校都采用，有些高职院校仍然采用传统的学科培养模式，有些高职院校即使倡导职业能力培养，但是在职业理念、师资队伍等方面还存在一定的差距。

以上这几种模式提法各异，培养方案和培养目标各有不同，但是它们有一个共同点都重视企业和市场在人才培养中的作用，根据企业和市场所需来设置专业，强调通过工学结合、产学研结合等途径来培养人才，注重理论和实践相结合，培养学生的实践动手能力。

(二) 高职学生职业能力培养体系的改革趋势

1. 高职学生职业能力培养趋势的特征

(1) 注重高职学生、注重个人心理品质的培养和提高。

个人心理品质也称为个人品质，是职业素质的具体表现之一，是职业价值观取向的体现，是贯串人的全面发展的灵魂和核心。个人心理品质主要表现为职业道德、职业情感和职业习惯等。传统的高等职业教育只要求学生掌握某一专业的基础知识和基本技能，说到底是一种生存教育，而不是发展教育。这种教育是没有生命力的教育，它忽视了学生基本的生存、发展、自我实现等能力的培养，造成了高职毕业生就业率低、创业能力差、在工作岗位上不适应等现象。当前用人单位除了要求高职毕业生掌握熟练的技能之外，对其个人心理品质也十分看重。

(2) 注重心理素质的培养和提高。

俗话说："素质决定命运，人格决定未来"，人的心理素质反映一个人承受外界压力、控制情绪、适应环境的能力。现在的高职学生大部分是独生子女，从小在"蜜罐"中长大，没有受过什么压力和挫折，一旦进入社会，要面对激烈的市场竞争和严峻的市场考验，往往茫然不知所措，缺乏独立处理问题的能力。此外，受社会不良风气的影响，许多学生出现心理障碍和行为偏差，如厌世、离家出走、有暴力倾向等。这严重阻碍了高职学生职业生涯的发展。

(3) 注重职业道德的培养和提高。

职业道德是从事一种职业的人所应该遵守的道德规范，随着社会的发展，职业道德不仅是一种道德规范，而且是一种实践能力。高职学生的职业道德素质具有鲜明的职业性和时代性。总体来说，高职学生具有较强的职业道德情感，对原则性问题有较为清醒的认识，有较为强烈的社会责任感，能坚持自己的职业道德，并内化为职业信念。职业道德的养成只有在道德规范的指导下，在职业的实践中才能得以实现。通过参加实践，让学生更好地了解社会和企业对自己的要求，在实践中去体会、领域和感受职业道德，更加熟练掌握职业道德标准，增强对职业道德的认同感。让学生更多地通过企业实践，深入了解企业文化，搭建校企互动的职业道德教育平台进行职业道德教育，宣传企业的规章制度、企业文化等，让高职学生建立积极稳定的企业认同感。

高职院校的人才培养目标除了要满足高职学生个人发展的需要的同时，还要考虑经济发展的需要，促进个人与社会的和谐发展，实现人的全面发展和全社会的和谐发展。因此，在职业能力培养中，要将社会责任的价值观纳入到高等职业教育价值观中，培养学生一种社会责任感，积极适应不断变化的社会，最终推动社会的和谐发展。

（4）注重高职学生职业基础能力的培养。

现代企业“以人为中心”的劳动组织方式对职业能力的要求产生了革命性的冲击和变化，传统的劳动组织方式要求具备一定的专业技能即可胜任。科学技术的变化日新月异，现代企业的精细化生产要求劳动者不仅要掌握技能，还要掌握面对变化的生活任务的灵活性，具备人际交往的能力、应变能力、解决问题能力及组织管理能力等。职业基本工作能力也称为通用职业能力，是职业能力中最基本的能力，影响着其他能力的发挥，如果缺乏一般的基础能力，劳动者将不能胜任工作。

高职院校应针对高职学生在语言表达、人际交往、学习能力、解决问题的能力方面，进行重点培养。现代社会的信息的社会、也是推销的社会。大量的信息不断涌现，高职学生必须具备较强的语言组织能力、语言逻辑能力、信息筛选能力，准确把握语句的意思，才能较为熟练地写出常用的工作计划、工作方案、总结、调研报告等。除了书面的表达能力，口头表达同样重要，高职毕业生在严峻激烈的就业市场要获得用人单位的青睐，必须依靠较强的口头表达能力。有调查显示，失败的求职案例中，有近30%是因为没有正确、合理地沟通和交流。高职院校应培养高职学生的人际交往能力，与他人相互尊重、理解和信任，做到待人真诚、坦率、热情、大方，保持乐观积极向上的心态，教育学生在日后的工作关系中，学会处理好上下级关系、同事关系以及客户关系等，维护团结，与竞争对手避免业务上陷入恶性竞争。

伴随着学习型社会的到来，高等职业院校不再是学生学习的终点，而是成为连接学生终身学习的一座桥梁。教学的重点在于帮助学生寻找一种新的具有探索精神的学习方式，使得他们能主动去学习知识、创新知识，具有将知识应用到工作实践的能力。职业岗位的相互替代性、新的管理机制以及新型劳动组织的出现，都会加剧劳动力市场的不稳定性，职业流动会经常发生，每一次职业的迁移、岗位的变化都会伴随新的学习和培训，因而要求劳动者必须要以稳定的心理去适应职业岗位的变化。

高职生毕业后一般在企业的一线岗位工作，在工作岗位上经常会碰到一些与专业相关的实际问题，有些问题在教科书上是找不到的。能够分析和解决这些问题，是高职毕业生职业能力的综合体现。原教育部部长周济在2004年高等职业教育第三次产学研结合经验交流会上指出：高等职业教育的主要任务是培养高技能型人才。这类人才，既不是白领，也不是蓝领，而是应用型白领，应该叫“银领”。我们培养的学生，既要能动脑，又要能动手，经过实践的锻炼，能够迅速成为高技能型人才，成为国家建设不可或缺的重要力量。这里强调的就是解决问题能力的培养。培养解决问题能力，提高动手能力是高职生施展才能的基础，是巩固自己职业岗位、提升职位的重要前提。

（5）注重高职学生职业工作能力的培养。

所谓职业工作能力，是指担任某个职位的一组标准化的要求，用以判断是否称职。简单地说，就是针对某个岗位所需的能力，学什么就要能做什么。扎实的专业知识和熟练的专业技能是凸显高职学生职业性的关键要素。不同岗位对应于不同的专业知识和技能，专业技术能力是现代就业者的最基本的生存能力，是走上工作岗位的敲门砖，是就业者胜任职业工作、赖以生存的核心本领。

现阶段我国正处于社会经济转型时期，各产业和行业结构也发生变化，一些新兴行业迅速发展，有些行业则走上衰落甚至消亡。劳动力结构也随之发生相应的变化，劳动力的需求比例从第一产业、第二产业迅速向第三产业转移；劳动力结构逐渐由体力劳动向脑力劳动转移。对劳动力的文化素养、职业能力要求越来越高。这些变化要求高职院校在人才培养中必须适应市场的需求和就业结构的变革，根据特定岗位群需求，分析岗位群所需的能力，根据岗位所需进行培养，确保学生的专业能力适应对口职业和职业岗位群。企业希望从高职院校招聘过来的学生，一毕业就能走上岗位，并能胜任岗位，实现零距离就业。那种“干中学”“边实践边学”的想法，已经不能适应现在就业市场的要求。

与此同时，要想在激烈的市场竞争中脱颖而出，高职学生除了要具备专一的专业技能，还必须注重专业的拓展能力的培养，将专业技能合理地、结构性地向相关学科延伸，使得职业能力更加系统。

（6）注重高职学生个性发展能力的培养。

联合国教科文组织国际教育发展委员会在《学会生存——教育世界的

今天和明天》中提出：教育的目的在于使人成为他自己，变成他自己。[①]书中完整地阐述了教育的目的是“走向科学的人道主义”“培养创造性”“培养承担社会义务的态度”“培养完人”。长期以来，我国传统的教育方式是对学生进行“化异为同”“化零为整”的教育，强调集体教育和共性的培养而忽视了学生自身个性的发展，抹杀了学生个性发展的需要。生命教育视野下，人是有其独特性和个性的，从人性的角度来讲，教育作为一项人类寻求自身发展的实践活动，应该承认学生生命的独特性，挖掘学生已有的天赋和能力，激发学生蕴含的潜能和创造力，不强制学生接受社会所需要的刻板的知识与技能，让个人追求自己生命的价值和意义，尽情表现个人的个性魅力，培养个性全面发展的人，是新时代社会生产对高等职业教育人才培养提出的必然要求。

未来学家托夫勒认为，工业社会的特点是标准化，信息社会的特点是个性化、多样化。如果说工业社会需要千篇一律的标准化人才，那么信息社会亟须体现创造性和多样性的人才。在知识经济时代，现代工业也呈现出个性发展的趋势，要求现代的工业劳动者必须具有较强的个性发展能力，而个性能力的培养有赖于我们的教育，尤其是与培养与生产紧密相关的高技能人才的高等职业教育，这是信息社会对高等职业教育人才培养提出的新要求，也是现代社会对高等职业教育人才个性化的新需要。人是在创造活动中提高并完善自身的，高等职业教育应注重培养学生的首创精神和创造力量，密切关注和发挥每个人的独特性，但也不能忽视集体的作用。

人的一生是一个不断变化、永无止境的发展过程，在发展中自我更新、在发展中完善。高等职业教育应该培养“完善的人”。“完善的人”不是“完人”，也不是抽象的，而是具体的，把智力、健康、情绪、伦理等各方面因素综合在一起的人。这种人终身不断学习，才能适应未来的工作岗位。正如国际教育发展委员会所提出的，“我们的教育不应培养青年人与成人从事一种特定的、终身不变的职业，而应该培养他们有能力在各种专业中尽可能多地流动并永远刺激他们自我学习和培训自己的欲望”[②]。由此可见，现代劳动者要想在未来职业中有所发展，必须不断发展、不断追寻、不断

① 联合国教科文组织国际教育发展委员会．学会生存——教育世界的今天和明天［M］．北京：教育科学出版社，1996，121.

② 联合国教科文组织国际教育发展委员会．学会生存——教育世界的今天和明天［M］．北京：教育科学出版社，1996，127.

学习，不断塑造和更新自我，必须注重个性能力的发展，才能为未来的发展道路做好铺垫。

总之，在知识经济时代的大背景下，高等职业教育人才的培养和整个国民经济、生产建设应该相结合、相适应，让高职学生在掌握先进的科学技术基础知识的基础上，全面发展，以适应生产不断变更的需要。

2. 高职学生职业能力培养的改革方向

高职院校学生职业能力培养的根本出路在于改革和创新。高职院校若要培养出适应经济和社会发展的人才，应以职业能力的“质量”“特色”和“效益”三个方面为突破口，从观念、质量、特色、管理体制等方面着手，寻求高职学生职业能力培养的新途径。

（1）以质量求生存，靠特色求发展，以提高效益为手段。

高等职业教育应以服务为宗旨，以就业为导向，坚持走产学研结合的道路；要主动服务社会经济发展，特别是立足地方经济，服务区域经济发展，走特色化发展的道路。这就是高职院校的办学定位。培养目标是人才培养的总原则和总方向，是开展教育教学的基本依据，高等职业教育人才培养目标应定位于“技术技能型”人才，即对社会生产、管理、服务等领域直接作用的人才，能将设计、规划、决策等转化为产品，产生经济效益。

（2）树立“多元”的职业能力观，为职业能力构建一个立体的空间结构框架。

现阶段我国职业教育以培养学生的整合能力为终极目标定位，对操作性岗位上的技术工人应重视其在一般职业素质基础上的专项技能的培训，而对复杂环境下的工程设计人员以及特定行业的服务人员应重视其一般职业素质基础上的整合能力的培养。①

（3）实现从知识本位到能力本位再到人格本位的根本转变。

高等职业教育能力培养要协调和处理好针对性与适应性的关系，要使受教育者实现从“终身职业”到“终身就业机会”的转变。积极推行工学结合和订单式培养，在着眼当前需要并兼及长远目标的前提下，将能力本位的价值取向贯彻到课程体系中，并在课堂中得以体现，培养和提高学生综合就业能力，实现从“知识本位”到“能力本位”再到“人格本位”的

① 陈鹏．职业能力观嬗变的社会逻辑及哲学溯源——以20世纪初为历史起点［J］．职业技术教育，2010（10）：11.

根本转变。

（4）发挥高职学生在职业能力培养中的主体性。

通过对德国职业能力培养的研究，发现其往往注重从学生的内在调节机制来设计、实施和进行最终的评价，它往往是通过有目的地、系统化地组织学习者在实际或模拟的专业环境中，参与设计、实施、检查和评价职业活动的过程，强调让学生发现、探讨和解决职业活动中出现的问题，体验并反思学习行动，最终完成相关职业活动所需要的知识和能力。[①] 2006年，教育部颁发了《关于全面提高高等职业教育教学质量的若干意见》（〔2006〕16号）。该文件指出高等职业院校要坚持育人为本，并教育学生学会交流沟通和团队协作，提高学生的实践能力、创造能力、就业能力和创业能力。“是否真切地关怀人的成长，这是区分真假教育的试金石”。[②] 由此，高等职业教育职业能力培养注重以人为中心，培养学生的基础能力、专业能力和关键能力。要求学生有较强的听说读写和判断能力，以及在企业实践和巩固理论学习的专业能力，并能将专业知识、专业理论、专业技能灵活地运用到实际工作中，知道如何做、如何学习和如何与他人合作。

总之，随着科技进步和社会经济的发展，社会对高职人才的需求也在不断发生变化。现代高职学生职业能力的培养应该在相关理论研究的基础上，与时俱进，不断了解新时代经济发展对高职学生职业能力培养有哪些新的需求。坚持不断创新和改革，坚持和区域经济发展接轨，才能跟上时代的步伐。

（三）高职学生职业能力培养模式的改革启示

分析我国高等职业教育现状，就比较容易看清在培养目标和培养模式上的缺陷。这种缺陷主要是对高职学生职业能力的理解比较狭义，定位在生存技能的培养上，忽视了社会能力、品德能力和操作创新能力等，体现在教学目标制订上出现的盲区。我们要从狭义认识中走出来，矫正了对高职学生职业能力的片面理解，要认识到职业能力整体养成的重要性，解决了以专业技能训练代替职业能力整体养成的简单化问题，纠正实践教学地位不突出的问题等。因此，通过职业能力培养模式，认真分析职业能力形

① 姜大源．学习领域——工作过程导向的课程模式［J］．职教论坛，2004（8）：61.

② 王本陆．论教育的伦理特性［J］．教育研究，2003（1）：25.

成规律，可以得到以下改革启示。

1. 正确把握高职学生职业能力培养模式的价值取向

高职学生职业能力培养的模式价值应该体现出社会发展变化和学生全面发展的综合性价值取向，它是以岗位操作过程为基础，以岗位中的职业任务作为能力培育节点，以实践教育教学任务为培育依据。而职业岗位的专业设置、实习实训体系和课程体系构建等反映着社会进步的需求，紧贴学生适应社会发展变化的能力需求。也就是说，高职学生职业能力培养模式的构建是高等职业教育改革的尝试，体现着高等职业教育发展的时代趋势，不但体现社会发展变化的进步需求，而且还体现高职学生职业能力的全面发展，是一种以综合价值需求为取向的职业教育模式。

准确定位高职学生职业能力培养模式的价值取向，是学生职业能力培养目标在培养体制机制改革创新的具体化，体现着职业价值观，是以实现学生全面发展为宗旨，充分体现了社会发展变化和学生全面发展的综合性价值取向。模式的综合性价值取向是将职业行为、职业习惯和职业实践融合为一体，追求职业能力的完美之境界。高职学生职业能力培养模式的核心是实践，模式的价值性最终通过实践体现出来，是在职业岗位流程中的每一个具体职业任务的完成来训练学生的知识专业技能，培育学生的职业能力素养，进一步提升学生的岗位知识和技能水平，实现模式的目标取向。高职学生职业能力培养模式是高等职业教育院校的专业课程体系与实践教学活动的衔接机制，从教学意义上讲，是培养学生职业能力的工具，具有显著的工具性、实践性等特征。我们应该准确把握模式特征，对职业岗位中具体职业任务进行优化，引导学生完成任务时，注重对学生的自主性、创造性和团队性等职业素养的培育，培养学生发现问题、解决问题的能力。正因如此，我们在推进高职学生职业能力培养模式的改革活动中，注重模式的职业行为目标、职业生成目标和职业实践目标融合而成的综合目标价值取向，始终注重学生综合能力的全面发展，通过实现模式综合目标价值，有效促进职业教育发展，提升职业教育质量。

2. 高度重视职业能力培养的阶段性和过程性

高职学生职业能力培养模式构建是为了高职学生能适应社会发展变化所需要的职业知识、岗位专业操作技能和职业人文素养。职业能力培养模式是在岗位实践过程中，通过岗位任务的构建、任务安排、情境创建和任务完成等方式来构建的，涉及岗位专业所需要的实践知识、操作技能和职业情操等综合性职业培训内容，实现对学生职业能力全面发展的培育目标。

因此，我们在建构高职学生职业能力培养模式时，要从社会经济发展变化与人的全面发展的角度，以岗位实践培育为主线，以职业岗位中的具体职业任务分析为节点，充分发挥学生的主体性和教师的主导性作用，按照职业能力培育规律构建高职学生职业能力培养模式。高职学生职业能力培养的模式构建依循是从理论到实践再到理论的建构思路，分为四个阶段。第一个阶段是知识学训阶段，要切实厘清每一个专业所包含的主要岗位领域及详细的岗位知识，并对岗位流程的每一项技能知识要进一步厘清，体现在专业课程体系构建中，这是职业能力培养模式设计的必要环节。当然，专业岗位设置来源于真实社会的职业需要，与社会发展需求息息相关，因此，岗位知识设计内容应包含社会职业生活的相关知识，我们在专业课程体系构建中要予以考虑。经过第一、二阶段的知识学训外，然后进入仿真实训、跟岗实训和顶岗实训三个阶段。学生在专业分析的基础上，确定好具体专业岗位流程，并以岗位专业群落为对象，在企业专家、行业精英及课程教师的帮助下，经过仿真实训、跟岗实训和顶岗实训三个阶段，达到职业岗位要求所应完成的职业任务。在实践过程中，一定要在专业课教师的演示下，将岗位实践知识内化迁移到实践操作中，培育岗位技能和人文职业素养，从而最终完成高职学生职业能力培养模式构建的行动。

高职学生职业能力培养模式构建的四个阶段是根据职业能力培育的原理，从知识到实践，从感性实践到理性实践的过程、由学生到职业人的渐进式积累过程。在教学做一体化的知识学训阶段，学生通过对专业知识的学习和单项技能的训练，为后阶段的深入学习做准备。在仿真实训阶段，学生通过仿真工作过程把前一阶段学习的专业知识和单项技能进行整合，形成初步的职业能力，并对职业任务进行初步的了解。在跟岗实训阶段，学生通过对仿真实训阶段的总结，对知识进行补充、对技能进行完善、巩固后，在企业的真实职业环境和真实工作过程的训练，对自己前两阶段所学知识和能力进行再次整合，使职业能力得到初步定型，也是对学生前两阶段所学知识和能力的一次总检验。在顶岗实训阶段，学生通过对校外实训阶段的总结，通过完成真实工作任务的过程，对专业知识再一次进行完善，对专业技能进行学习阶段的最后一次巩固和定型，使职业能力基本适应岗位的要求。高职学生要充分尊重课程专家、行业精英和专业课教师在职业能力培养模式构建活动的指导作用和核心地位，并以此为切入点，将有相同的或接近的岗位实践知识、岗位操作技能和岗位人文素养相融合，在完成具体职业任务中形成新的综合性职业能力。然而，高职学生职业能力培养模式构建活动在职业任务实践过程中，岗位知识结构、岗位技能结构和人文职业素养都会发生新的量变，逐步形成职业能力的新认识并发生理论升华变化，实现从行动领域再到更高层次的岗位学习的圆满过渡。以上分析可以得出结论，在整个高职学生职业能力培养模式的构建路径中，必须根据职业能力培养模式构建的基本规律，把高职学生学习的三年六个学期，合理地分解为“知识学训—仿真实训—校外实训—顶岗实训”四个阶段。因此，高职学生职业能力培养模式构建活动应依循由具体岗位职业任务，分阶段进行学习实践，具有明显的阶段性特征；同时，学生在模式构建的活动中，对岗位知识的学习，知识迁移到实践技能操作，以及人文职业素养的形成都要有一个过程，具有明显的过程性特征。

3. 建立全方位职业能力培养的综合立体课程体系

根据高职学生职业能力培养模式构建的要求，职业能力的培养必须以实践教学为主要方式，以职业能力的培养过程为主线，不仅有利于专业能力的培养，而且也要有利于品德能力、操作能力和社会能力的养成为目标，整合课堂内外、学校内外的一切资源，把课堂教学、实践教学、职业氛围、企业环境有机融为一体，建立符合职业能力培养规律的全方位综合立体课程培养体系。从这一点上看，要针对高职学生职业能力培养模式构建活动，认真组织全方位的综合立体课程培养体系开发。综合立体课程培养体系开发是课程体系的设计和编制，是指在高职学生职业能力培养目标的引导下，系统完整地分析、设计、编制、实施、评价与职业能力培养相关专业课程体系。职业能力培养相关专业课程体系的开发是一个工作过程，与普通高校的专业课程开发不同，在岗位知识的设计、操作与应用等方面，呈现出很多不同的地方。高职学生职业能力培养模式所引领下的课程开发活动，首先要确定经济社会发展所需要的专业岗位，对这些专业岗位的职业领域进行分析，厘清岗位流程的具体职业任务，明确专业岗位全过程所需要的职业能力标准等。确定好专业岗位课程后，组织好课程研发团队，一般是企业专家、行业精英和职业院校的专业课教师，开发的成果则主要是该专业岗位的人才培养目标，即应具备的职业能力结构、职业素养和技能知识水平等标准。这就是高职学生职业能力培养课程模式的开发活动过程中的重要环节，也是职业能力培养课程体系标准制定的重要步骤。

高职学生职业能力培养课程模式建构活动贯穿专业岗位的全过程，岗位详细，职业任务明确，岗位每一个阶段的职业技能要求很清楚。在这一过程中，企业专家、行业精英及职业院校的专业课教师负责组织高职学生职业能力培养课程模式开发，课程开发的标准和要求是岗位详细，职业任务明确，岗位每一个阶段的职业技能要求很清楚的专业岗位集群。只有这样，高职学生职业能力培养课程模式的目标取向才不断凸显。对高职学生职业能力培养课程模式的岗位集群研发，需要企业专家、行业精英及课程专家对每一岗位任务进行陈述、整理和分类，并上升为可操作性课程理论体系，勾勒出详尽的岗位职业任务的实践知识部分、操作技能理论部分和职业人文素养理论部分等课程内容。因此，课程开发的成果是岗位详细，职业任务明确，岗位每一个阶段的职业技能要求很清楚，以及与岗位相关的人文职业素养，并上升为逻辑紧密的专业课程理论集群。只有在具体职业任务分阶段细化与完成的过程中，充分考虑到专业知识、技能结构、岗位操作技能和人文职业素养因素，通过课程设计、陈述、整理和分类等方式，使得课程结构清晰、课程内容详尽、课程逻辑紧密，组织成职业能力培养的综合立体课程体系，最终在岗位职业任务的不断明确中凸显高职学生职业能力培养课程结构的职业性和任务性等本质性特征。

4. 建立完善职业能力培养的实践教学体系

高职学生职业能力培养模式的建构活动要经过四个关键性阶段，即知识学训、仿真实训、跟岗实训和顶岗实训的四个阶段，但不管在哪个阶段，都需要一定的条件予以保障。建构高职学生职业能力培养实践模式的活动，必须使这四个阶段相互联动，发挥整体作用。在实践操作的三个阶段，涉及职业任务安排和分解完成过程，在企业专家和行业精英的主动指导，教师与学生要从专业岗位确定到岗位任务安排再到职业任务完成的全过程实训实习。实践操作的三个阶段的模式建构活动，必须依据于满足经济社会发展需求，结合行业发展的实际情况，既有丰富实践经验的企业专家和行业精英作为职业能力实践模式建构活动的主导力量，教师与学生是全实践教学过程的核心参与者，在这一建构过程中充分体现实践领域的职业性和任务性等特征。

综观整个行动领域阶段的职业能力实践模式建构活动，经济社会发展中的产业结构变化对实践模式构建的影响是很大的。也就是说，开展整个职业能力实践模式建构活动，需要得到企业等外部环境的支持，企业与学校合作提供校内外实习实训基地，提供一大批既有丰富的实践经验又有一定的理论知识的企业专家和行业精英指导教师对学生进行岗位实践操作指导，这是不可或缺的重要因素。职业能力实践模式建构的有效性是推动四阶段职业任务的整合及灵活联动，共同构成了实践体系，这是职业能力实践模式建构活动的保障。通过对职业能力培育的实践模式建构的“知识学训—仿真实训—跟岗实训—顶岗实训”阶段的分析，可以看到职业教育的实践性特点，这也是高等职业教育区别于一般本科教育的根本所在。在这四个阶段中，以职业能力培养模式为主线，自始至终贯串了以实践教学为主的理念和方法，通过递进式的不断重复、不断提升、不断完善、不断贴近企业实践的训练，使学生的职业能力逐步形成。这种以能力训练为主，知识学习为能力服务的实践教学体系，是职业能力培养模式构建的核心内容，符合职业教育发展的客观规律。

第三章

高职学生职业能力的形成机理

人类实践活动的一个重要特征就是目的性和意识性。教育作为一种培养人的社会实践活动，也具有一定的目的性，这就是所谓的教育目的。教育目的对教育活动起着引导、激励、协调、评价的作用，既是教育活动的起点，也是教育活动的终点。对于高职学生高技能型职业能力培育的理论和实践研究来说，其目的是找到一条持久、高效、稳定的培养途径，找到培养高职学生职业能力的可操作性方法，探索出高职学生高技能职业能力的形成规律，对深入展开高职学生职业能力培养模式构建研究提供了坚实的理论支撑，丰富了高技能型人才培养的理论。

第一节　高职学生职业能力的高技能特征分析

一、技能型人才的特征

1. 能力的类型

我们一般从不同观察维度将能力分为天才、才能和能力；按开创性将能力划分为模仿能力、再造能力和创造能力；按照强弱性将能力划分为一般和特殊能力；按照社会性将能力划分为认知能力、操作能力和社会交往能力。

就职业能力培养而言，本专著将所具有的能力分为七大类，即专业技能、知识获取能力、一般能力、信息获取和处理能力、创新能力、组织管理能力，以及资源配置能力。此分类主要依据舒尔茨对劳动者的能力分类方法，以及其他职业人才能力类型的研究成果。这七种能力的内涵十分丰富，在职业能力研究领域，专业技能是指以一定的专业岗位知识和技能为基础，运用专业技能来完成专业岗位工作任务的能力；知识获取能力是指通过学习、消化和吸收知识，将知识转化成自身技能的能力；一般能力是劳动者的通用工作能力，即沟通能力、协作能力、反应能力、分析能力及一定的学习能力；信息获取和处理能力是指将开发信息、传播信息、分析信息的能力；创新能力是指利用岗位专业技术从事技术的操作的能力；组织管理能力是指灵活地运用各种方法，把各种力量合理地组织和有效地协调起来的能力；资源配置能力是指在工作中整合优化配置各种资源的能力。能力的培养有三大因素需要关注：一是积极参与的社会文化生活，这是能力发展的环境和土壤，二是和谐的家庭氛围，这是个体在智力发育和发展的基石，三是教育，这是能力发展的关键。这七种能力又是一个有机能力整体，在三大因素的影响下，相互依托，缺一不可。

2. 职业人才的类型

如何对高等职业教育的人才规格和培养目标进行合理、准确的定位是一个前提性、关键性的问题。基于此，本专著首先对职业人才的实际劳动即职业人才在每个岗位的在职操作进行分析，提示了按照能力构成对职业人才进行分类。也就是说，职业能力的内涵不同，能力构成情况以及各种能力所作用的客体差异性，划分出不同的职业人才类型。职业人才按照所具有的能力可以划分为四种类型。

第一种是一般型职业人才，指以一般通用社会技能为主要构成能力要素的职业人才。该类型职业人才主要指从事一般工作、简单工作的社会从业人员。

第二种是技能型职业人才，指在较为复杂岗位上能通过专业技能完成岗位工作任务的职业人才，同时也是掌握某一领域的专业知识和技术，能够利用它们进行技术性工作的职业人才；具备此能力的人，能综合利用理论知识研究生产工艺、产品和设备改进的职业人才，专业技能占比重最大，一般指从事专业技术岗位的职业人员。

第三种是技术含量较高型的职业人才。这种职业人才具有较高的专业技术水平，技术创新能力很强，他们的社会角色是岗位科研技术人员等。

第四种是管理型职业人才，指具有优化资源配置与组织协调工作关系的职业能力，能为企业带来管理收益的职业人才。管理型职业人才能将管理投入转化为产出收益，属于将知识融入管理的职业人才。管理型职业人才面对不确定市场，利用决策程序，通过创新管理制度，改变生产要素来提高企业经济效益的，在企业中属于经营管理者，包含企业家、高级职业经理人等。

随着我国经济社会的快速转型，职业人才与市场需求紧密相连，在整个社会生产生活居于关键层面，连接技术创新、运用和管理决策，左右经济社会发展，早已成为政府、社会和学者们关注的重点。

3. 职业人才的特征

从传统社会到现代社会，我们都知道劳动力是不同的，劳动力的不同性主要体现在对劳动者岗位知识能力上，是劳动者的知识、技能、体力和经验等因素共同作用的结果。传统经济学对经济率问题展开研究，主要视角是假设劳动力相同情况下展开的研究论证。然而，仅仅考虑资本和劳动力因素来研究经济增长问题是不行的，对 20 世纪 90 年代的日本经济高速增长现象就无法解释，也无法阐释生产力增长的真正原因。要把经济增长的重要原因搞清楚，就要认真研究日本自然资源缺乏却经济快速增长现象，研究探索人力资源在经济增长中的贡献率问题。学者们开始对职业人才进行研究，诞生了职业人才研究理论，也是职业人才的投资理论。具体来说，职业人才投资所带来了技术进步，技术进步带动了社会经济，提高了经济增长质量与规模。可见，职业人才对经济发展是绝对不可替代的。

职业人才表现出来的能力是多样的。职业人才的不同性最直接的表现是在能力上，是劳动者在生活和工作中表现的低级能力和高级能力、先天能力和后天能力之间的强弱关系。职业人才具有的能力主要指通过职业投资，进行职业资本积累而形成的能力，具有了创造价值的资本性质。随着社会经济的快速发展，市场对一般能力人员的需求发生了变化，需要更多的高技能创新性综合性人才。由此可见，职业人才的不同是其具有知识和技能的不同，知识和技能高的职业人才，生产效率就高，对经济发展的贡献就大。

二、高技能型人才的特征

1. 技能型人才的类型

技能的形成必然经历初级阶段、中级阶段和高级阶段，高级阶段的特征是明显不同于初级阶段的。初级、中级和高级技能型人才是一个相对性的概念，只能根据市场要求，以完成企业岗位流程的难易程度予以确定。初级技能阶段人才只能联合完成岗位过程中的技能系统；而高级技能阶段人才能够在岗位流程中准确、协调、稳定、灵活、独立地完成技能运行系统。现代意义上的高技能型人才，在岗位操作流程中属于较高层面的技工人员，是技术知识量较高的技能型人才，其中包括生产加工一线的高知识复合型技能人才。

2. 高技能型人才基本特征

高技能型人才的本质性特点体现在高知识性和高技能性。他们的学习和动手能力都很强，岗位操作艺术很高超，能运用传统的绝技、绝活对传统技术进行整合，能在学习中很快掌握现代科技，能在现代知识技术和心智技能共同作用下达到手脑合一。高技能型人才的高知识性特点，包括知识技能和实践经验等智力因素，也包括一些在岗位操作中由知识性技能上演变而来的非智力因素技能。

可以说，高技能型人才的知识性是因为他们掌握了现代性高、精、尖岗位操作技术，知识技能在整个技能结构中的比重较大，这成为这类人才的本质性特点。高技能型人才知识技能比较强，能在岗位操作中分析、判断、处理各种复杂技术问题，能及时处理应对操作中的突发事故，能很快学习掌握市场上出现的新产品、新材料、新设备、新工艺等新技术。

高技能型人才在岗位生产一线工作，岗位流程操作水平高，是属于生产精度较高的岗位，涉及精密设备的安装、调试，以及维修精密复杂的仪器工作，在企业是带头技术攻关的骨干，负责技术质量监测和传教授业的师傅。由此可见，他们在企业生产岗位操作中动作技能水平较高，通过技术创新带动岗位工作创新，主要在加工、制造、服务等领域工作，从事技术岗位操作，专业解决技术操作故障。

高技能型人才还具备一种特征是周延性特点即创造性能力比较强。创造性是人才的特征，创造能力的高低区分了技能型人才能力的高低。高技能型人才具有很高的创造性水平。他们能将传统技能进行转型升级，与现代科技高度融合，对岗位工艺进行改进，对岗位技术和岗位流程进行创新。相对而言，一般技能型人才的创造能力较弱，在岗位流程中只是简单技能的动作重复，知识和心智技能水平较低，不能在技术岗位流程中实现手脑合一，对岗位工艺流程的创新较弱。高技能型人才能掌握先进的专业岗位最新技术动态信息，有着更扎实、更深厚的知识技术理论，能将最新信息和最新专业知识运用到生产岗位中来，并能在岗位操作中实现创新，这就是高技能型人才的职业能力基础，也是区别于一般技能型职业人才的周延性特点。

3. 高技能型人才在岗位操作中的表现

高技能型人才专业功底扎实，对岗位操作现场的适应能力强，对岗位中涉及的专业设备能熟练操作，能将自己的专业技术知识和专业操作综合经验融合起来，将单一岗位操作技能转变成复合岗位技能，能够在相关专业岗位中交流变动。

高技能型人才对生产操作很熟练，但不仅仅只是生产操作。他们还要对岗位流程进行分析和判断，对生产操作过程中产生的复杂问题，能及时予以解决；同时还要指导一般技能型人才掌握岗位工艺流程，指导他们正确使用监控设备、仪器和仪表，并检查这些设备的运行效能。

高技能型人才能对岗位技术进行改革创新，负责企业新技术研发、实验与推广，组织技术班组管理，指导培训一般技术人员掌握最新技术流程。正是因为他们具有这种能力，既熟知一线生产技术岗位流程，又熟知生产技术管理岗位，这种技术创新能力是一般技能型人才所达不到的。高技能型人才具有较强的实践创造能力、扎实的技能功底，能牢牢把控整个岗位生产流程的技术能力，与一般技能型职业人才形成了明显的能力差异。

三、高技能型人才与一般技能型人才的区别

高技能型人才的能力构成优势体现在专业知识获取能力和技术创新能力上，属于复合型技能型人才，具备的精湛技艺和超常规实际操作岗位的能力，能解决复杂岗位、关键岗位的工作问题。这是一般技能人才所做不到的。具体而言，高技能型人才与一般技能人才的差异性主要表现在以下方面。

1. 存在本质性差异

高技能型人才与一般技能型人才的本质性差异主要表现在知识、创造能力、岗位适应性和流动性差异上。

（1）知识差异。

在知识经济时代，高技能型人才是时代特征。高技能型人才的心智技能比重较大，掌握高、精、尖操作技术；一般技能型人才的心智技能比重较小，岗位操作技术难度小，这是两者区别的关键所在。高技能型人才的

心智技能还包含一些在岗位技能基础上发展形成的非智力因素。这些技能使高技能型人才能在分析、判断、处理生产技术问题以及突发状况上比一般技能型人才更优秀。并且高技能型人才对新产品的研制、新技术的学习、新材料和新工艺的应用能力比一般技能型人才更强。

（2）创造能力差异。

高技能型人才在技术改造、工艺流程创新上，能将传统技能与新型技能高度融合；一般技能型人才在岗位工作中的动作技能难度较低，创造能力也不强。

（3）岗位适应性和流动性差异。

相对于一般技能型人才，高技能型人才掌握专业技术，精通操作技能，善于把岗位相关技能结合起来，专业经验丰富，对岗位变动的适应能力更强。相对于一般技能型人才，高技能型人才熟知岗位生产全流程，在相同专业岗位和相近专业岗位之间的流动性能力更强。他们可以自由地从技能操作岗位上转岗，在一线生产岗位、综合管理和专业技术研发岗位间流动。

2. *存在差异*

高技能型人才与一般技能型人才的周延性差异主要表现在高难度操作能力、隐性技能、职业素养和信息获取能力的差异上。

（1）高难度操作能力。

高技能型人才对现场工作环境很熟悉，懂得岗位工作规则，动手能力和实践能力比较强，在各种专业岗位实践中能够熟练运用专业技能完成常规工作任务，能灵活运用通用的基本技能完成非常规性专业技术岗位的工作任务，能胜任岗位技术较复杂和难度较高的工作，手脑综合运用能力很强。正因为此，高技能型人才具有丰富的一线生产实践经验，拥有丰富的技术知识，能够有效解决实际操作中出现的关键技术难题，及时发现生产作业中的技术故障，并能运用技能知识排除故障。同时，高技能型人才在长期生产实践中形成了技术创新灵感，能够运用灵感进行岗位技术攻关，成为生产技术创新的中坚力量。因此，高技能型人才与一般技能型人才的基本差异体现在是否具有较强的动手实践能力上，这是技能型人才成长的基础能力。

（2）隐性技能性方面。

高技能型人才的隐性技能是指具有职业岗位上的绝技绝活。隐性技能是不容易被别人学习到的，具有隐蔽性特点。这种绝技绝活实际上是一种专业技术发明，夯实了他们职业技术的内涵，是他们的标签，难以模仿，即使他们愿意传授，别人也很难学会他们的独特技术，很难达到他们的水平。这成了高技能型人才在岗位上特有的专业竞争优势。

（3）职业素养方面。

高技能型人才知识水平高，社会责任感强，工作上能坚持大局意识和服务意识。他们热爱自己的工作岗位，爱岗敬业，对从事的专业岗位有着强烈的感情，愿意为本岗位开拓创新、自愿付出和刻苦钻研，始终做到技术上与时俱进。

（4）信息获取能力方面。

高技能型人才掌握着大量的岗位核心技术理论，直接对生产一线岗位进行分析、判断，解决生产操作过程中遇到的岗位技术难题。因此，在生产操作上，高技能型人才与一般技能型人才的差别比较大。高技能型人才在生产工艺流程中的把控能力强，能解决好生产中监控设备、仪器、仪表运行中出现的故障，从事企业技术岗位的技术创新，以及新技术工艺方面的研发和成果的推广。一般技能型人才只能在简单的工艺流程上进行简单操作与管理，无法解决生产运行中出现的技术故障等，是简单流水线上的工作者。

第二节　高职学生职业能力培养的影响因素

高技能型职业能力的形成涉及许多因素，研究这些影响因素进一步探索高技能型人才的成长规律。本专著通过组织调研形成大量的案例材料，并且对其进行深入分析，总结出主要影响因素。我们对这些主要影响因素的关联度进行深入探索，从而揭示它们之间的内在联系，以及它们对高技能型人才成长的影响强度，为进一步展开研究奠定基础。

一、研究设计与样本采集

我们为了探索高技能型人才成长的影响因素，选择了湖南省 50 名有代表性的高技能型人才为研究对象。根据研究需要，我们将此次调查研究分为三个步骤。第一步：问卷设计，通过设计与岗位市场要求相适应的因素问卷，总结分析出影响这些高技能型人才成长规律的主要因素。第二步，对 50 名高技能型人才进行调研，选择具有代表性的 10 名案例进行分析，建立影响因素特征的指标体系。第三步：根据第二步响因素特征的指标体系，将50名高技能型人才分为5组，通过分组进行案例分析和数据采集。分组的主要目的是对影响高技能型人才成长的主要因素进行关联度分析，从而获得各个影响因素的强弱依据，并分析其内在关系。

二、影响力因素的调研与分析

以这50名位高技能型人才为调研对象，对影响高技能人才培育相关的人格特征、知识积累、生产实践、团队合作和学习模式等因素进行了调研，调查结果显示，近80%以上的高技能型人才认为，企业职业能力的积累是受到人格特征、知识积累、生产实践、团队合作和学习模式等因素影响，也有50%以上的人认为还有事业困惑和压力因素对高技能型人才培养影响大。可以看出，这只是职业者缺乏职业能力自信心的表现，对其职业能力影响因素是多方面的，对其进行深入分析，显得十分必要。

1. 影响高技能型人才成长的相关因素

本专著从高技能型职业能力构成与一般技能型职业能力构成的差异性角度，对50名高技能型人才的职业能力进行研究，对已有关于高技能型人才和一般技能人才能力研究文献进行了比较分类，统计出各种能力在同类型的职业人才中的分布情况，并进行比较研究。通过比较，本专著将统计出每种能力在高技能型人才中的出现比例和能力分布的数据源，界定出高技能型人才职业能力结构的差异性，我们认为正是这种差异性形成了职业能力的不同性。

80%以上的受调查者认为，技术型人才的能力是以专业技能、知识获取、应用创新能力为主导；管理型人才的能力是以组织管理和知识获取能力为主导；企业家型人才能力是资源配置和知识获取能力为主导；信息型人才能力是以信息获取和处理能力为主导；复合技能型人才能力是以掌握多门动作技能和具备多岗位的复杂劳动能力为主导，能够在生产岗位中从事多工种复杂操作的技能人才。根据国家职业资格标准，能够运用知识技术解决生产中的高难度技术难题和突发故障的人才属于高层次技工人才，复合技能型人才属于高技能型人才。因此，高技能型人才具有的本质性特征是拥有本行业内最新专业知识和专业技能，技术创新研发能力强，相关岗位的适用能力强，能解决突发技术难题，能领导一大批技能人才进行创新性工作。

根据对50名高技能型各类职业人才能力构成的调研情况看，可以认为，影响高技能型人才的能力培育因素涉及专业技能、知识获取和技术应用创新方面，这也是高技能型人才和一般技术型人才的主要区别。一是80%受调查者认为，人格特征的个体差异性是重要的影响因素之一。高技能型人才对待工作的自觉性和独立性很强，工作中有条理性，爱岗敬业，勤于思考，求知欲旺盛，具有积极进取之心；他们对岗位流程把握得很准确，喜欢追根求源，观察敏锐，每一项工作都很严格，这都是高技能型人才成长必备的人格强特征。相比之下，一般性技能人才在这些方面的人格特征较弱。二是80%受调查者认为，专业知识和实践经验是很重要的影响因素之一。高技能型人才要学习拥有丰富的专业知识，懂外语，计算机操作熟练，综合知识也很丰富，这是他们的共同点，这表明知识和经验积累是高技能型人才成长的主要基础。在大部分受调查的高技能型人才中，这是他们身上最强的能力特征，而一般技能人才则相对较弱。三是80%受调查者认为，岗位实际操作性、团队管理和技术创新等是很重要的影响因素之一。职业技能的形成和提高与大量的生产实践活动密不可分，是一个动态的学习训练的过程，最大特点之一就是岗位操作的反复性。对完成特定的生产任务，不同技能水平的人，使用相同的设备和工具，在实际操作水平、工作质量上差距很大的。这表明岗位实际可操作性、团队管理和技术创新等是高技能型人才成长的必然过程。高技能型人才形成的岗位操作能力，不是来源书本，而是在生产岗位中反复实践操作，形成手脑一体的岗位操作能手，是掌握了生产作业要领和技巧的能工巧匠。他们在日常生产实践中积累了丰富的岗位工作经验，生产实践是高技能型人才积累的核心影响因素。同时，在被调查的高技能型人才中，他们都拥有岗位工作团队，是团队合作的领导驾驭者，很善于协调和处理团队内外事务和提高团队的整体工作能力。团队合作是高技能型人才成长的环境影响因素。在大部分受调查的高技能型人才中，这是他们身上最显著的能力标志，而一般技能人才则相对较弱。

综合以上调研情况，不难发现，影响高技能型人才的因素还有很多。他们与一般技能人才在人力资源方面差异是很大的，特别是在价值创造上的差异比较大。高技能型人才都在技术和生产岗位的工艺创新上，能运用知识理论，指导岗位实践操作，能在专业岗位上传道授业。他们创造的价值成果推动了社会发展与进步，也为企业带来巨大的经济效益。这些都是高技能型人才成长的影响因素。本次调研发现，几乎所有的高技能型人才都获得过很多奖励等成就，绝大多数人都参加过不同级别的专业交流活动，并参与过各种形式的技能项目研发与建设。这对他们获得最新技术，提升知识技能水平，有很大的帮助。这也是成为影响高技能型人才成长的因素。相对于个人资本而言，组织资本对高技能型人才的影响也很大。高技能型人才能实现自身人力资本与生产资料相结合，投入到生产中为企业创造效益。他们自身能力的提高，体现在岗位生产能力、技术能力和组织协调能力的提高。因此，生产设备和岗位工艺的先进性程度都会影响到高技能型人才自身能力资本的积累，技术开发和转化应用也影响着高技能型人才能力的增值。可以说，技能人才成长为能工巧匠的师傅受很多影响因素约束，但是以上影响因素是其技能积累的关键因素。

2. 影响因素的特征描述

影响高技能人才成长的因素是很多的，本专著将其分为主要影响因素与衍生影响因素，不是固定不变的，而是可以相互转化，具有其共性特征，也存在差异性特征。从辩证唯物主义视角出发，将这些因素特点归纳为本质性特征与周延性特征，以便更好地把握高技能型人才的成长规律。

(1) 本质性特征。

影响高技能型人才成长的本质性因素特征主要包括个体差异性、知识积累和学习方式三个方面特征。

一是具有个体差异性的人格特征。人生来就具有差异性，正因如此，人在成长过程中产生了多种心理特质，自然在人生观、世界观和价值观等方面存在个体的差异性。但个体的差异性并不是孤立存在的，而是紧密相连的一个整体。高技能型人才也是一样，与一般技能人才相比，不仅是岗位操作积累的技术高低，而且在知识学习、技术创新与运用的实践活动中也存在差异。我们在调研中发现，涉及高技能型人才的相关人格特征中的个性差异问题，有近80%受调研者认为，高技能型人才与一般技能人才相比，个体差异性体现在工作态度、工作标准和工作责任上。在没监控的情况下，高技能型人才明显高于一般技能人才，他们能自觉投入工作，工作有激情，能高标准工作，工作态度严谨。同时，他们能在岗位工作中主动学习专业知识，主动查找岗位技术问题，主动钻研技术难题，勇于探索岗位最新的工艺，信念坚定和善于总结，能始终锲而不舍地坚持目标。

二是知识积累。瑞士学者戈德斯密德认为，知识积累是职业能力的核心竞争力。英国专家李·哈维（Lee Harvey）则认为职业能力是个人知识的积累能力。在调研中认为，高技能型人才离不开科学知识的支撑，有知识就有工作方法，而且视野广阔。高技能型人才通过知识的学习、积累，才会使得个人综合素质获得提升，从而能够在社会生活中实现自身价值，满足社会需求。高技能型人才的知识积累是一种综合能力，专业能力是基础，综合素质能力是重点。因此，通常把职业能力理解为能熟练掌握本岗位及相关岗位的操作技能知识能力，以及适应社会能力和岗位操作能力。

三是学习方式。在调研中发现，大部分高技能型人才具有善于学习和开拓创新的品质，也就是说他们是一群学习能力较强和善于开拓创新的职业人才。大部分受调研的学生认为，善于学习了解和掌握各种科学技术知识，有利于进一步解放自己的思想观念，进一步提升自己综合品质。因此，高技能型人才具有较强的学习愿望，能主动学习，注重学习方式，学习目标明确。他们主动参加专业技术培训，能虚心向专家或能者请教，善于取长补短，能在短时间内掌握好相关的专业技术知识与操作技术，职业技能素质提升很明显。大部分受调查者认为，在注重专业学习的同时，有越来越多的企业更倾向于学习能力强的人。还有一部分受调查者认为，现代社会分工越来越细，知识越来越专业精深，善于学习他人的经验与技巧，并能在实践中实现人脑合一很重要。因此，掌握专业知识的方式，也就是学习方式，是一种很重要的能力，理所当然是高技能型人才影响因素的重要特征。

(2) 周延性特征。

周延性特征是在本质性特征基础上的延伸，主要包括岗位实践、团队合作、激励因素、信息交流、组织资本和价值实现等方面，是影响高技能型人才成长的外延性因素特征。

一是岗位实践。岗位实践对高技能型人才成长的影响很大。他们为完成在企业安排的特定生产任务，大部分时间都在岗位操作上，经常操作和使用岗位上的各种设备和工具，操作熟练产生的效益大。他们在岗位实践中反复操作，既动手，又动脑，时间长了就能熟练掌握生产的要领和技巧，成长为岗位上的能工巧匠。可以说，没有岗位实践，只有理论技术知识，任何人都不可能成为高技能型人才。他们只有把知识运用到实践中去，以取得实际岗位操作经验，工作锻炼能力，提高个人岗位工作适应性。实践证明，岗位实践是高技能型人才成长的有效方式。

二是激励因素、团队合作和职业价值等也是影响高技能型人才成长的重要因素。高技能型人才的成长要注重岗位的综合能力，注重用激励手段将知识学习与岗位操作内容联系在一起，通过激励引导，使职业技能满足岗位需要。他们往往在职业技能获得上注重团队合作，能调动团队相互学习的积极性，并在学习中实现团队的相互帮助，产生工作的满意感。他们主动追求团队最大限度的合作与一致，充分发挥团队力量，突出团队岗位工作业绩。他们积极锻炼团队的实际操作能力，加强团队人际协调能力和创新能力建设，积极引导团队成员加强协作和相互信任，能够一起克服困难，即使不具备完成生产任务的相关因素和条件，也能在团队合作中完成工作任务。他们能为实现自身全面发展的职业价值，注重职业能力积累的实效性和社会性。为满足社会对高技能型人才的多元化需求，他们能超前考虑未来经济发展和职业变化的需要，能对产业发展前景进行详尽，分析瞄准经济与产业结构调整的走向，能根据市场发展趋势加强技能知识学习与技术研发应用，实现自身职业价值的社会性。

影响高技能型人才成长的还有信息交流和组织资本等因素，本专著对这些影响因素呈现出来的周延性特征进行分析，目的是揭示高职学生职业能力形成的客观规律。

3. 影响因素的关联性分析

本专著选择了50名高技能型人才作案例，将50名高技能型人才分为10组，每组5人，通过案例转化为10组数据。对10组高技能型人才的调研数据进行分析，注重于分析各个影响因素。通过分析调研数据发现，80%的受调研者认为，个性差异的人格特征是最高的影响因素，将其归纳到本质性因素范围。其次是激励因素、岗位实践、职业价值、知识积累、学习方式、组织资本、团队合作、信息交流等。由此可见，高技能型人才形成的影响因素中，十分重要的因素是激励因素、人格特征和岗位实践，把其纳入到本质性因素范围内，次要的因素是团队合作、信息交流等其他因素，把其纳入周延性因素范围内。将每个影响因素的认可程度进行统计，并对影响因素的关联度进行了分析，结论显示，激励因素、人格特征和岗位实践对高技能型人才成长起决定性作用。职业价值、知识积累、学习方式、组织资本、团队合作、信息交流等因素对高技能型人才某一方面的成长起很重要作用。

通过对高技能型人才影响因素的重要度和认可程度的调研分析发现，有些因素的认可度很高，但关联度却很低。在调研数据中，职业价值因素的认可程度排名第一，然而与它关联的影响因素却相对较少。知识积累和激励因素也表现出高认可程度，低关联度的特征。然而，一些认可程度排名较低的因素，与其他因素却有着很强的关联性。例如，组织资本、学习方式的认可程度排名低，却与其他因素的相关性高；这一现象说明，案例分析仅仅以影响因素认可程度来判断影响力是不够的，还要观察影响因素的关联度，关联度大的影响因素，对其他因素也有很强的影响力，这样会对高技能型人才成长变量的影响力很大。因此，综合考虑影响因素的关联度更为科学合理。我们发现位置高，且认可程度和关联度大的是人格特征、生产实践；认可程度和关联度低的是学习方式和组织资本。因此，人格特征、生产实践、学习方式和组织资本，是影响力最强的四个影响因素。分析高技能型人才的形成也将主要围绕这四个影响力强的因素展开。

三、高职学生职业能力培养的影响因素

职业能力的形成、积累与提升不是无缘无故产生的，涉及很多影响因素，这些因素有变动性的，也有不变动性的。正是这些因素在变与不变中使得职业能力在学习、操作过程中得以形成，并不断发展。高等职业教育主要承担学生职业能力的岗位技能知识教育，属于应用型教育，其目标是把这些学生培养成为高技能型人才，为社会发展提供人才支撑。虽然培养高技能型人才的渠道很多，有社会机构、企业与个人方面的培育，但高职院校应该是培养高技能型人才的主战场。从向市场人才供给情况来看，这是无可非议的事实。正因如此，本专著将从高职学生的高技能职业能力培养视角，审视影响高技能人才培养的相关因素，探索这些因素的变化特征，找到对他们高技能职业能力影响的本质性与周延性因素，为进一步展开研究奠定基础。

1. 本质性因素

能力素质的本质性含义是指职业人的职业技能发展的基础条件；从周延性内涵上分析，能力素质一般泛指职业人的能力倾向和内在潜能的总称。能力素质既具有天生性，也具有社会性，既是职业人具有的先天性技能学习的特征，带有与生俱来的高悟性能力，又是在职业人通过岗位知识技能操作，由知识技能的内化而获得的。能力素质中的先天性因素是高技能职业能力形成与提升的前提，如果没有一定的能力素质条件，再好的后天环境，再好的家庭影响、学校职业教育及个人的主观努力，都很难成为高技能型人才。就高职学生而言，他们的天资条件往往成为高技能职业能力形成的重要因素。基本素质优良的高职学生，他们毕业后容易在所学专业的

职业领域做得更为优秀，能干出好的业绩。那些基本素质较差的高职学生，他们在同样的专业岗位职业操作实践中，要形成和发展高技能职业能力，需要付出比别人更多的努力，也往往要比那些能力素质优异者在高技能职业能力形成的速度要慢。也要看到，先天能力素质只能为一个人能力的发展提供可能性，只有通过一定的岗位实践活动才能使这种发展的可能性变成现实性。也就是说，既要重视高职学生个人的潜质作用，也不能任意夸大为无限作用，因为先天性能力素质本身并不是职业能力，它只是为职业能力的形成提供可能性，还必须通过实践活动才能使这种可能性变为现实。

实践性是职业教育区别于普通教育最显著的特点，决定了职业教育属于应用型教育体系，培养的学生应具备社会所需要的技能型人才。高等职业教育是职业教育的较高层次，以培养高技能型人才为目标，是培养学生具有高技能型职业能力的主要场所。高职学生只有通过岗位技能实习实训等实践活动才能转化成为高技能型人才。也就是说，必须通过相应的各种形式的岗位实践活动，高职各类专业学生高技能型职业能力才有可能形成，否则，是根本不可能的。岗位职业实践活动对于高职学生的高技能职业能力的形成起着关键性作用。当然，前提是高职学生具有形成某种职业能力的正常能力基础，至于发展到何种水平，主要决定于他们的职业实践活动。因此，高职院校在培养学生职业能力的岗位实践活动中，必须充分发挥学生的主体作用，调动他们岗位学习操作的积极性，引导他们参加实习实训等实践训练，创造性地开展实践训练活动，使其职业技能逐步形成与提高。也就是说，脱离实践教育的职业能力是不存在的，高职学生的职业能力是在与岗位操作实践及相关的职业实践活动中获得与发展的。这就不难得出结论，影响高职学生职业能力的本质性因素是实践因素，是与实践相关的因素，只有这些实践因素才会促进高职学生高技能职业能力的形成与提升。

2. 周延性因素

影响高职学生职业能力的周延性因素涉及很多方面，主要就是对影响培养学生良好的职业兴趣、职业态度和职业个性品质的相关因素。培养学生的职业兴趣、职业态度和职业个性品质，家庭教育对其起着重要影响作用。一是父母的职业是孩子最早观察模仿的角色，孩子必然会得到父母职业技能熏陶。父母的职业兴趣和职业态度表现出来的职业个性品质与行为，潜移默化地影响着孩子最初的职业态度，激发孩子的职业兴趣，形成良好的职业品质。显然，职业兴趣、职业态度和职业个性品质影响着他们职业能力的形成与发展。二是家庭教育对高职院校的教育有一定的影响。如果家庭教育与高职院校教育相一致，则会帮助高职学生树立正确的职业观，价值观和成才观，能成为高职院校教育的有益补充，这样有助于促进学生职业能力的顺利发展。如果家庭教育与高职院校教育发生矛盾，这样会对高职学生职业能力的形成很大的负面影响。这就是说，家庭教育对高职学生个人的职业选择和职业发展的影响深刻。

学校教育对学生职业能力的形成与提升产生另外一个很重要的影响。高职院校是有计划、有组织地培养学生成为高技能型人才主阵地，通过各种实践训练，向学生系统地传授专业知识和能力标准，培养学生职业行为习惯和职业道德信仰。学校的教育教学等因素都对学生职业能力的形成产生影响。一是教师对学生职业能力形成的影响最大。学校教师专业知识素质是影响着学生职业能力形成的知识基础；教师对本专业的职业价值观影响着学生职业价值观和职业行为发展的方向，并在教学过程中影响着学生的职业能力形成和发展水平等。随着学生认识水平的提高，教师的综合职业能力水平对学生影响将日益明显，教师既要使学生掌握基本知识、基本技能，还要培养学生良好的职业个性品质。二是学校对学生的影响很大。学校的影响主要涉及专业设置和教学知识内容等因素。学校通过组织学生学习系统的文化科学知识，使他们具有基本的岗位知识技能与岗位操作技巧，培养学生的高技能职业能力。学校在对学生进行职业知识和岗位技能教育的同时，肩负着培育学生的职业价值观、职业思维能力和良好的职业品质的任务，使学生的综合职业能力素养得以形成与提升。同时，学校环境对于学生职业能力的形成和发展的影响也很大。学校环境影响主要包括学习风气、教学态度、校园文化等对学生职业能力的影响，这种影响作用是不可估量的。学校里的一些无形环境因素对学生职业态度、职业行为习惯的形成同样具有重大的影响等。总而言之，尽管实践教育对高职学生的高技能职业能力的形成和提升有决定性影响，但周延性影响因素是学生职业能力形成和提升的重要动力，也是很重要的影响因素。

第三节　高职学生职业能力的形成机理

机理即为事物构建的原理。本专著在剖析影响高职学生高技能职业能力形成的本质性和周延性因素基础上，进一步探索高职学生高技能职业能力的形成原理。从实践来看，高职学生的高技能型职业能力的形成原理是一个技能获得过程原理，即从一个岗位知识的学习到岗位技能的操作，从一个不熟练到熟练、不准确到准确、静态向动态的转化过程。也就是说，高职学生职业能力的获得是一个由初学者到高级操作者的成长过程，具有过程性。为了研究的需要，下面将分别阐述高职学生职业能力所涉及的知识技能、职业态度的形成及培育方式。

一、高职学生高技能职业能力的形成特征

高等职业教育与普通高等教育的根本区别在于技能知识与知识研究的培养上，是应用型与学术型的区别。通常认为，高职学生的职业能力结构中，知识与技能是主结构，它们之间是相辅相成的，通过岗位操作将它们之间衔接起来。高职学生的高技能职业能力的形成，既有岗位知识的学习基础、形成规律，也有岗位技能的操作实践与转化过程。因此，学生只有认真学习技能知识，掌握职业能力形成规律，并经过长时间的岗位实践反复操作，才能转变成为市场需求的高技能型人才。

（一）高职学生高技能职业能力形成的基础性

高职院校要将学生培养成为高技能型人才，必须要有一些先天的能力基础，以及后天学习形成的知识基础。高职学生先天的能力基础就是他们必须具备的生理能力。所谓生理能力，就是指学生的从事岗位技能的身体体能，即职业体能。对于职业能力中的身体体能，职业不同相应的要求不同，大部分职业只要求具备适合岗位要求的身体体能即可，高职学生要进行职业能力的培养，必须要加强身体体能锻炼，进一步提高身体素质和职业岗位的体质。

高职学生除了先天性生理能力基础外，还必须具备后天的知识基础。一般把知识定义为对事实经验的系统思想阐述，是经验的理论总结。但知识不仅是对已认识事物的客观解释，还包括经验的理性加工与升华。高职学生的知识基础，主要是指岗位技能知识基础。技能知识是高职学生职业能力基本结构中不可缺少的核心内容，可以说，技能知识的获得是他们职业能力形成、积累和发展的基础。根据高职学生岗位技能知识的特点，岗位技能知识可分为文化基础知识和括专业基础知识，既有技能操作知识，也有技能理论知识，实际上这两种知识是融合在一起的。正是因为理论知

识学习与实践操作的相互作用，高职学生经过技能知识的初步学习掌握，技能知识岗位操作转化，最后这些专业岗位知识迁移内化到自身技能之中，逐步形成高技能职业能力。

（二）高职学生高技能职业能力形成的规律性

任何事物的发展都是有规律的，高职学生高技能职业能力的形成与发展也是一样。高职学生的职业能力是指他们在高职院校所必须学习拥有的专业本领，这是他们今后进行岗位职业工作所必须具备的职业技能本领。一般认为，生理能力基础与知识技能基础是高职学生必须具备的能力基础，但仅具备此能力基础是不行的，必须还要有其他综合职业能力，这样才符合高技能职业能力的构成。高等职业教育属于应用型教育体系，目标是培养企业所需要的高技能型人才。所以，高职学生应根据专业岗位技能要求，扎扎实实地学好岗位专业技术，熟练掌握专业技术的岗位操作，成为行业里手，这才是应用型职业教育真正的目的。高等职业教育首先要有岗位基本职业能力的培养，然后才是岗位要求的适应性。也就是说，对高职学生的高技能职业能力培养，先注重市场岗位的基本需要，分析职业发展所需要的职业能力要求，以职业岗位技术应用能力为主线，培养他们在生产、技术和管理等不同岗位流程的职业能力。因此，高技能职业能力紧紧依赖于职业技能岗位，岗位知识技能的转化既有知识技能内化过程出现的岗位职业能力多样化差异，又有岗位技能操作过程出现的岗位操作能力强弱和水平高低的差异。同时还要考虑到，在知识经济时代里，知识技能的新陈代谢很快，对高技能职业能力的要求也就越来越高，职业技能结构也越来越复杂。也就是说，高技能职业能力是随着社会发展和岗位变化而与时俱进的，是从单一层级向复合层级发展的。偏重于基本职业能的属于单一层级的高技能职业能力，偏重于综合性职业能力的属于复合层级的高技能职业能力。很明显，高职学生的高技能职业能力的形成规律，必然是从单一层级的基本职业能力为主导向以复合层级的综合职业能力为主导的发展过程，当然在这一过程中也包括岗位的变化与职位的变迁，更多的是工作经历的变迁以及与多岗位职业能力增强。

（三）高职学生高技能职业能力形成的实践性

在对高职学生必须具备的能力基础上分析高技能型职业能力的构成规律，得出的结论是必然向复合层级的综合职业能力上发展，使得他们高技能职业能力的内涵随时代发展而拓展丰富。在高职学生职业能力构成中，专业能力是以岗位知识技能作支撑，是最基本的岗位职业要素。培养高职学生的最终目的是要使其成为市场所需要的实用性很强的高技能型人才。对于高职学生而言，只有专业能力是不行的，必须有岗位职业实践的支撑。这也是高职学生与普通高校学生的不同之处。高职学生要不断学习岗位技能知识，这只是从某种程度上解决“为什么这样做”的岗位原理，更重要还是要解决“做什么”和“怎么做”的岗位操作问题。高等职业教育重视知识技能的学习教育，但更加重视岗位技能的实际操作能力的培养，即高等职业教育更加突出对在岗位操作知识和工作过程知识教育，这就是我们所讲的实践操作教育。实践操作教育就是工作过程知识教育，既是职业教育教学内容的核心部分，也决定着高职学生高技能职业能力形成的关键性因素。

高职学生高技能职业能力的形成，岗位技能实践是关键，它将学习过程、工作过程与学生岗位能力有机联系起来，在培养结果上，强调岗位专业的高技能职业能力的培养。岗位技能实践是指与工作过程相关的操作程序知识实践，既有岗位概念性知识，即对岗位要做什么的说明，也有岗位程序性的知识，即对岗位流程要怎样做的说明，还有用于操作性技能的操作，即岗位流程的动手操作。岗位技能实践不是岗位理论知识，而是岗位实际操作，与工作经验和岗位职业相适应。岗位技能实践知识实际上是操作知识，是实际工作过程知识，是岗位操作流程中的诀窍，以及所谓的隐性知识。这些诀窍不像显性知识那样容易被模仿和传授，是非常重要的、宝贵的和最昂贵的岗位技能实践知识。岗位技能实践知识是根据岗位工作需要，将岗位技能知识与岗位操作实践有机衔接的过程性知识，是构建高技能职业能力的逻辑主线。把岗位实践过程知识称为岗位技能实践知识，这是学生高技能职业能力形成的必要环节。高职学生要有效地提升高技能职业能力，必须把职业教育的岗位课程知识与岗位操作流程结合起来，注重在岗位操作过程中掌握知识和操作技巧，并在实践操作中内化为自己的专业岗位技巧。同时，高职学生通过岗位实践操作，掌握与岗位操作过程相关的职业态度等综合职业素养。总而言之，知识不是技能，技能获得必须经过实践，高职学生的高技能职业能力只能在真实的岗位情境中通过实践获得，并成为行业里真正的大师傅。

（四）高职学生高技能职业能力形成的过程性

岗位技能既有技能知识，也有技能操作。技能的形成主要靠练习，练习的前提是能应用岗位技能原理和规则知识，其效果往往取决于技能操作过程的准确性和熟练度，即能运用岗位技能创造性地完成工作任务。对某一新鲜事物的学习先是感受，然后才开始学习模仿，这就是我们通常所说的初级阶段。高职学生对岗位技能的学习也是如此，必须经历这初级阶段，刚入学的高职学生对岗位技能很新鲜，主要任务是观看和模仿，认真听教师对岗位知识的讲解与演示，学生只能掌握一些基本的岗位技能知识。当学生具备一定的岗位基础知识后，就进入岗位技能模仿练习阶段，经过反复练习，就逐步将岗位流程的技能动作进行独立操作，使得脑和手联动起来。再经过不断的岗位技能练习，久而久之达到熟能生巧，就能熟练掌握技能，整套岗位流程技能操作起来得心应手。高职学生在进行岗位技能练习的过程中，每一步都有练习的侧重点，每一个岗位技能流程操作的熟练性和技巧性成为反复练习的重点，最终目的是熟能生巧。实践证明，高职学生要成为高技能职业人才必须经历一段时间的学习与操练，甚至毕业后还需要反复学习与操练，才能成为一名能工巧匠。显然，从这一点上看，高职学生高技能职业能力的形成具有过程性。

高职学生高技能职业能力不只是技能的学习与操作，还包括职业态度，而职业态度的形成也需要一个过程。职业态度是通过岗位技能的学习、操作过程中形成对职业岗位的认知、情感和行为反应的倾向性。更具体一点，高职学生的职业态度是指对今后所从事的岗位所持的一种职业信念精神，逐步形成职业道德情操，是职业能力一种特殊的素质要求。因此，对高职学生职业态度的培养，通过岗位职业实践进行自我修炼，重点培养学生的职业理想、开拓创新和团队合作等精神。职业态度的形成不是一蹴而就的事情，要经过在岗位知识学习与操作过程中对职业情感的产生、转化和稳定的三个发展阶段，最终，将由此所产生的思想和自己已有的观点、信念融为一体，构成一个完整的职业态度。当高职学生形成良好的职业态度以后，就会自觉地对已有的岗位知识、技能、态度等进行内化迁移，这样才能形成自己的职业能力。迁移学习实际上是对岗位原理、技能方法以及态度的迁移学习，是将习得的岗位经验内化后用到新的岗位实践中。高职学生的迁移学习成效不仅只是掌握岗位知识技能，还在于使学生能够用这些新知识技能去解决岗位操作中出现的新问题。高职学生的迁移学习是广泛存在于岗位知识技能的学习操作中的，是将已有的岗位操作经验进行概括化、系统化，最终目的是将其应用于岗位流程中各种不同的操作实践中，形成高技能职业能力，并解决岗位操作中出现的各种难题。

二、高职学生高技能职业能力的培养方式

（一）高技能型人才培养的主要方式

国外职业教育中关于高技能型人才的培养大多定位于校企合作，例如，德国的“双元制”、法国的“学徒培训中心”、澳大利亚的“新学徒制”和日本的“企业教育”等。近年来，我国有关高技能型人才的培养模式研究，基本都是在学习、借鉴。总体来说，高技能型人才的培养是在岗位操作中的积累，受到很多因素的影响，并在其构成要素的互动过程中得以形成并不断发展。

1. 技能知识教育

第一，技能教育是高技能型人才培养的主渠道。从 2012 年开始，受全球经济持续低迷的影响，我国经济下行压力加大，进行结构调整和转型升级的需求很迫切。从市场整体来看，企业面临着成本压力，必须考虑业务该如何突破才能继续保持增长，使得企业从经营、成长到人才管理均面临着比较大的挑战。企业只有推进自身的创新和变革，才能生存下来。企业的创新和变革离不开创新技能人才和高端技能人才。创新技能人才和高端技能人才培养需要是有目的、有计划、有组织地进行技能知识教育。通过在岗位中进行技能知识教育，才能提高人才专业化职业能力形成和积累速度和效率，才能更好地适应经济快速发展对大量高技能型人才的需求。随着社会经济发展，今后相当长一段时间内，高技能型人才都会以岗位知识和岗位技能教育为主导，这是目前高技能型人才能力积累的有效方式。

第二，技能教育对高技能型人才培养具有明显优势。构建完备的终身教育体系，建设全民学习、终身学习的学习型社会，是党的十七大、十八大提出的重要任务。技能知识教育主要是职业技能相关的知识和技能的教育，强调与生产实践紧密结合，有利于高技能型人才的形成。

第三，技能教育水平会影响了高技能型人才的能力资本积累，决定了高技能型人才培养水平。高技能型人才的成长会受到技能教育环境、阶段以及质量、体制等因素影响，同时也受到岗位流程的教育方式、师资、设

施等条件的制约。面对未来技能人才的发展趋势，高技能型核心人才的成长是基于战略的组织能力，技能教育将成为人力资源管理的重要核心。

2. 岗位技术培训

技能教育是一种对预备劳动力的培养，而岗位技术培训是对工作岗位上的现实劳动技能操作的教育培养。岗位技术培训是另一种重要的高技能型人才的成长途径。

第一，岗位技术培训注重实际岗位需求。岗位技术培训的实践性符合高技能型人才能力积累的要求，定了高技能型人才的培养模式，进而决定了高技能型人才能力积累的路径。高技能型人才的成长需要与工作岗位操作实践相结合，需要经常操作和使用各种设备，达到能工巧匠的技能操作熟练度。这种能力不是靠书本知识就能完成的，需要经过不断的学习和长期的训练。在知识经济时代，知识和技术日新月异，对职业人才技能和知识的要求不断提高，从而加快了高技能型人才的贬值速度。因此，岗位技术培训是根据时代市场需求而进行的周期性岗位技能培训，这就决定了对高技能型人才培育需要一定的时间周期。就企业而言，根据具体的生产岗位技术进行的高技能职业能力培训，容易转化成生产力，从而提高企业的利润率和发展水平。因此，岗位技术培训是根据市场需求，按照岗位要求，对高技能型人才进行岗位操作培训的重要方法。

第二，岗位技术培训注重技能的创新价值。通过岗位操作培训，使得原本只掌握一般技能的企业员工获得高技术职业技能。岗位技术培训能够紧跟先进生产技术和生产工艺的发展趋势，快速展开技能人才培训，从而使高技能型人才始终跟得上技术进步的需求，起到职业人才保值和增值作用。也就是说，岗位技术培训可以使高技能型人才紧跟技术进步的脚步，使得陈旧的知识得到更新，提高了他们的创新能力。岗位技术培训的对象是多层次性高技能型人才，培训的方式是多种多样的，可以根据不同岗位培养目的进行具体的岗位培养和技术开发培训。岗位技术培训可以结合技术进步方向，进行高技能岗位技术培训，进一步培养他们解决实际操作技术难题等。这是对他们进行深度应用能力的培养，从而提高他们的创新能力。

3. 积累与提升

高技能职业能力的积累主要是指一般技能人员在不断的岗位技术实践中，对高技术保持创新力，逐步成长为高技能型人才。高技能型人才的形成具有岗位操作的实践性和技能积累的长期性，这就决定了对高技能型职业能力积累的长时间性，高技能型职业能力积累的方式，正是在岗位实践中边工作边学习，职业能力积累的时间比较长，它的效率取决于职业人才个体努力程度和悟性。高技能型人才是与先进的生产方式相结合的职业人才，也是紧跟生产实践和知识技能更新速度的职业人才。技能教育和岗位技能培训的速度远远赶不上瞬息万变的新知识和新信息。正因为此，在实践中边工作边学习就成为高技能型人才职业能力积累的主要手段，包括对岗位操作的间接经验和直接经验的积累。岗位操作的间接经验是指通获得前人岗位操作技能的总结；岗位操作的直接经验是通过自己在生活和工作中的岗位操作经历总结出来的，以此来实现职业能力的积累。而这种高技能职业能力积累的方式是运用已有岗位技能去探索新知识、新技术的职业能力积累方式，是他们自我学习、自我教育、自我完善和自我发展的过程，是高技能型人才的重要积累途径。

4. 高技能型人才培养面对的问题

随着产业结构进一步转型升级，技术创新日新月异，高、低技能人才也始终处在不断交替之中。由于市场在资源配置中起到决定性作用，导致产业结构的优化升级需要更多高技能型人才来支撑，进一步推动了职业人才向更高方向发展。同时，市场职业人才增量和存量的变动促使产业结构向更专业化方向演进。

高、低职业人才之间流动速度加快，推动产业结构从劳动密集型向知识密集型，技术密集型方向转变，进一步提高了产业发展质量和转型升级能力。

（二）高职学生高技能职业能力的培养方式

高职学生高技能职业能力的形成和发展，必须参与特定的职业活动或模拟的职业情境，既需要对岗位技能知识的学习，也需要对岗位技能的操作，必须在岗位实习实训中实现对所学知识、技能、态度等进行迁移学习，并使得新旧经验得以整合成为新经验。因此，对高职学生高技能职业能力培育方式的选择，应根据岗位实践要求而定。在校岗位技能知识学习、岗位职业技能训练和企业顶岗实习、实训，是高职学生职业能力培养的主要方式。

1. 在校岗位技能知识学习

目前人才市场统计数据看，高职院校是培养高技能型人才的主战场，有其独特的培育优势。高职院校的优势在于教育体系比较完善、师资队伍实力雄厚和专业岗位实习实训设施设备。因此，高职院校对高职学生职业能力的培育效果是明显的，可为我国现代化建设培育大量高技能型人才。

第一，高职学院构建了应用型专业课程体系。高职专业设置是依据于市场岗位需求进行的，专业对应于职业岗位，所培养的高职学生都要进入市场从事相关职业岗位。专业是需要课程进行支撑的，课程是对岗位知识技能的理论概括，是影响高职学生职业能力的重要变量。课程要体现高等职业教育的应用特色，要求以解决专业岗位技能问题为中心，必须依据于行业岗位，处理好学生职业能力培养过程中的技能知识学习与岗位技能操作的关系。高职专业课程不是以学科为中心的理论体系，而是具有完整职业岗位体系。高职专业课程注重于岗位应用，而不是学术研究。高职专业课程要注重对岗位流程技艺的训练，更加注重职业岗位高技能型的专业技能培育。在一定程度上，通过将高技能职业标准转化为专业课程，紧贴岗位职业领域的技能问题，在真实岗位实训中使得学生岗位基本职业能力和岗位综合职业能力得到提高。

同时，高职院校构建应用型专业课程体系的核心是岗位实践。高职学生在岗位技能知识实践过程中，逐渐形成自己的职业技能。高职学生学的专业课程不同，他们的专业职业能力构成是不同的，对专业岗位的职业思维、职业气质和职业态度等方面也存在个性差异。不同的学生，学习岗位知识技能的水平和掌握岗位操作的能力程度是有差异的，如电子专业的学生，他们从电子岗位流程中可以学到焊接原理的基本知识和电子焊接技能，即使他们将这些岗位知识掌握的滚瓜烂熟，一旦进行焊接动手操作，就有快有慢。这就说明，电子专业的学生要完全掌握知识与技能，要经历一个过程，这个过程对不同学生来讲所需的时间不一样。每一个学生都只有将焊接理论与焊接操作用实践衔接起来，达到熟练的程度，才称得上是电子焊工师傅。高职学生的岗位实践操作构建专业岗位流程之间的关联网络，鼓励学生思考与操作不同岗位任务之间的共同原理，从而使学生实现知识迁移，并稳定地形成高技能职业能力。课程岗位实践允许高职学生进入复杂的岗位操作过程中，对专业岗位进行感知，通过岗位角色互换来掌握复杂的操作过程。可以说，高职学生职业能力形成，学生岗位实践是关键。学生岗位实践是一个从简单到复杂的发展过程，是通过实践、反思、再实践的方式不断循环完善的。

第二，高职院校构建了专业岗位标准和仿真技能岗位实训教学体系。高等职业教育为市场需求提供高技能职业人才，必须制定市场岗位教育标准，这样培养出来的人才才满足市场需要。高职院校根据专业岗位要求，构建了专业岗位标准体系，成为高职院校培育应用型高技能型人才的一大优势。高职院校制定岗位职业标准体系，是时代发展的必然要求，也是专业市场发展的重要条件。正如通常所说的一样，岗位职业标准与产品质量标准的内涵一样，都有质的规定，区别在于概念的不同。岗位职业标准是对职业岗位设置标准、岗位等级标准、岗位知识范围和岗位操作流程标准等一系列标准的总和，是让高职学生了解岗位职业技能的教育目标。正如学电子专业的学生，他们学修电视机就要了解相关的技能知识范围，掌握知识的程度标准、操作流程标准和岗位等级标准。只有这样，他们才能知道自己处在什么阶段，明白下一步努力方向。高职院校根据不同的岗位要求设置不同的岗位标准，对专业职业岗位、专业岗位的类型、流程、工艺和熟练程度等标准对高职学生进行实训。高职院校教师按照岗位标准设置课程实训体系，使学生能在岗位实训中知道操作是否标准，技术水平程度等，能更加有助于高职学生高技能职业能力的形成。

构建仿真技能实训体系是高职院校培育高技能型人才的又一重要优势。仿真技能实训体系是通过岗位技能知识的科学分类，按照岗位技能要求设置仿真技能岗位，学生用所学专业技能知识在真实岗位环境中进行技能操作，并对岗位技术知识与技能操作进行学习和模仿。仿真技能岗位实训教学对岗位技术知识与技能操作的方式的要求是不同的，它设置了仿真性、可应用性岗位情境，包括岗位技能情境设置和岗位技能完成步骤等。对专业教师而言，主要是指导学生在岗位技能仿真情境中学习，进行操作示范并手把手教学生操作。学生在岗位技能仿真情境中观察和模仿，掌握岗位技能操作步骤，最终掌握技能操作的全过程要领，达到能熟练操作的程度。仿真技能实训教学体系具有系统性，一般分为校内实训体系和校外实训体系，两个体系是一个有机统一体，这与传统的职业技能教育把这两个体系分开不一样。校内实训体系是高职院校根据不同专业建设的，高职院校教师根据教学实训需要对学生进行有计划的专业技能实训工作。校外实训体系就是组织学生到企业进行顶岗体验式实训，采用现代师傅带徒弟的模式，教师到企业担任岗位专业技师，指导学生在企业的岗位工作环境中进行实际上岗操作和交流，企业师傅也将自身积累的岗位技能传授给学生。高职学生在教师和企业师傅双重指导下，在岗位实际工作中领悟技师的岗位工作技巧，获得实际岗位经验，从而使得自己逐步形成高技能职业能力。

2. 体验式顶岗实训

体验式顶岗实训主要来源于校企合作，由学院与企业建立合作关系，实施建立产学研相结合的校外实训基地等建设。近几年来，高职院校的校企合作发展喜人。高等职业教育发展校企合作的目的是建立校内外实习实训基地，让学生能够在真实岗位中进行体验式顶岗实训。以往的高职院校教学体系强调以书本知识为重点，注重知识体系的教授，使得学生以学习理论知识为核心，不注重培养自己的动手能力。体验式岗位实训就是针对传统职业教育模式的弊端，不再是单一式灌输教学模式，注重培养学生实际岗位动手操作能力，使学生成为岗位操作的能工巧匠。体验式顶岗实训成了学生高技能职业能力获得的主要方式。

体验式顶岗实训是教师按照专业职业标准，指导高职学生在具体岗位实践操作过程中，先将已经学习的岗位专业知识进行巩固，并通过岗位操作流程的实践观察和反复练习，使得这些岗位知识得以运用到岗位操作中，最终掌握岗位操作技能，养成岗位操作习惯，进而形成与岗位操作相关的职业态度和职业观念。体验式顶岗实训的基础是在岗位反复操作实践中，注重以学生操作实践为中心，使学生能自觉地积累操作知识和操作技能。高职院校的课程实训体系建设紧贴市场需求，让学生在真实的专业岗位中进行体验式顶岗实训，积累经验，在使学生形成高技能职业能力上发挥独特的作用，具有以下特征。

第一，专业性和层次性。高职院校构建体验式实训体系必须依据具体专业进行设计，脱离专业的实训体系是不存在的。体验式顶岗实训体系的专业性表现在培养高职学生对所学专业岗位进行专业知识技能学习与操作，使之成为本专业岗位上的高技能型人才。学生可依据专业学习操作的不足，在学校体验式岗位实训中有针对性地进行学习操作，达到岗位技能操作标准。但也要看到，不同的高职学生，在学校体验式专业岗位实训中，对专业技能掌握程度具有差异性并呈现出鲜明的层次性。这种层次性体现在对于不同水平和不同需要的高职学生身上，因此，在学校体验式顶岗实训中也要因材施教，对不同层次的高职学生设计不同的实训方式，从而使得他们逐步形成高技能职业能力。

第二，实践性。体验式顶岗实训体系另外一个重要的特征是实践。高职学生职业能力形成的途径一方面是岗前专业技术知识学习，另一方面是实习实训的实践方式。体验式顶岗实训体系实际上是指岗位技能操作体系，是高职学生在岗位实训中，用原有的岗位技能知识解决岗位过程中出现的新问题，实现技能内化迁移，这是高职学生高技能职业能力的形成过程。体验式顶岗实训就是通过反复操作岗位知识，将所掌握的知识和技能运用到实践中去，并在岗位操作中获得解决问题的能力，从而提高自己的职业能力。

3. 企业顶岗实习

高职学生的专业职业能力是一个有机整体，包括专业岗位知识，岗位操作技能，情感、价值观等综合职业素养等。事实上，在现代社会里，职业技能转变很快，高职院校必须跟上时代的变化而与时俱进，不断更新学生职业能力培养的方式方法，要特别重视企业顶岗实习，这是高职学生职业能力培育的重要途径。对于高职学生来讲，到企业顶岗实习，可以发现自己实际岗位操作的差距，检验自己的职业操作本领，也是他们在学校最重要的职业能力的培养环节。对于企业来说，他们是非正式员工，但也可以当作员工，因为他们在从事一个企业员工所做的全部岗位工作。到企业顶岗实习是嵌入到真实岗位工作过程之中的职业行为，也使高职学生能在真实的工作环境开始做一名职业者，他们可以在岗位实践中找到岗位差距，总结自己岗位操作的初步经验教训，直接向岗位同行学习，是职业能力形成的最好方式。

高职院校与企业进行深度合作，目的是把高职学生放到企业进行实际岗位工作，将培养的高技能型人才准品变成成品。可以这样说，到企业实习与体验式顶岗实训相比，体验式顶岗实训更强调自我学习和专门培训，而到企业实习是以企业员工身份进入企业，重点培养高职学生的岗位应用能力，强调工作中学习，注重发挥潜能，是提高岗位操作效率的有效方式。但也要看到，很多高职院校与企业深度合作不够紧密，为高职学生提供到企业实习的机会很少，导致很多高职学生高技能职业能力培育就差“最后一千米”，严重影响了高职学生职业能力的培养。事实上，高等职业教育要取得成效，必须将高职学生放到企业进行实习，只有这样才能让他们将理论和实践紧密联系，使得学习不再局限于学校环境，并获取企业真实岗位操作机会，参与真实任务并获得熟练员工直接的岗位知识和技能，这是高职学生在学校无法感受和学习到的。因此，到企业顶岗实习推动了高职学生职业能力形成的“最后一千米”的完成。

第四章

高职学生职业能力“四阶段”培养模式的内涵

我国高等职业教育发展壮大的过程中，一直存在一些理论和实践问题的困扰。这些问题归结起来，是高职院校在人才培养目标和人才培养模式这两个基本问题上存在认识上和实践上的误区。厘清高等职业教育在人才培养定位上的模糊认识，创新高技能型人才培养模式，是保证高等职业教育科学发展的必然要求。针对这些问题，根据高等职业教育的特点和高技能型人才培养原理，构建高职学生职业能力培养的新模式，满足时代发展需要，显得尤为重要。

第一节　职业能力“四阶段”培养的概念体系

对职业能力培养问题，我国学界的一致观点认为，职业能力是从事职业岗位的工作技能，既涉及岗位专业知识和专业技能，也强调一个人的综合职业适应能力。也就是说，即便职业岗位工作发生变化，也具有从事相关专业新岗位的能力，并能在短时间掌握新的岗位专业技能。高职学生职业能力主要是指高职学生的高技能职业能力，包含社交能力、学习能力和创新能力等的综合性职业能力，在岗位能力层级上居于最高层。根据高职学生的高技能职业能力的培育要求，提出了“四阶段”高职学生职业能力培育模式，即知识学训、仿真实训、跟岗实训和顶岗实训。高职学生只有经过这几个阶段的学习与技能训练，在专业岗位上才具备信息处理能力、团队合作能力、解决问题能力、自我学习能力和技术创新能力等多种综合能力，才能逐步形成高技能职业能力。要深入地对“四阶段”高职学生职业能力培育模式展开研究，必须把握职业能力的基本内容，以及“四阶段”高职学生职业能力培育模式的特征，以便为下一步研究奠定基础。

一、职业能力构成的基本内涵

高职学生的职业能力是指高职学生专业岗位技能知识学习能力、专业岗位技能操作能力和与职业相关的职业态度、道德品质等综合性职业能力。据此，职业能力主要由专业能力、操作能力、职业品德和社会能力四部分组成。

1. 专业能力

专业能力是指从事岗位职业所需具备的专业知识和专业技能，这是职业能力的基本条件，是基础性职业能力。专业能力之所以称为基础性职业能力，是因为其指明了岗位取向，明确了岗位技能知识。如果一个岗位没有专业取向，没有岗位要求，根本不能称为职业岗位，也没有人会终身从事这一行业。显然，专业能力具有职业岗位技能的应用性和知识的针对性，在能力层面上属于内在能力。高等职业教育要为市场培养大量技能人才，而这些技能人才是有专业类别的，具体来讲，是培养不同专业岗位的技能人才，进一步满足市场需求。专业岗位职业能力已成为高等职业教育一致认可的培养目标。专业能力注重岗位知识技能的掌握，决定了高职学生职业能力的高低，左右了操作能力和社会能力的发展水平，合理优化了职业能力结构。对于高职学生来说，专业能力又是他们就业创业的基础能力，是走出学校大门求生存的必要技能。高职院校对学生职业能力的培养首先是对专业能力的培养。高职院校有较强的师资力量，实训设备设施比较完善，培养经验比较成熟，专业能力培养体系比较系统。高职学生毕业后，他们的专业能力都比较强。

一直以来，高等职业教育紧贴行业市场需求，始终把行业市场的职业技能人才培养当作最终目标，岗位职业技能培养贯串整个职业教育的全过程，专业设置和课程体系建业与行业发展需求紧密相连，这是职业教育的根基。当一个行业在发展变化时，必然导致职业岗位发生变化，这时候的高等职业教育也在与时俱进，专业设置与课程体系相应在调整。换句话来讲，专业技能不是一成不变的，要能在环境变化中找到自己新的起点，形成新的专业岗位知识与技能，还要能主动转变成更高层次的能力。专业岗位操作技能是高职学生主要的就业资本，是就业岗位的必备技能，是学校职业能力培养的重要内容。高职院校根据行业发展趋势，与企业深度合作，在校企合作推动下，对高职学生进行操作技能教育，突出专业底蕴，改革课堂教学体系，实现从传统教育模式向现代职业教育模式的转型。通过与企业建立校企合作实训基地，让高职学生能在真实岗位流程中学习专业技能知识与实践操作技能，从而整体提升高职学生专业技能的操作水平，使得高职学生毕业就能上岗就业。在提高高职学生专业技能的同时，也要注重提高高职学生的专业技能素养，这也是高等职业教育的重要目标。专业技能素质是在专业岗位操作中积累的职业素养，包括分析问题和表述创造成果的能力，这些都是在实践基础上养成的。

2. 操作能力

操作能力是职业能力最注重的教育内容，事关高职学生职业能力形成之关键，也是职业教育的重要特色。职业教育属于应用型教育，重点在于能把高职学生培养成为能动手操作的技能型人才。操作能力表现在主观层面是职业岗位能力对学生需求的满足。高职学生要认可这种职业能力，需要对这种职业能力进行深入接触了解。高职学生对这种职业能力价值的大小需求，取决于高职学生从事该岗位获得社会价值的大小。同时，操作能力的本质决定了职业教育的价值取向，使操作能力具有了主观价值属性。操作能力的客观性不再是简单的操作，而是高职学生在岗位相关的操作中一系列能力，主要包括主动学习、获取技能、解决问题和创新创造等一系列综合能力。可以说，操作能力是职业技能形成的基本能力，它是学生在职业岗位中不断获取新的技能与知识，以及掌握新方法的重要手段。操作能力的主观价值与客观价值的融合，成为高等职业教育的核心价值，那就是以培养创新型高技能型人才为价值取向，着力于培养学生的技术创新精神。高职学生除了掌握本专业基础知识技能外，还要有创新能力等综合性技能素质，符合现代社会的发展趋势。

3. 职业品德

职业品德是职业能力培育的重要内容，包括职业价值观、世界观和人生观等，涉及职业态度、理想、良心、义务等四大要素。

首先是职业态度的培养。职业态度是高职学生对专业岗位的选择，以及对从事该岗位与实现自身价值的情感和认识态度。高职学生形成正确的职业品质和职业态度的重要性是显而易见的。高职院校实施职业态度教育，就是要向高职学生阐明职业态度的主要内涵，树立正确的专业价值观，才能使学生的学习目标更明确，专业知识掌握得更牢固，有助于高职学生正确处理适应岗位工作与追求创新的关系，这也是高职学生职业能力培育的重要任务。

其次，高职院校对高职学生的职业道德品质的培养，是对职业理想的培养。职业理想一般是指高职学生在即将从事的职业岗位上树立理想，实现自我职业价值的追求。职业理想一般要受到高职学生的专业知识技能和道德心理状况的影响。因此，对高职学生的职业理想教育，要讲究过程性与阶段性，要有计划、有组织地推进，从入学时就开始，越早进行越好。高职学生职业理想是他们在学习中对职业的社会地位及其发展的追求和期望，他们从进大学门就开始了自己的职业预期。在高职院校的学习生活中，经过学校的职业道德素质的培养和教育，高职学生对自我认知、对社会经济的认知、对职业的认知，都有了全方位的理解，他们在心理及思想上逐渐成长成熟，能够自主地表达自己的主观要求，并能够形成相对稳定的职业理想。

再次是职业责任。职业责任是一种意识活动，其蕴含在高职学生的内心深处，在求职过程中形成的一种职业责任取向。如果说职业理想是高职学生在就业时自觉意识到的目标价值，那么职业责任就是在求职时高职学生对职业义务的自觉担当意识。同时，职业责任会对高职学生就业选择的后果与行为做出评估，并承担执行了职业义务的后果，并得到内心的满足与愉快。他们对没有执行职业义务的同学，将会产生不信任感，同时也会对自己没有履行职业责任进行内心的谴责，表现出内疚、惭愧和悔恨，以至于深感自己缺乏良心而纠正自己的错误。从这个意义上讲，职业责任要充分发挥作用，主要还是在职业行为之后，特别是在一系列就业行为之后，才能从实际的就业行为后果和影响中，得到全面深刻的认识。职业责任是高职学生必须具有的。他们只有理解和认识了职业赋予的光荣使命，达到高尚的道德境界，形成高度的道德觉悟，才能在履行责任中获得社会认可。

4. 社会能力

社会能力是职业能力培育的另一个重要内容，主要是指高职学生之间、高职学生与社会人士之间的交往合作，工作中组织协调、共同工作的能力，重点体现在团队协作能力和人际沟通能力上。高职学生职业能力培养不是单方面的，应该是全面发展自己的一切能力，也包括社会能力。面对就业压力和人才市场的快速变化，高职学生往往只注重专业能力、学习能力、解决问题能力、创新能力等职业核心能力。往往忽视了对社会能力培养，导致他们很不懂事，对职业的社会化变化以及岗位的不断调整束手无策。因此，加强对高职学生的社会能力培养，提高他们的综合素质，实现他们的全面可持续发展，这就要求他们具有积极的人生态度，强调对社会的适应性和行为的规范性。在新的历史条件下的，高职学生的社会能力既是基本生存能力，又是基本发展能力，是他们在一个开放的社会生活中必须具备的基本素质，也是他们积累就业资本的需要。

就高职院校而言，高职毕业生能否被社会认可是衡量这所学校竞争力强弱的主要标志。高职院校必须立足于社会需求，在人才培养过程中不仅要对高职学生进行专业知识和劳动技能的培训，更要注重高职学生社会能力的培养。高职毕业生获得社会的认可，专业技能固然重要，但更重要的是毕业生能否有较强的社会适应能力、合作能力和角色转换能力等。如果高职院校片面追求学生专业技能的提高，忽略社会能力的培养，对高职院校人才培养质量会产生很不利的影响。培养社会能力即对高职学生社会价值评价能力的培育，这种能力所涉及的职业知识、社会经验、人际交往、职业体验和职业态度方面的社会价值观评价，同时注重社会价值关于个人价值观教育，让他们在实践中去体验彼此之间的价值关系，给社会价值赋予实践意义并体现在一定社会取向的活动，使得他们从内心去接受。

综上所述，职业能力是由专业能力、操作能力、职业品德和社会能力四个方面构成的。对这四个方面的能力进行进一步细分，可以把职业能力分解为 15 个能力点，如图 4-1-1 所示。

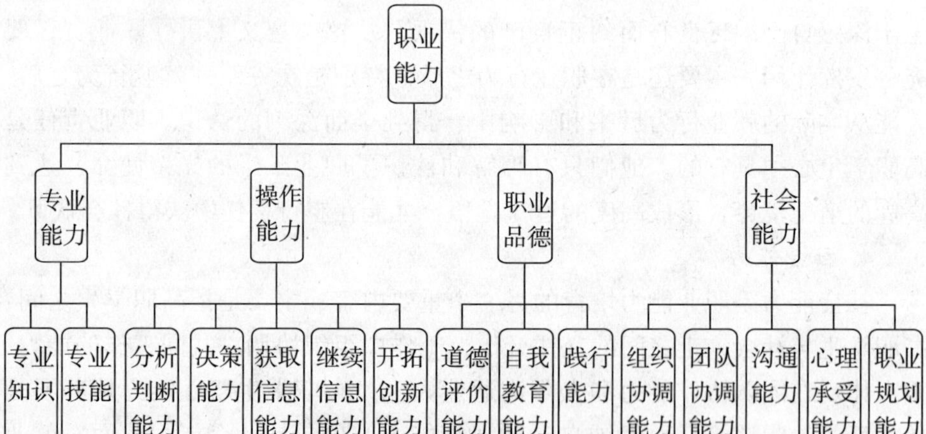

图 4-1-1　高职职业能力构成的能力点

二、高职学生职业能力“四阶段”培养的基本特点

高职学生职业能力“四阶段”培养是指对高职学生进行知识学训、仿真实训、跟岗实训和顶岗实训四个阶段的职业能力培养。职业能力“四阶段”职业能力培养是以社会就业为主导，既注重学生专业，更注重专业技能的训练，目的是让高职学生具有适应社会需求变化的能力。职业能力“四阶段”培养考虑到了职业岗位的变化，将专业技能基础和岗位转换的综合职业能力有机结合，使高职学生职业能力得到进一步增强，突出了适应社会变化的综合能力价值。因此，“四阶段”职业能力培养是要把高职学生培养成为社会需要的职业人，不仅为了生存能力培育，而且注重培育高职学生全面发展的能力，这一点至关重要。对“四阶段”高职学生职业能力培育内涵的理解，在认真分析职业能力构成要素的基础上，主要把握以下四个方面的共性特征。

1. *在过程中形成的职业能力*

知识是慢慢积累的，职业技能的培养也是如此。只有经过量的积累，才能形成质的飞跃，达到职业能力培养的目的。高职学生职业能力培养经历的知识学训、仿真实训、跟岗实训和顶岗实训培育的四个阶段，是一个从量变到质变的发展过程。这“四阶段”是高职学生职业能力的量变积累的四个阶段，高职学生只有具备了一定量的职业能力积累，才会实现质的飞跃。职业能力“四阶段”培养问题的关键是要弄清楚如何形成量变和实现质变这一基本问题。职业能力“四阶段”培养模式是以职业岗位为载体，以职业流程为主线，通过知识学训、仿真实训、跟岗实训和顶岗实训的四个阶段，让知识融合在工作流程之中，让高职学生在学习与操作中完成岗位流程的全部任务，建构自己的知识与技能体系。由于这些职业技能知识体系是在岗位操作过程中建构的，高职学生在完成具体工作流程的过程中经自己亲身体验而逐步形成职业技能。因此，这种职业岗位操作过程最能培养出高职学生的综合职业能力。

“四阶段”职业技能的形成是一个长期的渐进过程，其良好职业习惯的形成也是长期的养成培养、反复训练、逐步积累的过程。知识学训、仿真实训、跟岗实训和顶岗实训四阶段职业能力培养就是让高职学生具体了解专业领域中的岗位操作流程，并在此的基础上，把控好岗位知识与岗位技能之间的相互联系，并随着职业岗位的变化而能够形成适应岗位工作变化

的能力。因此，要培养高职学生的职业能力，就必须把知识融入工作流程之间，作为职业教育课程设计与教学实训的重要内容。“四阶段”职业技能的形成实际上就是有目的地引导高职学生形成一定职业习惯的过程。高职学生职业习惯的养成是指养成岗位技能操作习惯，使岗位知识与学生操作融合为一体，形成一种条件反射，高职学生职业能力培养也就是经过知识学训、仿真实训、跟岗实训和顶岗实训四个阶段反复练习过程而形成的职业语言、职业思维、职业行为等定性化职业能力。从这一视角来看职业教育，其本质就是职业能力培养行为的过程性。

2. 具有综合能力素养的职业能力

从“四阶段”职业能力的形成来看，职业技能属于显性范畴，职业知识属于隐性范畴。事实上，专家不只是具备高超的职业技能，更多地体现在综合性职业能力方面。高职学生在岗位操作流程中所学到的知识和技能，都是他们基本职业能力的构成部分，但不是完整的，正如一个房子打好了框架，建好了毛坯房，但还是不能居住一样。这就是说，一个高职学生的知识基础就是他对所从事职业岗位过程的领悟，也就是对从事职业领域的情感、态度、理想、价值、品质等方面领悟。这种职业领悟是综合的，而不是片面的。因此，我们必须要求学生在岗位操作过程中，除了学习知识与技能，还要彻底认识所从事岗位的职业价值，主动感受与岗位相关的职业知识与技能，主动对知识技能进行迁移、运用和创新，使得学生习获得一生所需要的综合性职业能力。

高职学生职业能力“四阶段”培养就是提倡以学生为主体，注重学生岗位综合能力培育。对高职学生综合职业能力的培育，不但要充分考虑到岗位知识的构成，还要对岗位工作流程所涉及的相关职业能力结构进行分析，关注学生主体在岗位流程中的表现，通过“四阶段”情境的创设，使学生在岗位操作过程中将感受、态度等方面与职业技能融合一起，不断生成新的职业能力。这种新的职业能力是综合的，不是孤立静止的。因此，高职学生职业能力培养是一种全过程整合多种教育资源和教学手段的综合立体型教育。职业能力培养教育必须把知识传授与实践教学结合起来，把学生的职业感受融合起来，形成教学做感一体化，并融入道德能力、社会能力等多种综合性职业能力，使职业知识和各种职业能力在职业实践中得到验证和强化。

3. 具有规范标准性的职业能力

规范性是职业能力教育的一个突出特点。“四阶段”职业能力培养紧扣把高职学生培养成为社会需要的高技能职业人才这一主题，将不同的职业任务聚集起来，以形成不同的职业任务，然后再以职业主题任务为单位来进行职业能力设计。职业能力“四阶段”培育强调以职业主题任务之间的内在逻辑关系来规范职业标准流程，通过职业标准流程促进学生综合职业能力的形成。“四阶段”职业能力培育是以岗位职业流程任务为基点，对每一个流程任务都比较规范，都有完成任务的标准，高职学生在岗位操作中的每一个环节都能感觉得到，是一种以全面性、整体性、联结性、规范性、标准性为特征的职业能力培育方式，具有明显的发散性特征。因此，对高职学生职业能力培养，不能像传统的那样以教师为中心进行职业能力培养设计，应注重以职业任务为单位来进行职业能力设计，发挥发散式职业培育功能，把职业主体任务标准规范贯串职业能力培育的全过程，成为所有职业能力构成要素之间联系的纽带。

“四阶段”职业能力培育的规范性标准是指职业操作过程中的具体工作任务所包含的任务流程标准，以及岗位实践标准，诸如实践知识标准和操作技能标准以及任务完成时间标准等共同属性。关注如何发挥知识学训、仿真实训、跟岗实训和顶岗实训的四个阶段岗位任务的集聚作用，关注如何以岗位任务为单位将每个具体的职业任务汇集起来，形成职业规范和职业标准，让学生按照这些职业规范与标准要求，在完成职业任务的过程中建构自己的知识结构。因此，职业规范和职业标准是一种带有集聚结构的载体，是以职业任务为中心来对相关序列具体职业任务进行集聚的。尽管也强调通过职业任务来整合含有不同学科知识的工作任务，但通过任务整合成的仅仅是岗位任务，尚没有上升到职业规范与标准的层面，它仅仅是职业能力培养中一种低效的方式。虽然有些岗位任务可能上升到职业规范与标准的层面，但仅仅只是岗位任务的某一个承担角色，大多数情况下，只有职业任务必然经过任务的概括与整合方能上升到职业规范与标准的层面。正是基于这一考虑，职业规范与标准是高职学生职业能力培养的主线标准，并贯串职业教育的全过程。对高职学生进行职业能力“四阶段”培育，将高职学生放到具体职业任务的架构中，让他们对具体任务进行的分析，并在规范任务的完成中和标准产品的产出中等来建构自己的知识能力结构，养成自己的能力类型，最终在追求的那种理想境界与深厚意蕴中达成提升职业能力培养标准规范。职业能力“四阶段”培育的规范与标准性，突出了职业能力标准建构的自觉过程，并按照一定的职业规范和标准，使高职学生职业能力培养逐步规范化、标准化。

4. 需要实践培育的职业能力

实践是职业能力培养之根本，高职学生“四阶段”职业能力培育的每一个阶段都与实践息息相关，离开实践根本无从谈起。高职学生对专业岗位技能的学习与掌握，只依靠岗位技能知识来讲决问题是不行的，必须要学会实践操作。比如说，教高职学生学习汽车维修专业技能，如果只是将维修原理从头到尾给他们讲，让他们背，高职学生连汽车都没碰一下，即使高职学生理论知识掌握得很熟练，那也没办法修好一辆汽车。要高职学生学会维修汽车的关键还要看他们应用汽车修理知识到修理实践操作中的实战能力，循环往复的操作实践功夫到位，他们修理汽车的职业能力就逐步形成。高职学生“四阶段”职业能力培育是以真实岗位职业任务为载体，注重由真实职业情境中的具体岗位任务进行实践训练，将岗位职业技能知识融入实践操作中。这种以职业任务为载体的实践活动，突出了实践的重要性，要求高职学生在反复的实践活动中完成职业任务，进一步丰富自己的专业知识，提升自己的操作能力水平，进而达到职业能力培育的目标。很明显，高职学生职业能力培育的本质就是强调实践操作，这样使得高职学生的在职业岗位操作中实现感性认识和理性认识的统一。高职学生的感性认识是在实践操作或直接接触的基础上发展到理性认识的，而理性认识的终极目的又是用来指导实践活动或现实生活的。随着高职学生专业理性认识水平的不断提高，他们就能将丰富的岗位知识理论进行改造提升，提炼成合乎社会需求和自身全面发展的新职业岗位技能，达到提高自己综合职业能力的目的。

可以说，学校对学生职业能力培育的显著特征之一就是它的实践性，这种实践性的特征主要表现在教学过程具有实践性的特点。大部分高职院校都积极加强与企业的深度合作，加强实验室建设，建立实习实训基地，创新产学研结合模式，建立和完善实践教学体系，强化实践教育的重要价值。职业能力培养的目的不仅是知识的学习，更重要的是行为规范的形成，因此，实践教学是职业能力培养的一个关键因素。高职院校在加强实践教学体系建设的同时，注重在教学过程强调理论与实践的结合，将教授的知识融入岗位实践中，实现知识与技能的统一。行为规范的形成不仅需要相关知识的学习，而且更重要的是要通过实践来验证和强化。所有的行为规范都是通过不断反复的实践训练而形成的。实践训练是高等职业教育的一个共同特征，那就是具有相对完整的实践能力，这就使得高职学生在反复的职业实践中形成职业能力。“四阶段”职业能力培养，体现出了职业教育培养对象的这一实践性发展特征，并在专业岗位课程与实践教学活动中，通过具体职业任务的分析、确定、情境创设和职业产品产出，更加显示出高职学生职业能力培养的实践性特征。因此，高职学生职业能力培养过程实际上是一个由知识到实践并在实践中不断深化的过程。

第二节　职业能力“四阶段”培养的主要规律

一、我国高职学生职业能力培养的误区

高等职业教育属于应用型教育，是我国高等教育的重要组成部分，主要为社会经济发展培养高技能应用型人才。多年来，我国高等职业教育虽然为行业发展培养出了一大批高技能型人才，满足了行业发展的人才需求，但对高职学生的职业能力培育上，还存在一些误区，导致学校培育的人才与市场需求的人才存在一定的差异上。不少高职院校已经意识到实践教学的重要性，根据自己的实际情况，进行了实践教学的改革，但是由于经验不足，还存在不少问题。教育部在《关于全面提高高等职业教育教学质量的若干意见》(教高〔2006〕16号）中明确指出要“加大课程建设与改革的力度，增强学生的职业能力”。但由于对实践与认识的缺失，导致在执行过程中，对职业能力的理解在认识上和教学实践上都出现了偏差。有鉴于此，高职院校在对职业教育的人才培养目标和人才培养模式这两个基本问题上，的确存在认识上和实践上的误区。

(一）把技能等同于职业能力的认识误区

要把握职业教育人才培养的认识，必须要把握职业能力培养对高职本身来讲的价值性。在高等职业教育中，普遍存在把职业能力等同于职业技能的问题。这是对职业能力价值的狭义理解。以下将从职业教育本质问题、认识问题和实践问题的价值评判上，对职业教育在人才培养目标定位上把技能等同于职业能力正确与否的价值问题进行分析。

1. 对高职人才培养的主体与客体价值的认识误区

从高等职业教育服务经济社会发展需要的角度，对职业教育本身的教育价值进行评价，即通过社会需要度与人的需要度衡量其价值的大小。正

是由于有了这种“需要”的存在，人们才会对职业教育人才培养的价值形成肤浅评价。如果我们对职业教育人才培养的效益进行价值评估，意味着我们注重强调职业经验的价值效益，很自然地将职业教育人才培养赋予了一种职业工具，或者说是一种职业手段的价值内涵。高等职业教育是通过专业课程教学内容和教学方式对高职学生进行职业能力培育，课程的内容是依据专业岗位要求进行编制的，教学方式以实践教学为主导，让高职学生在真实岗位流程中将岗位知识与技能融合起来，并逐步形成自己的职业能力。要对高等职业教育价值进行科学认识，必须要分清楚价值主体与价值客体，以及它们之间的相互关联。从岗位课程与教学方式的相互关系视角分析，高职学生人才培养的主体是高职人才培养学校、教师、高职学生和企业。我们之所以将企业列入主体范畴，是因为企业涉及与高职院校的校企合作问题，为高职学生提供了校企合作平台，同时也考虑到企业是学生就业的最终去向。价值客体是人才培养的体制机制，也就是我们所说的高职人才培养模式。学校、教师、高职学生和企业之间通过职业教育模式，构成了他们之间满足与被满足的价值评价，形成了职业教育人才培养模式的价值。高职院校根据社会各种行业职业和各种岗位需要，对高职学生进行岗位职业知识、岗位技能和职业态度的培育，满足了高职学生的求职、转岗、提升等全面发展的能力需求。

职业教育具有社会价值属性，这是高等职业教育人才培养模式在对学生进行职业能力培育过程中所固有的价值特征。高等职业教育人才培养模式的建构是高职学生、教师、学校和企业相互作用的机制，主要目标是培养高职学生使之具有适应社会的职业能力。高职人才培养模式建构的根本动因，引导高职学生对职业社会价值的追寻，以及来满足自己全面发展的需求。因为职业价值的社会意义不在于终极职业理想的实现，而在于创造职业社会价值的过程。以往对职业能力人才培养模式建构价值，等同于社会需要和社会标准等价值功能，目的是让高职学生更好地适应经济社会发展的需求的认识，使得价值内涵比较单一，然而，从可持续发展的观点来看，高等职业教育人才培养模式与企业、学校、教师、高职学生之间发生关系时，模式建构的目的不仅要使高职学生学会从事某种职业活动的本领，而且还要重视对高职学生独立人格力量进行锻炼，并赋予学生全面发展的精神和能力，以提升高职学生职业能力培育质量。有鉴于此，职业能力培养目标的社会价值属性是对高职学生的个性培育以及非功利性职业价值的追求，只有这样，我们才能全面认识和把握职业能力培养的价值内涵。

2. 对高职人才培养的综合性职业价值的认识误区

一般把高职人才培养价值界定在满足社会经济发展需要上，即是培养高职学生在社会上生存的方式手段，技能等同于生存工具，职业能力培养价值实际上成了生存工具培育过程的价值。在这种价值观支配下，许多高职院校培养高职学生的目标更多定位在如何使学生能在社会上用一技之长生存得更好，更加适应社会经济生活，将培养对象产品化、格式化，但却忽视了对高职学生完整人格的培育。高职人才培养应该注重对高职学生的精神、情感、意志的培育，注重培育高职学生完整的人格魅力等非功利性价值，建构人才培养的普遍价值观。也就是说，应当在重视高职学生生存技能培育的同时，大力弘扬价值理性，在教育教学实践活动中将本质性需要效度与周延性需要尺度的有机融合，并将这两种需要在相互作用中形成一种新的价值内涵。只有这样，我们才可以将建立在此基础上的职业教育人才培养的价值内涵为职业教育人才培养与企业、学校、教师、高职学生相互作用时所获得的那种综合性职业能力的价值内涵。这种新内涵开创了职业教育的改革新取向，既重视对岗位专业知识水平和岗位专业技术等生存技能价值培育，体现职业技术性特征属性，也注重对人格尊严和情感素养等职业人文价值的培育，表现出明确的综合性价值属性，构成了职业教育人才培养的综合性职业价值观。

这就意味着职业能力人才培育的价值在于对学生能力发展的价值意义，体现在学生职业品质的价值升华。职业能力培育的过程是高职学生职业能力全面发展的过程，它不仅关注学生职业生存技能的发展，而且注重对他们职业品质等方面的培育。正如当前所提倡的终身教育理念一样，是对高职学生可持续全面发展观念的一种价值延伸，也是职业教育人才培养模式的价值重建。职业教育人才培养价值的建构，不仅要培养高职学生所必需的知识、技能和素养，而且还要铸造高职学生职业精神发展所必备的独立性、自主性和创新性价值，实现他们职业综合能力的完整性，进而提升他们职业人生品质至高境界。职业教育人才培养的价值构建是以知识水平、技能结构等职业价值取向作为构建的内在基础，将以经济发展、社会需求等职业社会价值取向作为建构活动的外部动力，以职业品质的职业价值取向作为构建活动的内在动力，进而在职业能力人才培育过程中将这些价值取向有机融合，最终促进高职学生综合职业能力的全面发展的教育目标。基于以上分析，应对职业教育人才培养进行价值构建，彰显职业价值效应，不断夯实职业需求的社会基础，完善职业能力结构体系，优化职业能力实训体系，不断提升教师专业能力水平，以及通过一系列高职学生职业价值实践活动，不断增强高职学生的职业生存与品质发展能力，让高职学生的智慧和发展潜能得到充分释放，显现出完整的职业人格魅力的价值效应，实现真正的全面可持续性发展。

（二）在人才培养模式上把技能训练等同于职业能力的实践误区

认识上的错误必然导致实践上的偏差。由于在认识上把职业能力等同于技能，在教学实践中用技能训练替代职业能力培养的现象普遍存在。在教学中，虽然也重视实践教学、重视实习实训，但都局限在专业技能的范畴内。这种技能化的教学使高职学生出现了严重能力缺失。由于能力的缺失，高职学生走向社会后出现了多方面的不适应，主要表现为：不正确的价值取向、缺乏职业意识、对职业生涯缺乏规划、缺乏自我学习和自我创新能力、无法接受企业文化、不习惯参与团队合作、缺乏必要的表达和沟通能力等。这种技能化的培养方法，导致了高职学生就业困难，后续发展乏力。我们应该看到，职业能力培养涉及岗位技能知识、岗位技能操作和职业价值观念，既有客观的，也有主观的，需要从高职学生职业能力发展的全面性来看这个问题。然而，以往对职业能力问题的关注，恰恰是很片面的，习惯于从微观操作实践层面来思考职业能力问题，将职业技能等同于职业能力，将职业能力的实践性内涵片面化，导致对高职学生职业能力培养的整体效益不高，社会影响不大。由此可见，立足于理论与实践相结合的观点，全面分析职业技能训练与职业能力的实践培育问题，对进一步提高高等职业教育人才培养的实效性，显得尤为重要。

1. 正确认识职业能力实践培育的构成基础

职业能力实践培育是职业能力实践培育活动的演绎延伸，从最终培养目标上来说是培养高职学生具备职业综合能力的教育活动。职业教育本来就是一种教育活动，是为了满足社会发展需求而培育职业技能人才的教育行为，属于应用型教育体系，因而必须遵循教育教学活动的基本规律。我们在分析职业能力特征问题时认为，职业能力的一个最为显著的特点是实践，是贯串在职业技能培训的全过程。因此，在传统的职业教育人才培养的实践过程中，学校往往比较注意专业岗位职业技能的实践培育过程的流程式价值取向，以及注重岗位技能实践的社会价值取向，认为这就是职业能力实践培育的构成基础，而对实践的人文价值取没纳入到价值构成的范畴。没有人文价值构成的实践价值，忽视了高职学生全面发展最重要的精神价值培养，导致高职学生职业精神缺失，这成为传统职业教育人才培养最大的缺失。人文实践价值的缺失主要反映在对高职学生之间、高职学生与社会之间的高职学生职业精神的忽视，使得高职学生成为职业岗位上的“机器人”，致使职业能力的实践发展很不理想，引起了社会许多的质疑。因此，要对职业能力培育的实践价值取向进行重新审视，既要注重岗位技能培育过程的实践价值，也要注重人文职业精神培育的实践价值，在培养实践活动过程中要充分重视高职学生职业能力培育实践的全面性价值，最终的目标是提高高职学生的综合职业能力，实现高职学生的全面发展。

职业教育作为应用型教育类型，在当前这个时代，更要求将实践贯串整个职业能力培育的全过程；要将对学生的人文关怀融入他们的心灵世界，伴随着他们职业能力发展的全过程。充分调动高职学生在职业能力培育实践中的能动性，进一步激发他们的创新潜能。对高职学生进行职业能力培育的实践活动选择上，通过岗位流程任务的详细分解的有效确定来培育的实践性效能，凸显高职学生职业能力发展的全面性。很明显，职业能力培养实践的价值是通过职业岗位任务完成中教师和高职学生之间的协调性，满足高职学生职业能力的全面发展的需要，同时也能满足其将来适应社会职业生活发展的需要，在整个职业能力培养实践过程中具有激发潜能的独特性。职业能力培育实践活动的这种激发潜能的独特性特征，又称为高职学生个人魅力发展特性，是属于职业精神层面上的培养，是对学生职业能力实践的动机、兴趣、思想和需要等人文职业精神的综合反映。职业能力培育实践活动对高职学生职业能力过程中又表现出彼此之间的差异性，这种差异性是高职学生个体之间的认识差异，具有不可重复、不可置换和不可模拟等特征。职业能力培育实践的这种差异性，意味着要根据高职学生的认知程度、气质类型等发展特性来分析专业岗位，确定岗位流程任务，构建岗位实训体系，引导高职学生完成具体任务，养成团队意识，使高职学生在职业能力实践过程中张扬个性、超越自我，不断提升职业能力培育的实践价值。

2. 全面把握职业能力培养实践的发展价值

高职学生职业能力培养实践活动是通过充分社会化的教师和高职学生来促进职业能力的全面发展，最终实现高职学生的全面发展。职业能力培育实践活动的全面性，体现在职业能力培育的目标价值上，就是要培养高职学生适应职业岗位的综合性能力，既有技能知识因素，又有人文精神因素，使之适应岗位的自觉能动性强，并能超越自我，激发他们的发展潜能。因此，职业能力培养的实践发展价值，体现在职业能力培育的实践过程中高职学生综合性素质提升的全面性发展上，包括高职学生职业思想政治、职业知识和职业精神等诸多方面，都是在岗位操作实践和各种技能创新实践的过程中实现的。特别是高职学生职业能力培养实践活动，不只是重视知识技能实践，更要重视人文职业精神培养，这是高技能型人才必须具备的一种能力，要在岗位课程设置和实践教学目标上进行确定。具体来说，教师在岗位课程开发和实践教学设计上，要具有明确的目的性和计划性，高职学生在完成岗位职业任务等实践活动时也是一样，这都需要教师和高职学生主动去做，这是职业能力培养实践效果好坏的关键。在岗位课程设置和实践教学目标上，通过对岗位任务标准、岗位情景的设置、具体任务的成效等方面，融入团队协作和创新实践精神，增强他们的岗位适应能力，提升他们的职业实践能力。在职业能力培养的实践过程中，切实增强高职学生的岗位自觉能动性，使之具有爱岗敬业的责任感，促进他们在实践中全面发展。

充分把握职业能力培养的实践发展规律，既有利于教师对职业能力培育进行顶层设计，又有利于高职学生激发创新潜能，对实践教学活动的有效开展具有重要意义。因此，要在职业能力培养的实践体系构建中，切实提高教师和高职学生自身的能力认识和实践能力，使他们在职业能力培育的教学实践活动中充分把握职业能力发展的客观规律，达到预期实践培育目标的效果。但也要看到，社会化程度越深，教师、高职学生与社会的关系越复杂，职业能力的培育实践应站在满足社会政治经济文化的全面发展需要的高度，使教师、高职学生在某种程度上成为社会人。要实现职业能力培育实践活动的目的，就要使得教师和高职学生的学习、生活和思想社会化，由实践岗位专业课程类型和教学实践体系来加快职业角色社会化的转变。因此，作为一种职业教育活动，其教育目的也融入能力培育的实践过程中，融入教师和高职学生的超越自我的个性发展特征。通过对高职学生职业能力的培养，对岗位专业课程进行改革创新，融入教师和高职学生超越自我的人文精神，设置一些有利于师生个性养成的教案、创设一些有利于师生个性陶冶的情境，使职业能力培养中的师生价值体现在岗位任务操作中、职业任务的确定中和教学实践活动的创设中，逐渐培育他们在德、智、体、美、劳等方面的个性品质，激发他们在实践过程中的创新意识，并最终达成职业能力培育的实践成效。

（三）认识和实践上的误区对高职学生职业能力培养的影响

职业教育发展虽取得了一定成就，但总体上仍有不尽如人意之处，这是因为培养目标发生了严重的偏差，为培养目标服务的培养模式就必然会出现缺陷，主要表现在以下几个方面。

1. 职业核心能力层面中职业品德、操作能力和社会能力比较弱

高等职业教育的本质属性是应用型教育，承担着培养社会经济发展所需要的应用型人才的任务。高职院校是高等职业教育的主要承担者，主要任务是培养学生成为高技能型人才，这也是高职院校的功能定位。虽然我国高等职业教育的发展很快，规模总量也很大，但发展历史不长，在功能定位上不准确，对高职学生职业能力的培养不全面，特别对核心职业能力的培养，定位在职业技能的培养上，导致很多高职学生很难适应社会经济发展要求。很多高职院校还是按照本科教学模式，在办学理念上，容易受到传统的本科教育的影响，注重知识教育，忽视了职业教育的本质属性，将技能培训等同于知识教育，也没有将学历教育区分开来。因此，不论是课程设置，还是教学方式上，都表现出明显的“重理论、轻应用”倾向，没有体现出高等职业教育应有的特色。很多高职院校的人才培养方式与普通高等本科教育一样，培养目的是将高职学生培养成研究技能知识的学术性人才。在这种错误定位的导向下，高职学生的知识基础的确很好，但又达不到普通高校毕业生的知识理论水平，动手操作能力却很差，无法满足用人单位的职业能力要求。由于缺乏正确的定位，高等职业教育在发展中盲目向普通高校看齐，步入歧途，陷入了发展困境。

高职学生核心职业能力培养主要是指对高职学生的专业能力、职业品德、操作能力和社会能力的培养，在高等职业教育中处于主导层面，决定高等职业教育人才培养的目标取向。但是，受普通高校教育模式的影响，高等职业教育实际归属到了学术教育范畴，导致没有对高职学生核心职业能力的培养形成正确认识，使得核心职业能力培养与技能职业能力培养相混合。所以，高职院校的最终目的就是要培养高职学生的专业技能，是以提高高职学生在岗位专业的实际操作能力为目标，事实上培养了一批机械式的技能人才，这是高等职业教育的一个理念误区。我们要在新时期培养适合于经济社会发展需要的人才，不只是要求高职学生掌握熟练的专业操作技能，而且还要具备较强的人文职业素养，也就是在岗位实践过程中的具备职业适应能力和技术创新能力，形成良好的团队合作精神，并对所从

事的职业岗位肩负一定的社会责任。2010年，国家“十二五”教育规划课题《高职学生职业能力培养模式构建研究》课题组对湖南省10所商贸类职业学院进行了访谈式调研，结果显示，用人单位在招聘员工时比较重视高职学生的人文职业素养，对技能的重视弱于人文职业精神能力。对高职毕业生的能力结构，用人单位最重视的是社会责任感和职业思想品德，同时注重创新能力、团队合作能力和竞争适应能力等能力，而专业技术能力却居于次要地位。

核心职业能力的提高除了必须依靠专业理论知识的学习外，更多地需要在实践操作中获取职业技能，并在实践中培养自己的品德能力、操作能力和社会能力，并逐步形成融多种能力为一体的综合性职业能力。因此，高职院校要建立健全实践教学体系，构建多种形式的实训模式，尽可能多地让高职学生进行岗位仿真实训，将理论知识转化为实践经验，融入人文职业精神，并且内化为核心职业能力。很多高职院校虽然注意到仿真实训的重要性，并与企业建立了深度合作关系，建了很多校内外实训基地。但校方在安置高职学生实习的过程中仍会遇到各种各样的问题，高职学生的实际实训机会是很少的。最明显的就是实训基地缺乏经费，大量的实习工具、机器、仪器和其他设备不完善，很多岗位实训工作无法展开。当然经费问题涉及国家财政的投入不足，以及学校经费投入结构不合理等原因。事实上，没有足够的岗位实训保障，导致很多高职院校日常实践教学难以顺利进行。高职院校一定要认识到这一点，进一步加强政府、社会和企业的对接，紧扣实践教学这根弦，将人文精神融入实践，才能在高职学生职业能力培养方面定位准确，有所作为。

2. 把职业教育等同于技能培训，忽视职业品德、操作能力和社会能力培养的教学安排

当前，把职业教育等同于技能培训，在高职院校人才培养方案上表现得非常明显。事实上，高职院校过于重视高职学生专业理论知识教学，学生实际操作训练机会缺失，使得高职学生毕业后无法适应工作岗位要求，在工作岗位上表现为眼高手低，岗位操作能力极弱。这样一来，高职院校培养的高职学生没有将理论知识有效转化为实践技能的能力，在岗位工作过程中，面对实际岗位操作中出现的各种各样的技术问题，高职学生束手无策，没有解决这样或那样的技术难题的能力。高职学生在校只学到机械式技能本领，没有创新能力，更没有具备相关岗位的适用能力，只要超出所学范围，就毫无办法，很难适应岗位工作环境变化，导致一些已知的、

类型明确的实际问题都难以得到解决，这折射出高职院校在人才培养的过程中存在重理论轻实践的偏向。这种只看重技术的观点对当前高职学生的影响很大，他们错误地认为只要掌握了技术就能找到工作，从而忽视了对核心职业能力培养的其他方面。高职院校一定要认识到，高职学生核心职业能力不只是职业技能操作能力，因此，高职院校在教学安排上，还应包括对高职学生进行品德能力、方法能力和社会能力的培养，尽量让学生的人文职业能力得到加强，这样的教学安排才全面、科学。

随着市场经济的迅速发展，岗位需求变化很大，岗位要求也越来越高。但是，大部分高职院校却没有适应经济发展新形势的要求，专业设置滞后，对高技能型人才培育的实践教学体系与教学方式年复一年没有变化，导致培养的人才与社会要求的差距越来越大。高职院校在新专业的增设上明显跟不上时代发展变化，从而产生了人才供给与市场岗位需求的不平衡。同时高职院校在专业划分上缺乏科学思考，专业划分过细，岗位技能培训过窄，使得高职学生无法在短时间内适应相关岗位职业。高职院校应根据市场变化，对专业划分进行科学调研，坚持粗细适宜，不要对高职学生进行精细化职业能力培育，这样会导致高职学生职业能力的结构性缺陷，影响高职学生的职业适应能力。专业设置与划分，要注重岗位群建设，注重对高职学生岗位技能创新能力的培养，尽量让高职学生具备能适应相关岗位的职业能力。高职学生在工作实践中，并不是遇到的每一个问题都是已知的，要培养高职学生发现岗位技术问题和解决岗位技术问题的能力，让高职学生能用所学岗位技能知识去寻求解决问题的具体方法。但是，受专业滞后的影响，目前大多数高职毕业生只是岗位操作的机械师，不具备技术创新的职业能力素养，不能用已有的知识和实践经验发现岗位技术问题，遇到新技术难题就束手无策。同时，在专业设置上，高职院校一定要考虑培养高职学生具备良好的团队合作精神，发挥团队力量，通过团体合作去找到解决问题的方法。由此可见，高职院校在专业设置上，要注重岗位群建设，涵盖信息收集和处理能力、团队合作能力、学习能力等诸多方面，只有这样，高职学生的核心职业能力培训才能全面。

随着市场经济转型加快，技能人才流动性日益频繁，很多人已经不再终身从事一份职业，都会经历几个相关的专业岗位。他们在市场竞争中获得了更多选择新职业的机会，使得他们的职业生活更加丰富。这就给高职院校提出了更高要求，在教学安排上，要注重职业和岗位的转变要求，加强对高职学生的岗位角色转换能力和相关岗位适应能力的培养。然而，当前有很多高职院校在实践教学体系建设上明显存在结构上的缺陷，在教学内容安排上偏向对高职学生专业能力的培养，忽略了对人文职业能力的锻造，将高职学生引导到了职业死角。高职院校在专业能力培养方面的教学设计，过于重视专业理论知识的传授，忽略专业实践能力的培养；重视既有知识和技能的灌输和传授，忽略创新意识和创新能力的培养。之所以出现这种现状，关键是教师，高职教师对高职学生职业能力培养思想比较传统，在教学安排上停留在以往的教授模式上，师资队伍存在很大的缺陷。大部分高职院校的教师并不是来自于行业企业，不是岗位操作能手，也没有经历过职业人文气息的熏陶，实践经验严重欠缺，“双师型”教师极其缺乏。要从根本上解决好这个问题，关键是加强“双师型”教师建设，鼓励教师到企业顶岗挂职，并取得相关岗位职业资格。只有教师具备核心职业能力，在实践教学中，才会更好地将岗位技能知识能力与品德能力、操作能力和社会能力融合在一起，逐步培育高职学生形成新的综合性职业能力，使他们具备能更多选择相关新职业的能力。

二、高职学生职业能力“四阶段”培养的规律及启示

（一）高职学生职业能力“四阶段”培养的规律

职业能力体现在职业行为上，职业行为习惯不是一般的行为，而是经过反复练习而养成的职业能力的外显方式。对高职学生而言，职业行为是在岗位操作过程中对职业知识技能的条件反射。这种对职业知识技能条件反射是在重复出现而有规律的，实现了手和脑的条件反射，并且在手脑之间建立了稳固联系。有关科学实验证明，职业能力形成具有养成性、连续性和成长环境的职业性特点。

1. 职业能力培养是循序渐进的培养

人的认识分为两个方面，一是直接经验的获得，即通过自身体验获得的经验；二是间接经验的获得，即学习他人的认识成果，形式上表现为书本知识，也包括网络信息、影视资料，等等。职业教育和普通教育在人才培养目标上的不同，决定了它们的教育教学内容有更多的实践知识。高职院校的基本矛盾是高职院校的培养对象（即在校高职学生）与职业人才培养目标（即把高职学生培养高技能型人才）之间的基本矛盾，也是高等职业教育的基本矛盾。高职院校的基本矛盾决定着高等职业教育肩负的历史

使命，即要把高职学生培养成能满足社会经济发展所需要的高技能型人才。高职院校培养的高技能型人才多为应用型、工艺型高级人才，是生产一线的高级管理人员和实践操作人员，具有扎实的岗位技能文化知识，又具有职业人文素养，属于有技术、有文化、有理想的高级职业者。高职学生拥有的职业能力，既有社会价值，又具有个人价值，实现了高职学生综合职业能力的全面发展。在我国古代封建社会，学校的教材基本以“四书五经”的儒家经典为主。在西方漫长的中世纪，古典主义教育内容一直是学校的重要课程。如果把欧洲文艺复兴前后学校所设课程中有关文化知识的部分和以后几个世纪的学校教学内容中相关部分比较，可以发现近代各国普通学校教学内容中科学文化知识所占比重不高。在我国普通学校的主要任务既要求学生掌握科学文化的基本知识和技能，又要求学生的德、智、体、美、劳全面发展，以及具有社会主义价值观和世界观。普通学校教学重视向学生传授基础知识和基本技能，即构成各门科学的基本事实及相应的基本概念、原理和公式等体系，学生运用所掌握的知识去完成某种实际任务的能力。当代各国的教学内容及学科体系不断现代化、科学化，学生的知识结构日趋全面，教学方法不断改善。

我国职业教育的最早的表现形式是学徒制，已有一百多年的历史。学徒制是手工业行业协会的显著特点之一，在行会成立前，它作为一种私人风俗而存在。在行业协会成立后，学徒制逐渐在社会普及开来。从事手工业者大多是平民阶层，生产和立足社会的需要，使得学徒制培训发展起来。随着社会生产力发展和产业革命的开展，学校形态的职业教育成为历史发展的必然趋势。正如在18世纪初期的西方国家开办的慈善学校一样，主要是对那些贫苦的孤儿进行谋生技能的职业教育。我国近代职业教育的产生、发展也有着与欧洲职业教育同样的社会背景。黄炎培的职业学校，晏阳初的乡村教育，陶行知的平民教育，教育对象主要是不能升学的儿童或失业者，授之以职业技能，使之得以就业。这样一来，职业教育的价值具有为了自己生存的个人价值，以及为社会发展服务的社会价值，而职业教育的社会与个人价值是融合为一个价值整体的。如今，技术的重要性和人才的重要性是企业同等重视的，对企业的发展至关重要。职业学校培养的学生是企业接纳的对象，其素质高低是企业竞争力的重要指标，也影响到企业的后期培训。因此，当前校企合作的开展，使企业认识到主动参与到职业学校人才培养的活动中的重要性，也是企业提高人力资源质量的重要体现。政府和社会也不能袖手旁观，要高度重视并积极投身到职业教育的改革发展中，引导支持职业教育转型发展，进一步发挥职业教育促进经济发展的支撑作用。社会分工所导致的城乡分离、体力劳动与脑力劳动是社会发展的结果，也促成了职业的细化、人的专业化发展。社会分工加快使得人朝着专业化方向发展。人的专业化发展实际上包含人的全面化发展，只是目前职业教育目的仍存在种种偏颇，使得学生的全面发展变成了单一技能的专业化发展。事实上，职业教育目的单一化发展的观点是危险的，它割裂了人们生活的多方面需求。在这方面，普通教育与职业教育有共同的价值目标，如信仰、精神、健康、阅读、科学、文化、真善美之享受，等等。无论是普通教育还是职业教育都要培养学生追求知识的能力、顽强的意志、伟大理想，将来能在生存的基础上不断向更高的目标迈进，最终成为有益于社会和时代的人。

2. 职业能力的培养是多种能力的养成培养

高职学生的职业能力呈现综合性的特点，它是由职业品德、专业能力、操作能力和社会能力等综合而成的，不仅职业品德需要通过教育来形成，而且专业能力、操作能力和社会能力也呈现出这样鲜明的特点。高职学生职业能力培养的过程也具有综合性，是一个学校与企业、校园内与校园外、课堂内与课堂外、教师与家长、理论学习与实践教学多种因素共同作用、高职学生自己内外兼修的过程。因此，职业能力培养是一种包括课堂教育在内的多方位、多途径、多方法的综合性育人的过程。职业教育培养的技能一般可以分为两类，即知识技能和操作技能。知识技能的形成是岗位技能知识内化迁移的结果，操作技能是以知识技能为依据，也是岗位操作实践的表现。这样一来，技术应用能力的形成是以知识技能熟练为基础的，而操作技能的熟练则要靠养成来实现。职业能力的形成需要在一段时间的演进中，由不懂到懂、不熟练到熟练、不习惯到习惯。高等职业教育的职业能力培养目标的实现，实际上本身就贯串着职业能力培养的客观事实。

综合职业能力是高职学生从事专业岗位所具备的职业能力结构，它由岗位技能知识、岗位操作技能和相关的职业人文素养构成，是一个有机整体综合发挥作用。在当前社会发展的形势下，职业学校应把培养高职学生综合职业能力作为学校的人才培养最终目标。综合职业能力是企业对人才提出的具体全面的能力指标总和，人们在相关活动中表现出来的言行举止，并可以被评价和锻炼、提高。为了培养加强高职学生的综合职业能力，他们的实际操作和训练需要更多的课时来进行。高职学生只有在解决实际问题的实际操作过程中才能不断自我反思和提高能力。例如，汽车出现故障，可能存在多种原因，这就需要经验丰富的人员进行检测，或者多人共同完成。因此，只有不断地积累经验才能熟能生巧，迅速解决问题。一个综合能力强的人就可以替代多个能力弱的人，达到人力资源的合理有效利用。

由此可见，高职院校对学生进行综合职业能力培养中要采取综合性工学结合的多种教学方法，使得高职学生在综合性实训中形成。工学结合是职业学校课程开发、高职学生职业能力培养计划实施的一大特点。在工学结合的课程教学中，课程是工作过程知识，高职学生通过工作过程实现知识学习。工学结合课程的开发与实施是一项复杂的工程，需要系统化地解决课程领域的相关问题，主要包括：一是明确职业教育的培养目标是发展职业能力；二是利用典型工作任务等开发学习领域的课程；三是确立课程结构以及内容的原则；四是实施教学与教学评价等。“校企合作、工学结合”是当前我国职业教育办学模式改革和教学改革的方向。从人才培养的角度来讲，“校企合作”“工学结合”模式是学校与企业双方利用各自的优势，建立校内外实习实训基地，对学生进行职业能力仿真训练，目的是完成学生职业能力的培育。在国外，校企合作模式颇为成熟，如美国的社区学院，加拿大的能力本位教育，德国的“双元制”，澳大利亚的“培训包”，新加坡的教学工厂模式等。目前，我国的职业教育发展相对落后，对职业教育的办学模式以及教学规律的研究不够深入。因此，摸索出一种适合我国国情和区域职业学校自身发展的教学模式，已是当务之急。首先，应进一步提高高职学生校内外实训频率。职业学校学生需要更多的实训活动，这有利于提高他们的学习兴趣和学习动机、信心等。从他们的实训活动过程可以看出，专业实训操作课非常受学生欢迎，满足了高职学生的好奇心，又可以学有所用。所有高职学生都能够积极主动学习，课堂气氛比较活跃。在实训操作课上，教师有效地培养了高职学生的职业素养和职业荣誉感，也加强了高职学生的团队合作能力和集体意识，并促进他们积极制订个人职业规划。高职学生在这样的教学过程中，能认识到自己和企业师傅之间的差距，不断获取直接的工作经验，对工作以及工作知识都逐渐加深认识。其次，可举办职业技能大赛。职业技能大赛为职业学校的师生提供了一个学习、锻炼和表现自我的机会、平台。竞赛制度填补了师生课余时间的空白，为师生提供发展的道路。各系部竞赛、学校竞赛、省级竞赛、国内、国际竞赛，一路下来参赛者过关斩将，脱颖而出，找到个人职业价值的满足感。竞赛与通常的课堂教学不同，更为紧张、刺激和忙碌。有人会抱怨精力不够、往来奔波，也有人在舞台上紧张得说不出话，但这就是竞赛。竞赛带动了教学改革，促进了高职学生职业技能的发展，也开拓了学生职业发展视野。再次，要建立职业资格证书制度。职业资格证书制度为学生和企业行业之间建立了沟通渠道，使得高职学生在专业学习的过程中有了一个具体的考核指标。该制度有效地激励了高职学生的学习积极性，提高了他们的学习动机，为高职院校的教学注入了活力。资格证书是职校生的一个核心竞争力指标，它使得高职院校的教学改革有了具体的参考对象，相应地带动了教学模式的改革和考核评价的合理化。用人单位和社会都广泛认可职业资格证书，有利于岗位的专业化发展，提高人力资源效率，增强企业竞争力。

3. 职业能力的培养是知识、技能、经验的内化培养

长期以来，我国高等职业教育深受知识教育的影响，存在重视书本知识，轻视实践活动的习惯，将高职学生的职业能力发展片面地归结为高职学生的认知水平的提高和认知能力的发展，忽视了高职学生的认知素质以外的其他素质的发展，而其他素质的发展作用是不一样的，导致高职学生的职业能力没能均衡和全面发展。高等职业教育的迅速发展改变了这种习惯，社会的发展也要求改变这种认识。但是高职院校同样不能忽视非实践性教学。一方面，非实践性教学在学生的认识发展中的重要作用不可替代，非实践性教学虽然源自书本、源于他人的认识成果，但多为正确认识，是被总结归纳了的、被验证了的知识。同时它为人的快速发展打下知识的基础，在漫长的人类历史长河中，知识和信息正在爆炸性增长，一个人如果仅仅接受直接经验，在实践中认知，而不去读书或上网，那他就失去了竞争力，已经跟不上这个快速发展的社会。另一方面，非实践性教学为高职学生积累直接经验打下理论基础，如果没有书本知识等做学习的铺垫，高职学生就会脱离社会环境、时代背景，难以成为时代精英。

实际上，在教学过程中，高职学生需要将直接学习经验和间接学习经验相互融合，升华成理论认识成果，在高职院校尤其如此。人类在漫长的历史长河中，积累了无数的社会经验和科学知识，高职学生只有依靠教学活动才能快速高效地掌握基本的经验和知识。在间接经验的教授过程中，要注意书本知识和人类实际相一致，不可有失偏颇，否则高职学生得到的就是错误的或者片面的经验和知识。直接经验比间接经验更让人记忆深刻，同时，学习间接经验必须有一定的直接经验作基础，完全学习间接经验是不可能运用直接经验与间接经验相融合的，无法形成新的经验认识。如启发式的教学方式，这种方式要求教师引导、启发学生去思考学习，独立地

去发现相应的技术难题并且找到解决问题方法。教师的工作是为学生的学习提供良好的学习环境和学习条件，一方面，要提高高职学生的学习动机，培养高职学生的职业荣誉感和职业素养，另一方面，要积极引导高职学生独立自主地进行学习和探索。高职学生在教师的训练下，积累丰富的书本知识和扎实的理论基础，即有了较好的间接经验积累，在此基础上，可以有效地进行直接经验的探索和积累，巩固理论，将理论与实践融为一体。

在人的发展过程中，知识学习与实践活动都起到非常重要而又各不相同的作用，二者缺一不可。学习书本知识将提供自身认知水平，开阔视野，形成正确的价值观，也形成一定的学习态度和学习方法等；高职学生在实践活动中会培养工作兴趣和爱好，也锻炼团队合作意识和能力，人际交往能力等，同时工作中经验的积累促进高职学生的判断力提高，培养反思的习惯等，所以不同的教学活动培养出学生不同方面的素质。高职学生在学习专业能力的同时，通过对相应职业知识的了解，对职业规范的认识在实践的过程中不断强化，最终形成约定俗成的职业行为习惯，积累职业基础。

4. 职业能力的培养是在实践中不断强化的培养

学生职业能力的形成源于两个方面，一个是获取职业能力的直接经验，通过亲身体验岗位操作活动、探索和实践获得的岗位操作经验；另一个是获取职业能力的间接经验，即在现有职业技能基础上进行新的技能创新的成果。直接经验是职业能力培养的一个关键因素，直接经验具体来讲就是实践，即职业实践。职业能力培养的特点要求学生在实践环境中反复对职业能力进行强化。通过近几年发展，职业教育的实践环境主要是由学校和企业合作营造的，高职学生需要得到企业的帮助和指导。企业给学生的就是直接经验，而不是理论等间接经验。企业为学生提供了实训实操的机会，学生在不断见习、实习的过程中，积累了工作一线的知识，这种经验积累提高了学生的认知水平，也填补了基础理论上的空白等；这会解决学生在理论和思想上的疑虑，提高高职学生岗位工作的积极性和针对性，有利于高职学生职业能力的提高。一个人的知识不外乎直接经验和间接经验，一切真知都是由直接经验发源的。只有在实践的基础上，使各种间接经验与自己的直接经验相结合，才能获得比较完整的知识。直接经验是第一位的，通过积累和总结的经验，使人记忆深刻，间接经验则相对速成，高职院校里开设的各类课程是间接经验，为学生的发展打下坚实基础，居于职业能力的第二个层面。正如“纸上得来终觉浅，绝知此事要躬行”，职业学校的学生要多接受直接经验，多积累经验才能不断成长。校企合作、工学结合和“双师型”教师队伍建设是高等职业教育提高人才培养质量的关键。而这三个方面的要求都是实践教学的实现形式和前提条件。这说明，从一定程度上讲，高等职业教育就是以实践教学为主的教育。

从高职院校的课程特点可以发现直接经验是教学重点。高职院校的课程体现了学生的学习主体地位，极大地激发了学生学习的积极性和主动性、针对性。教师“一言堂”的现象在高职院校很少见。学生积极地投身到了专业的学习过程中，更多地动手去做。学生可以有更多的选择，例如，在专业的选择上有广泛的选择权，也较早地进入专业领域，学习专业技能。教师在教学过程中扮演辅助者和指导者。实践表明，学生自发地积极地参与的活动，有效促进高职学生身心等各方面的发展。高职院校的活动丰富多彩，不同的活动起到不同的作用，高职学生就可以通过这些活动实现全面发展。高等职业教育的课程特点也证明了高职学生倾向直接经验的积累。以培养职业能力为中心的课程体系，广泛应用在高职院校中，而职业能力是很难以在书本知识中锻炼出来的，主要依靠工作中的职业活动过程来锻炼。所以高职学生要亲身实践，在一线中锻炼能力，学习直接经验。高职院校课程的开发要以企业的工作过程知识为基础，课程的目标也是培养高职学生的动手能力和工作需要的能力。高职学生在课程教学中或者在实验实训的教学模式中，模拟进入企业的生产过程或直接进入企业的生产过程，深入一线，亲身体验、学习和实践，这也是课程内容的构成，是学习过程和工作过程的无缝对接，体现了职业教育教学规律。在实验实训教学模式中，指导者、管理者，不再是单纯演示，而是在学校和企业中的学生、教师、企业家和专家之间的互动。教师为学生准备好教学场所，教师充当教学情境任务中职业知识和技能的指导者和授业者。学生是职业技能学习的主角，也是主体，他们经过教师的指导后，亲自动手操作，在活动过程中积累直接经验，解决问题，获得职业能力。实验实训教学可以分为两种，一是验证性的，通过实验实习来验证课堂里的专业理论，将理论与实际相结合，同时加深了学生对理论的积累和应用；二是设计性的实验教学，教学过程有一定的未知性，比验证性教学复杂，学生需要运用综合知识以及基本技能，通过合作来完成职业任务过程，最后在活动过程中提升职业能力。高等职业教育教学必然要求较多的实训操作，这些都是高职学生的实践活动，是高职学生在学习直接经验。在这些实践活动中，高职学生更加独立自主，创造力和反思能力被激发，有利于他们身心的健康发展，培养其自信心。所以在不同形式的活动中，高职学生可以锻炼不同能力，形成不同的职业素养等能力。在高职学生人文职业的素质的形成过程中，课程知识是间接经验，实训实习等是直接经验，有机将各种课程知识融合到实习实训等实践教学中，使得高职学生将间接经验与直接经验进行有效融合、沟通、转化，对高职学生新的职业能力形成发挥重大作用，意义深远。

（二）高职学生职业能力“四阶段”培养的启示

正确把握职业能力培养规律为引导当前高等职业教育走出认识上和实践上的误区提供了思路和方法。辩证唯物主义认为，规律是客观的，不以人的主观意志为转移的，是事物本身所固有的和永恒不变的；规律是事物发展过程中的本质性联系，也是事物发展的必然趋势，是具有普遍性联系的特点；规律是不能消灭、创造和改变的，人们只能认识和利用它来改造世界。人的认识首先是从感性认识到理性认识，再由理性认识指导实践，反复循环进行着。人们就是在循环认识中提示事物发展的客观规律，并应用到实践活动中改造世界。从总体上看，规律可分为自然规律和社会规律。职业能力的培养规律（objective law of teaching）是职业能力构成的客观存在性，具有与学生能力发展的必然性、稳定性、普遍性的联系，指导学校对学生进行能力培育的教学实践，具有指导性作用，也是制订职业能力培养目标的重要依据。高职院校的职业能力培养必然联系着一系列教学实践活动，培养阶段不同，培养要求就不同。对学生职业能力培养的教学安排的层次性，紧密联系着学校以外的社会行业发展变化，教学内部各因素、环节与社会岗位技能要求之间是相互联系的，各层次间又有交叉关联。各国学者对教学规律的认识、提法各异。如苏联巴班斯基用系统分析法，从两个层次上提示教学的规律性，认为一种属于教学同其内外条件的基本联系，诸如，“教学过程与教养过程，教育过程和发展过程存在着有规律的联系”“教学过程有规律地依次于学生的实际学习可能性”等；另一种属于教学过程成分之间的联系，诸如，“教的过程和学的过程在作为一个整体的教学过程中是有规律地联系在一起的”等。对教学规律的概括和表述也各异，如对教和学之间的相互依存关系，有的表述为“教学相长”，有的则表述为“教和学的辩证统一”等。目前，比较流行的是把职业能力教育的规律运用到学生的思想品德教育上，学生职业能力的形成也是职业技能培养的过程。

第五章

高职学生职业能力“四阶段”培养模式的构成

第一节 知识学训

一、知识学训概述

（一）知识学训相关概念的提出

1. 知识的概念

知识是指人类在实践中认识客观世界（包括人类自身）的成果。它可能包括事实、信息，描述或在教育和实践中获得的技能。它可能是关于理论的，也可能是关于实践的。按门类知识可分为自然科学知识、社会科学知识和思维科学知识。按形态知识可分为显性知识和隐性知识。显性知识类似事实知识、原理知识；隐性知识类似技能知识、人力知识等。知识的学习即知识的掌握，指学生在教师有目的、有计划、步骤的指导下，构建知识结构，主动接受教师所传授的理论、知识、经历及经验。学生学习知识的过程是一个认知的过程。

2. 训练的概念

“训练”与“教学”意义相近。训练的目的是有计划、有步骤地通过学习和指导使受训者获得一项行为方式或掌握某种技能，即把理念、知识变成一种能力。从学习内容上看，知识学习的对象是人们的认知经验，即人脑对客观事物属性与联系的反映；从学习的形式和过程上看，知识学习主要是在教师讲解下，理解、巩固和运用书本知识的过程；而训练学习主要是在教师示范下通过模仿练习掌握一些动作及其操作顺序的过程。

3. 知识学训的概念

知识学训即一边学习一边训练。用养成教育的原理对职业能力形成的过程进行分析，可以把职业能力养成的过程分解成“知识学训—仿真实训—跟岗实训—顶岗实训”四个阶段。其中，知识学训是指适应职业能力综合养成的要求，改变长期以来偏重课堂教学、偏重技能训练的做法，构建适应职业能力综合养成的课程体系、教学内容与教学方法的教学方式。

（二）知识学训在“四阶段”中的作用

高职学生职业能力“四阶段”培养体系，即把学生的学习分为“知识学训—仿真实训—跟岗实训—顶岗实训”四个阶段。第一阶段：构建适应职业能力综合养成的课程体系、教学内容与教学方法；第二阶段：构建仿真实训养成教学体系，力争实现实训案例的真实性、可操作性和能力兼容性；第三阶段：建立跟岗实训机制，让学生有体验参与企业工作任务的机会，使跟岗实训中学校指导教师与企业指导教师的协同配合；第四阶段：构建顶岗实训机制，把学生品德能力、方法能力、社会能力和职业规划能力的养成整合到顶岗实习中。实现对高职学生职业能力的有效培养和推广。

知识学训作为“四阶段”中的第一阶段，是高职学生掌握知识、增长经验、形成技能、发展创造力、使其职业能力养成的重要前提。知识的学习能给技能学习提供理论基础，从技能学习目的的确定到对技能学习内容的分析、操作，都是在有关知识的学习前提下进行的，学生对知识的理解和巩固又需要通过技能的训练来加深理解和巩固。

1. 知识教育是学校教育的基本

学校教育最基本的内容就是知识教育，学校的重要任务之一就是让学生学习和掌握知识。学生成长和更好地适应现代社会生活的前提，就是在学校有目的、有组织、有计划地教授中学习和积累宝贵的知识和丰富的经验。教学过程既是知识传播的途径，也是系统地进行知识学习、知识训练和知识管理的过程，这个过程涵盖了知识学训中对知识的获取、选择、应用、评价和发展等多方面。因此，知识学训体系被运用到高职学生职业能力养成培养体系的研究中。

2. 知识的学习和掌握是学生各种技能形成和能力发展的重要基础

心智技能作为通过学习而形成的合乎法则的活动方式，其掌握是以知识的学习为前提的，即心智技能包含有程序性知识的成分，心智技能的掌握需结合知识的学习才能有效实现。许多研究表明，知识掌握的水平越高，越有助于心智技能形成。

如果传统的职业教育模式不能培养受教育者实际工作所需的行动能力，我们就应当思考如何组织和管理现代职业教育才能使其构建有效的知识结构。我们可以根据对知识不同的处理方式将各种类型的学习形式结合起来，达到各种学习形式有效互补，充分挖掘学习潜能的目的。具体步骤如下：第一步，在现代职业教育的模式下进行显性理论与实践知识的传授，如技术型知识、工艺型知识、功能型知识等；第二步，根据各行业企业实际工作岗位要求，进行各类知识兼容的实践活动，如过程型知识、准则型知识、措施型知识等。这种实践活动的实施，需要各行业企业的参与并且涉及隐性知识的管理；第三步，通过各行业企业的生产经营实践活动建立行动知识与经验型知识，从而获得大量对实际工作有效的知识，这种学习形式主要涉及隐性知识的管理。

3. 知识的学习是创造性产生的必要前提

创造态度和创造能力是个体创造性的两个主要标志，通过知识的学习，个体体验着前人的创造成果，这对于创造态度的获得起到了积极作用。同时，缺乏知识的头脑是不可能有创造性的。脱离知识的学习空谈创造性的开发是不可能有什么结果的。现代社会需要人们既具备对已有经验的迁移能力又具备对已有经验的创新能力，因为在我们现在面临的许多要解决的新课题中，既没有参照物，又不能与我们已有的经验建立起直接的联系。经验型学习是培养创新能力最基本最优的学习途径，它是在真实的经历和具体的经验中学习如何在复杂多变的情况下解决实际问题的综合能力。

（三）知识学训与传统知识传授的比较

1. 传统知识传授在学生职业能力养成培养方面存在的不足

（1）传统知识传授“重传授，轻发展”，即重视对知识的单一传授，忽视了学生的整体发展。教师作为传统的知识传授者、知识的唯一拥有者，不太关注学生的兴趣和性格、情感和意志等方面培养，使学生在自己的控制和监督下进行学习，成为知识的被动接受者。

（2）传统知识传授“重规格，轻差异”，即重视人才培养规格统一，忽视了培养对象的个体差异。在没有学情分析、没有从学生实际出发的情况下，传统知识传授中千篇一律的备课方法，单一的上课模式，一成不变的考试标准，像复印机一样把千姿百态、风格各异的学生复制成规格统一、要求统一、模式统一的“知识产品”。这种长期求同型的教学和考评模式，不利于人才培养过程中的个体成长，很大程度上是在现代职业教育的课堂教学中出现教学质量低下等一系列问题的根源所在。

（3）传统知识传授“重教师，轻学生”，即强化教师的主导作用，弱化学生的主体地位。传统的教学是以教师为主体，这种本末倒置的教学观使“填鸭”式的课堂变得更加专制和单向。教师让学生遵守配合自己制订好的学习规矩和安排好教学的内容，学生长此以往地处于被动状态，逐渐丧失了对学习的兴趣和主动性，习惯于被动接受式地学习。在教学过程中，教师把自己放在主角的位置，过多的分析、说明、讲解使学生形成依赖的学习习惯，不利于学生潜能的开发、职业能力的培养和综合素质的提高。

（4）传统知识传授“重结果，轻过程”，即看重知识的结论、教学的结果，忽略了知识形成和运用的过程。这不但是传统知识传授中一个十分突出的问题，也是教学过程中一个十分明显的弊端。教师在传统的教授中教给学生各种知识、直接给出标准答案，这样便少了让学生自己主动去发现、寻找、解答问题和学习新知识的思维过程。

（5）传统知识传授“重单向，轻综合”，即注重单向的信息流动，忽视综合的信息交流。从信息理论上说，信息的传递是一个动态的过程，在课堂教学环境下，这个信息传递的动态过程是由教师和学生共同组成的。而在传统的知识传授中，大部分教师采用的课堂教学方法，仅有以下两种信息传递方式：第一种，以教师的讲授法为主的信息单向流动方式：教师讲，学生听；教师写，学生记；第二种，以教师座谈法为主的双向交流方式，教师提问，学生回答。

（6）传统知识传授“重接受，轻主动”，即看重学生接受知识效果的好与差，不看重学生积极主动地想与做。在传统的教学模式中，教师与学生之间的关系显然是不平等的，教师具有绝对的权威性，学生被动地学习。传统的教学理论让学生生搬硬套、机械练习，只注重学生接受与否，忽视了学生学习态度的积极性和主动性。因此，造成一些学生学习兴趣不浓、学习情绪不良，教师课堂教学气氛不活跃、教学效率和质量总体偏低。

2. 知识学训在学生职业能力养成培养方面的优势

（1）知识学训的教学核心是由“重知识传授”向“重学生发展”转变。在教学过程中，知识学训的过程体现了以学生为本。掌握知识、培养能力和陶冶情操等都是帮助学生在学习和训练的过程中形成良好个性和健全人格。因此，知识学训的过程既是学生学习知识的过程，也是学生身心发展、潜能开发的过程。这个过程将贯串学生学习生活的始终，使学生的个性得到自由和谐的发展，使学生包括智力在内的个性以及素质得到整体的提高和发展。

（2）知识学训的教学方式转变了传统的知识传授模式，将统一规格的教育转变为差异化教育。这种教学方式不再要求每个学生的每个方面都按照统一的标准、统一的规格平均发展，而是重视让学生全面发展。这种教学方式要求我们承认、发现、研究学生的差异性，从而找到因材施教的科学依据。

（3）知识学训的教学原则是使学生主动去学习知识，使其成为教学的主体。这要求教师改变学科的教育观，始终体现“学生是教学活动的主体”，着眼于学生的整体发展，注重激发学生的学习兴趣，并使之养成良好的学习习惯。知识学训的培养重点是学生的创新精神和实践能力，重视学科知识与实际工作的紧密联系，强调无论是理论教学还是实践教学的设计都应以学生为主体，让学生主动地学，给学生创造一个民主和谐的发展空间。

（4）知识学训的教学目标由“重结果”向“重过程”转变，即知识形成的规律、能力训练的过程是整个教学的重点。学生是通过认知—理解—概括—应用的思维过程和实操过程来发现真理、认识规律、掌握技能。在这个过程中，学生既掌握了知识，又发展了能力。重视过程的知识学训的教学要求教师在教学设计中揭示知识的形成及思维过程，使学生在学习过程中得到思维训练，能够把掌握的知识应用于实际工作中，既学习知识，又提高能力。

（5）知识学训的教学过程由“单向信息流动”向“综合信息交流”转变。知识学训教学过程中的信息交流方式简单概括为如下两种：第一种，双向交流法，即教师和学生之间互相提问问答，以讨论的方式为主；第二种，综合交流法，即教师和学生共同讨论、研究和训练，以先探究后研讨的方式为主。显而易见，信息量流通最佳的过程便是最优化的教学过程，它使学生的思维始终处于积极主动的状态，使教学过程变成开展和整合以学生为主体的活动的过程。在这个过程中，将学生的自我反馈、学生群体的信息交流、教师与学生的信息反馈整体地联系在一起，形成了一个多方位、多层次、多通道的信息纵横交错的立体信息交流网，加强了学生之间的横向交流和师生之间的纵向交流。不同认知结构、智力水平、思维方式的学生通过互相启发、互相帮助、合作学习实现全方位“互补”，达到相互促进、共同提高的目的。

（6）知识学训的教学强调学生是受教的对象，更是受教的主体。现代教学研究表明，一个学生真正合理有效的学习过程必须包括两个心理过程：第一个是感觉、思维、知识、智慧的过程，基中包含技能运用，这是一种认知过程，是智力活动；第二个是感受、情绪、意志、性格的过程，其中包含言语行为，这是一个情感过程，是非智力活动。知识学训的教学旨在通过引导学生主动探究、乐于参与、勤于动手，培养学生发现问题、收集信息、处理信息、获取知识、分析问题、解决问题以及交流合作等方面的综合素质和能力。

综上所述，在教学内容方面，传统的知识传授缺乏实际应用性，与现代企业用人的要求联系不紧密。在教学方法方面，传统知识传授重视知识的系统传授，过于教条、呆板，忽视了学生实践实操能力；在课程设置方面，没有对接职业岗位的专业实训课程，没有可供学生掌握实际操作技能的仿真和真实的工作环境。知识学训适应了职业能力综合养成的要求，改变了长期以来偏重课堂教学、偏重技能训练的做法，构建了适应职业能力综合养成的课程体系、教学内容与教学方法的教学方式，矫正了职业能力教学主线不突出的现象，解决了实践教学地位不突出的问题。

二、知识学训的实现

（一）知识学训的目标

1. 总目标

知识学训以适应职业能力综合养成的要求为目标，通过改变长期以来偏重课堂教学、偏重技能训练的做法，构建适应职业能力综合养成的课程体系、教学内容与教学方法的教学方式。从而引导学生动脑、动口、动手，启发学生发现问题、分析问题、解决问题，从而最大限度地挖掘和发挥学生自己的潜能，促使高职学生在以自主学习为主的学习环境中掌握知识、提高素质、增强技能。

2. 具体目标

（1）探索高职院校全面实施有效教学的一系列策略、途径与方法，形成一整套从教学管理到学生发展的切实可行的运行机制以及各种保障措施。

（2）着力提高课堂教学的有效性，促进全体师生树立有效教学的意识，使学校的整体教学质量得到明显的提高。

（3）总结学院实施有效教学的做法与经验，为有效教学的推广提出建设性的意见。

（二）知识学训的组织

1. 组织原则

（1）针对性原则。

知识学训的组织具有明确的培养目标，具有较强的针对性和目的性。针对如何构建符合经济发展要求的学生职业能力养成培养体系的总体方案，结合各自的专业特色、学生特点及学期特点制订出相关细化的培养规划，规划紧紧围绕提高“文化修养”和“综合技能”两大基点，使高职学生职业能力养成培养体系的实施更加规范化、制度化。

（2）科学性原则。

知识学训注重将知识的学习和训练科学地结合起来，以符合科学要求的内容、方法、组织形式进行教学。培养学生实事求是、尊重科学的态度，教会学生发现问题、分析问题的科学方法。

（3）实用性原则。

职业教育以培养学生的职业能力为目标。知识学训的组织打破传统的教学模式，按照培养目标的需要选择最有用的课程和课程内容，按最有实效的原则进行教学，以便让高职学生循序渐进地掌握最有用的知识和最必需的技能。知识学训的组织实用性原则在专业课教学方面的集中体现就是“新”“精”两个字。“新”即是知识要新，教学手段和方法要新，让学生在短时期内掌握最新的知识和技能，适应新行业、新技术对人才的要求；“精”即是打破旧的教学体系，精选最有实用价值的内容，精心组织，精心教授，让高职学生在最短的时间内掌握必需的知识和技能，以适应职业发展的需求。

（4）有效性原则。

①知识学训目标有效。这其中包含两方面内容。一是教学目标要正确，这就要求更新教学理念，深刻理解教材中每个章节的教学意图和目的；二是目标的设置要恰当，不仅对教材有一个整体的、正确的把握，还要对学生的现状也有准确把握，设置的目标不仅要难易适中，还要有切实可行的可操作性。

②知识学训策略有效。首先，要设计有效的教学环节。课堂每一个环节应有一个明确的具体的目标。因此，每一节课要注意围绕教学目标，抓住切入点，设计教学环节，使课堂重点突出，条理清晰；要精心设计合适的思维量、信息量、训练量，使课堂更有效。其次，教师应做到精讲，精讲要讲清，条理清晰、逻辑性强、表达准确；该放则放，学生能自学的可略讲或不讲，不能包办代替。要针对学生有疑问的或重点去讲，讲解透彻，切中要害。再次，问题的设置要追求高效。问题的设置往往反映出教师备课的深度、广度，提问要有一定的开放性、深刻性、层次性、启发性，必须有助于发展学生思维，让不同层次的学生都能投入思考。总之，要设计出能激发学生思维的问题，创造学生敢问，敢说，人人参与的轻松和谐的课堂气氛。

有效课堂离不开有效管理。有效管理要以“自主、合作、探究”为基础，设法既让学生有一定的时间去想、去做、去活动，又让学生想有方向、做有目的、动有收获。要让高职学生保持良好的学习状态，关注每一个高职学生，善于及时解决课堂上高职学生遇到的问题，使每个高职学生都有所收获。要有效评价和反馈，多采用鼓励性评价。

③知识学训手段有效。针对不同的内容，应选择最适合的教学手段，要恰当运用多媒体、实训等辅助手段，提高课堂教学的有效性。

2. 组织方式

（1）分组教学。

①概念：分组教学是一种重要的组织教学的方式，它是指在教师的指导下，学生以学习小组为单位展开组内合作，发挥集体优势，形成组间竞争，提高成员学习动能的学习模式，从而完成设定的教学任务和目标的学习方式。

②意义：分组教学有利于调动高职学生的学习积极性，增强高职学生的合作与竞争意识，培养学生团结互助的团队精神，促进全体学生的

整体发展。

（2）现场教学。

①概念：现场教学是指教师把学生带到事物发生发展的现场进行教学活动的形式。它可以以班级为单位，也可以以小组或个人为单位，通常需要有关现场人员的参加。

②意义：现场教学可以给高职学生提供直接经验，丰富他们的感性认识，加深对书本知识的理解，培养学生发现问题和解决问题的能力。

（3）情境教学。

①概念：情境教学是指在教师指导下，学生模拟某一岗位或扮演某一角色，在教师创设的教学情境中，进行技能训练和调动学生学校积极性的一种典型的互动教学法。

②意义：情境教学作为行动导向的教学方法，其典型特征是以接近现实的工作内容和范围为场景，使高职学生主动参与工作角色，有利于学生在角色演练中体会到岗位的地位、作用、处境和工作要领。

（三）知识学训的实施

1. 实施的措施与手段

（1）实施的措施。

第一，深入行业企业调研，进一步修订人才培养方案、完善教学大纲，用现代教学的思想和方法组织、构建课程内容与课程体系。在新课程体系中，将突出基础理论教学，建立完整的知识结构，对学生进行思维方法与研究方法训练，培养学生创造性地解决问题的能力。

第二，通过加强基础课程，从改革和增设创新型、应用型课程入手，逐步过渡到整个专业课程及内容体系的全方位改革；建立专业性与教育性有机结合的新模式；进一步加强教研型、应用型教师的培养，为教学改革奠定坚实的师资基础；在教学方法上以知识为媒介突出学生思维潜能的开发；大力倡导教学改革立项，将教学改革成果转化为教学内容。

第三，加强师资队伍建设，提高教师整体业务水平。建设一支结构合理、业务精良、敬业爱岗的教师队伍。加强对青年教师的培训和指导，培养一批中年教师的学科带头人，不断强化中青年教师的教学基本功，使其成为基础知识扎实，专业技能强的“双师型”教师。

第四，加强教学质量管理，向课堂教学要质量。积极改进教法、学法，改革课堂教学模式，使其成为高职学生主动参与，主动探究，主动思考，主动实践的场所。课堂教学要以高职学生为主体，把课堂上教师传授知识变为学生探求知识。在课堂教学中力争做到：解放学生头脑，使学生能充分想象；解放学生双眼，使学生尽情观察；解放学生双手，使学生能实际操作；解放学生嘴巴，使学生能充分讨论；解放学生双脚，使学生能下座位，寻找学习伙伴。

第五，充分提高现代化教学设施的利用率。大力推进教学手段现代化，抓好实训室的建设和教学管理，抓好教育信息化建设。大力推进教学手段信息化，进一步加强信息技术与学科教学的整合，提高现代化教学手段的利用率。

（2）实施的手段。

第一，理论与实践相结合。以创新性和实践性为指导思想，开设一系列实践性教学环节，通过课程设计，进行系统设计和综合训练，使高职学生将学到的知识进行综合、归纳，提高高职学生对系统知识的认识水平，培养学生的动手实操能力。采用新课程体系，建立以产业为导向，以职业能力、创新能力为核心的多元课程模式，全面进行职业能力素养教育。

第二，重点、难点的讲授方法。全部内容均通过课堂讲授及结合实例训练进行。对于难点，搞清难点关键所在，采取高职学生易于接受的表述方法深入浅出地讲透，对于具有共性的疑难问题，给予重点讲授。对于重点，要随着课程的进行多次反复，使高职学生加深理解并能熟练应用，同时以启发诱导为原则，着重引导学生掌握分析问题和解决问题的科学思维方法。对一些典型问题，让高职学生当场练习，发现问题及时指出，调动高职学生在课堂上的主动性和积极性。

第三，教师亲自主持和设计知识学训的教学。为有效地培养学生的创新能力和动手能力，应坚持理论教学与实践教学并重，由主讲教师亲自主持和设计知识学训的教学，开设综合性和创新性实训课程，促进高职学生参与科研活动。

第四，实训教材与理论教材配套。在教学手段方面，不仅有电子课件加以配合，还有与主教材配套的辅助资源，使高职学生在课程中遇到的重点和难点得以化解，对高职学生很有启发和帮助。

第五，创新教学方法，全程渗透职业核心能力培养。

- 采用仿真教学的模式，培养高职学生职业能力。利用学校已有的仿真实训中心，给高职学生创造一个真实的工作环境，让高职学生在教师的指导下进行实操训练，使高职学生提前进入工作角色，适应工作岗位要求。

• 采用项目教学的模式，培养综合素质能力。通过以任务驱动学习为主的实践过程，在一定的知识和理论指导下，使高职学生获得现实职业工作场所需要的实践能力。

对于有条件开展“教、学、做”一体化项目教学的课程，在教学过程中应采用“能力本位、任务驱动、项目引导、工学结合”的教学模式。将课程内容融入实际工作的工作任务中，形成一个项目下发给高职学生，高职学生自愿组成项目小组，制订小组的项目研究计划，确定分工和职责，共同开展项目研究，协同完成任务。在项目教学过程中，师生共同完成，以学生为主，教师只是参与指导。在项目完成过程中，高职学生理解和掌握课程要求的知识和技能，体验创新的艰辛与乐趣，提高信息处理能力、培养分析问题和解决问题的能力及团队精神和合作能力等。

2. 实施过程

在知识学训中处理好文化基础知识的学习、专业知识、职业技能训练的关系，课程的设置、分配、实施是关键。采用正确的课程实施策略促进学生职业能力养成培养全方面发展。文化课、专业课、技能训练的课程设置，体现学校到底重视哪一方面。要想处理好三者之间的关系，不偏重或缩减哪一方面，课程的设置、分配就要科学合理，还要兼顾专业课的特点，以及职业训练的强度。

（1）第一步：在课堂中融入职业核心能力培养。

除开设职业核心能力平台课程以外，还应开设必要的选修课程平台，拓展专业以外的人文知识和适应社会的必要知识，例如，创业与职业生涯设计、交际礼仪、文学鉴赏、艺术欣赏等课程，对高职学生进行全方位的文化熏陶，使其打好文化基础。并且在课堂教学及实践实训环节，严格管理，培养学生遵规守纪的良好习惯，通过习惯养成把职业规范内化为自身道德素养，进而转化为爱岗敬业的实际行动。

将文化基础知识教学内容渗透到专业课和技能训练课的教学中，以文化基础知识促进专业课和职业技能训练的学习提升。在传授职业技能训练的同时，专业课的教学应挖掘以各种形式存在的文化基础知识；而文化课的学习则要联系到专业课的技能训练中碰到的单词、术语、计算公式、写作等高职学生必须掌握的能力。三者相互联系，共同促进和提升，使课程效益整体最优化。这样的学习，不仅不空洞而且实用，学生也感兴趣，学习效果也比原来好。

（2）第二步：在课堂中推进职业核心能力训练。

职业核心能力培养的一个重要特性是活动导向，这与第二课堂活动的特性很契合。所以，核心能力的培养要实施课内教学和课外实践活动相结合的培养模式。要在注重第一课堂的同时，开展丰富多彩的第二课堂活动，并在其中融入职业核心能力的培养。通过创建校园文化、社团活动、青年志愿者活动、素质拓展和社会实践等渠道，可以把所学知识应用于实践；通过体验不同的社会角色，增加社会经验，锻炼高职学生对社会环境的适应能力和独立处理问题的能力，培养其自我管理能力、良好的沟通技巧和交流能力以及团队协作精神。

（3）第三步：在学科及技能竞赛中提升职业核心能力素养。

文化基础知识的学习除了必须掌握的基础知识外，还要重视能力。专业知识职业技能训练重在提高动手操作的实践能力、解决实际问题的能力，积累实战经验。二者能力结合将会共同提升学生的创新意识和创新能力。通过科技文化节、学科竞赛、职业技能竞赛、创新创业竞赛等活动，给高职学生提供一个更广阔的锻炼平台。

（4）“课程教学+技能训练”。

将高职学生职业能力培养分解成若干典型片段，然后组合为一个递进式的创新知识学训体系：课程案例教学为高职学生提供基础知识和初级经验系统，校内实训平台教学和仿真基地学习进一步提高高职学生的专业实操技能，校外实训基地和企业锻炼高职学生的专业岗位实践能力。

三、知识学训的考评

考核评价标准体系是衡量教学质量及学生专业能力的体系。一套先进、合理的考核评价标准体系，不仅能准确地反映学生真实水平，还是培养高职学生创新能力的保证，对准确衡量教学质量、利于教学质量的不断提高方面有着重要作用。以往，在教学中普遍存在着一次考试、一张考卷定成绩的现象；实践环节考核评价指标含混，评定有很大的随意性、主观性，不能客观反映学生的实践能力和水平。这不仅直接影响了高职学生的学习积极性，而且限制了教学水平的提高。因此，建立科学、合理的学生成绩考核评价标准体系，不仅对于保证教学质量、培养技能应用型人才有重要的意义，而且会不断促进教学乃至整个职业教育教学体系的不断充实与发展，从而充分发挥实践教学对学生综合素质培养的应有作用。

建立一个适应职业能力综合养成的课程体系的重点也是难点就是考核的办法，决不能采取“一张期末考试试卷”的传统考核方法，而要变传统的形成性评价为发展性评价，变传统的终结性评价为过程性评价，变模拟评价为真实评价，变内部评价为内外部结合评价，采用过程评价和结果评价相结合的方法进行考核。该课程体系考核的基本思路是以提升综合素质为目的，建立开放式、全程化的考核办法，将建立职业核心能力纳入到过程评价体系中，这不仅体现了对学生综合素质的要求，也能反映对学生专业知识或专业能力的掌握程度的关注。

(一) 知识学训的考评内容

要使考评真正成为促进高职学生发展、改进教学、提高质量的助推器。在考试内容方面，不仅要考属于知识记忆性的知识，更要考应用性的知识，考技术技能方面的知识，甚至可以到工作现场去收集一些与相关专业内容相关联的问题，将其与所学内容联系起来进行考核。

1. 知识考评

知识考评是对学生掌握的专业知识量、专业知识结构与专业知识水平的测量与评定，把认知目标分为六个层次，即知识、理解、应用、分析、综合、评价。

2. 技能考评

技能考评是对学生专业技术和能力的测评。一般包括一般能力测评、专业能力测评、学习能力测评、创造力测评。

3. 知识技能综合运用考评

知识技能综合运用考评是考查学生是否具有扎实的专业知识、熟练的专业技能，以及能否综合运用知识与技能解决工作中的问题。

为了突出职业资格标准的导向作用，体现学历教育与职业资格证书教育的紧密结合，我们要重视职业技能和综合职业能力考核，建立与专业培养目标、职业标准相匹配的职业技能考核制度，建立考核标准与考核大纲，从而使考试内容与职业技能鉴定标准相衔接。在建设课程的过程中，通过分析“职业标准”“岗位职责”的技能要求和相关知识要点，把课程分解为若干个教学任务。通过完成每一个教学任务具体的专业知识和职业能力培养目标，实现课程的整体综合培养目标。在课程教学中，以多媒体教学手段和项目教学为主，教学内容涵盖“职业标准”中相对应的专业知识要点；即逐步将学历教育规定的基础理论和专业知识，与职业资格考证的“应知、应会”内容融为一体，学生在完成学历教育计划的同时，获得职业能力的培训。

表 5–1–1、表 5–1–2 为职业资格考试标准与课程考评内容对应情况表格。

表 5–1–3 为职业技能鉴定规范的内容。编制此表的目的是通过对试卷样例的分析及职业技能鉴定规范的比对，来说明如何在考核评价方面实施双证融通。

（二）知识学训的考评方法

知识学训有如下考评方法。

（1）在教学过程中评价学生学习课程的学习态度、学习主动性和积极性以及学生的积极参与能力，评价项目为上课出勤情况、课程主动发言情况、完成任务是否积极主动等。

表 5–1–1　职业资格考试标准与课程考评内容对应情况的表格（一）

项目		内容	与课程对应的技能要求与知识点
职业资格考试标准	必备知识	1. 2. 3.	1. 2. 3.
	必备能力	1. 2. 3.	1. 2. 3.

表 5-1-2　职业资格考试标准与课程考评内容对应情况的表格（二）

<table>
<tr><th colspan="2">项目</th><th>内容</th><th>与课程对应的技能要求与知识点</th></tr>
<tr><td rowspan="2">职业资格考试标准</td><td>知识要求（应知）</td><td>1.
2.
3.</td><td>1.
2.
3.</td></tr>
<tr><td>操作要求（应会）</td><td>1.
2.
3.</td><td>1.
2.
3.</td></tr>
</table>

表 5-1-3　职业技能鉴定规范的内容

项目	鉴定范围	鉴定内容	权重（%）	要求（掌握/熟悉/了解）
基础知识 20%	1. 2. 3.	1. 2. 3.		
专业知识 60%	1. 2. 3.	1. 2. 3.		
相关知识 20%	1. 2. 3.	1. 2. 3.		

（2）能力形成过程评价：在教学过程中对各教学环节对应的任务进行评价，主要评价学生的学习态度、对教学主体内容的掌握与理解程度、对知识的灵活运用和分析能力以及学生的自主学习能力和信息收集与处理的能力，主要包括职业成长体验总结、项目作业、项目训练、期中考核等。

（3）综合素质评价：主要通过学生参与课程设计、综合实训等，评价学生在实践中运用所学知识、原理，解决实际问题的技能和创新能力。该评价可列入课堂教学的时间内，也可设置课程设计专用周进行。按照课程设计任务书和指导书安排，在指定的时间内完成规定的活动。

（4）最终评价：指期末考核，可以以闭卷、开卷、开闭卷结合的方式进行考核，试卷覆盖面、难易程度要符合课程目标。

（二）知识学训的考评手段

1. 考评标准表

（1）课程考评汇总表（见表 5-1-4）。

表 5-1-4 课程考评汇总表

<table>
<tr><th colspan="5">任务目标</th></tr>
<tr><th colspan="2">考评内容</th><th rowspan="2">考评方法</th><th rowspan="2">权重
%</th><th rowspan="2">分项考评
得分值</th></tr>
<tr><th>类别</th><th>专项</th></tr>
<tr><td rowspan="4">能力形成过程评价</td><td>学习态度</td><td>考勤等</td><td>5</td><td></td></tr>
<tr><td>职业成长体验</td><td>论文答辩</td><td>5</td><td></td></tr>
<tr><td>大作业</td><td>收集作业并批改</td><td>5</td><td></td></tr>
<tr><td>期中考评</td><td>开、闭卷试卷内容符合前述原则</td><td>5</td><td></td></tr>
<tr><td rowspan="3">综合素质</td><td>课堂训练</td><td>训练过程及训练报告</td><td>5</td><td></td></tr>
<tr><td>课程设计</td><td>课程设计成果及答辩</td><td>15</td><td></td></tr>
<tr><td>实训实操</td><td>实训实操考评</td><td>15</td><td></td></tr>
<tr><td>最终考评</td><td>期末考试</td><td>开卷、闭卷考评</td><td>45</td><td></td></tr>
<tr><td colspan="3">合计</td><td>100</td><td></td></tr>
<tr><td colspan="5">成绩评定</td></tr>
<tr><td colspan="5">教师签字</td></tr>
</table>

注：优秀（A）：100~85 分；良好（B）：86~75 分；合格（C）：76~60；不及格（D）：60 分以下。

（2）课程分项任务考核标准。

①职业成长体验活动（见表 5-1-5）。

表 5-1-5　学生职业成长体验活动评定表

任务目标			任务完成情况							
考评内容		分值	评定等级							
			学生自评				教师评价			
类别	专项		A	B	C	D	A	B	C	D
素质	学习态度	15								
	文字表达能力	15								
	语言表达能力和应变能力	15								
知识	知识点的掌握程度	20								
	信息搜集	15								
能力	知识的灵活运用能力	5								
	理论与实践结合能力	5								
	协调与协作能力	10								
合计		100								
权重		100%	30%				70%			

注：优秀（A）：100~85 分；良好（B）：86~75 分；合格（C）：76~60；不及格（D）：60 分以下。

②课程项目（见表 5-1-6）。

表 5-1-6　单一课程学习情况评定表

任务目标			任务完成报告							
考评内容		分值	评定等级							
			学生自评				教师评价			
类别	专项		A	B	C	D	A	B	C	D
素质	学习态度	15								
	项目报告完成情况	15								
	语言表达能力和应变能力	15								
知识	知识点的掌握程度	5								
	数据计算	20								
能力	动手操作能力	20								
	协调与协作能力	10								
合计		100								
权重		100%	30%				70%			

注：优秀（A）：100~85 分；良好（B）：86~75 分；合格（C）：76~60；不及格（D）：60 分以下。

③课程训练（见表 5-1-7）。

表 5-1-7 单一课程学习任务评定表

训练内容	考评内容	考评方法	得分	权重
任务一		以学生完成训练过程的质量给予成绩评定		10%
任务二		以学生完成训练结果的质量进行考评		20%
任务三		以提问和案例分析进行考核		25%
任务四		以学生案例分析结果进行考评		25%
任务五		以学生案例分析结果进行考评		20%
合计				100%

注：优秀（A）：100~85 分；良好（B）：86~75 分；合格（C）：76~60；不及格（D）：60 分以下。

④综合实训（见表 5-1-8）。

表 5-1-8 学生综合实训学习效果评定表

<table>
<tr><th colspan="2">任务目标</th><th colspan="10">任务要求及完成情况</th></tr>
<tr><th colspan="2" rowspan="2">考评内容</th><th rowspan="3">分值</th><th rowspan="3">考评标准</th><th colspan="8">评定等级</th></tr>
<tr><th colspan="4">学生自评</th><th colspan="4">教师评价</th></tr>
<tr><th>类</th><th>项</th><th>A</th><th>B</th><th>C</th><th>D</th><th>A</th><th>B</th><th>C</th><th>D</th></tr>
<tr><td rowspan="3">素质</td><td>学习态度</td><td>15</td><td>A. 学习认真，学习总结全面
B. 学习较认真，学习总结较全面
C. 学习一般，学习总结一般
D. 学习不认真，学习总结差</td><td></td><td></td><td></td><td></td><td></td><td></td><td></td><td></td></tr>
<tr><td>文字表达能力</td><td>15</td><td>A. 表达清楚
B. 表达较清楚
C. 表达一般
D. 表达不清楚</td><td></td><td></td><td></td><td></td><td></td><td></td><td></td><td></td></tr>
<tr><td>语言表达能力和应变能力</td><td>15</td><td>A. 应变能力强
B. 应变能力较强
C. 应变能力一般
D. 应变能力较差</td><td></td><td></td><td></td><td></td><td></td><td></td><td></td><td></td></tr>
</table>

续表

<table>
<tr><td colspan="2">任务目标</td><td colspan="10">任务要求及完成情况</td></tr>
<tr><td colspan="2" rowspan="2">考评内容</td><td rowspan="3">分值</td><td rowspan="3">考评标准</td><td colspan="8">评定等级</td></tr>
<tr><td colspan="4">学生自评</td><td colspan="4">教师评价</td></tr>
<tr><td>类</td><td>项</td><td>A</td><td>B</td><td>C</td><td>D</td><td>A</td><td>B</td><td>C</td><td>D</td></tr>
<tr><td rowspan="2">知识</td><td>知识点的掌握程度</td><td>20</td><td>A. 通过提问反映的知识点掌握熟练
B. 通过提问反映的知识点掌握较熟练
C. 通过提问反映的知识点掌握一般
D. 通过提问反映的知识点掌握较差</td><td></td><td></td><td></td><td></td><td></td><td></td><td></td><td></td></tr>
<tr><td>知识点的熟练与准确</td><td>10</td><td>A. 准确
B. 较准确
C. 一般
D. 不准确</td><td></td><td></td><td></td><td></td><td></td><td></td><td></td><td></td></tr>
<tr><td rowspan="3">能力</td><td>能力目标的掌握程度</td><td>10</td><td>A. 理解全面
B. 理解较全面
C. 理解一般
D. 理解较差</td><td></td><td></td><td></td><td></td><td></td><td></td><td></td><td></td></tr>
<tr><td>知识的灵活运用能力</td><td>5</td><td>A. 所学知识运用灵活
B. 所学知识运用较灵活
C. 所学知识运用一般
D. 所学知识运用较差</td><td></td><td></td><td></td><td></td><td></td><td></td><td></td><td></td></tr>
<tr><td>理论与实践结合的能力</td><td>10</td><td>A. 理论与实践结合紧密
B. 理论与实践结合较紧密
C. 理论与实践结合一般
D. 理论与实践结合不紧密</td><td></td><td></td><td></td><td></td><td></td><td></td><td></td><td></td></tr>
<tr><td colspan="2">合计</td><td colspan="2">100</td><td colspan="8"></td></tr>
<tr><td colspan="2">权重</td><td colspan="2">100%</td><td colspan="4">30%</td><td colspan="4">70%</td></tr>
<tr><td></td><td></td><td></td><td>成绩评定</td><td></td><td></td><td></td><td></td><td></td><td></td><td></td><td></td></tr>
<tr><td></td><td></td><td></td><td>教师签字</td><td></td><td></td><td></td><td></td><td></td><td></td><td></td><td></td></tr>
</table>

2. 评价标准说明

（1）每个分项工作任务完成后，由学生和教师共同进行一次考核，作为对子任务完成情况的考核。

（2）各分项工作任务应根据目标确定考核标准，从考核内容中组合而成，并将考核标准细化。

（3）课程结束后，教师应将各子任务考核结果进行汇总，作为该课程总考核成绩，并连同该手册上交教务管理部门存档。

第二节　仿真实训

一、仿真实训概述

（一）仿真实训的概念

所谓仿真实训，是指让学生在模拟实际工作场所的情境中进行演练。

仿真实训以培养技术应用型人才为主要目标，以职业岗位特色为主线设计实训内容，注重深化专业知识、提高专业职业技能、培养职业素质。仿真实训内容与就业的目标高度一致，将专业的理论知识与专业的实践经验相结合。在实训过程中，学生不仅可以掌握各个职业岗位通用的专业知识，强化职业岗位素质和专业技能，还可以提升社会适应能力。

（二）仿真实训在“四阶段”中的作用

仿真实训对学生提高岗位所需的基本素质和技能有如下作用。

首先，提升了学生的综合运用能力。通过模拟真实的业务工作环境设计仿真的实训项目内容，帮助学生对大学期间所学的专业课程知识进行整合，实现融会贯通并能灵活运用所学知识、技能处理面临的业务问题。

以国际经济与贸易专业的进出口业务综合实训为例，通过在项目实训实施过程中让学生分别扮演出口商、进口商、服务部门、管理部门的角色，完成不同部门岗位要求的实训任务，将学生所学的专业知识与各项目任务、岗位职业技能有效衔接起来，让学生在毕业实习前就对真实工作环境有一些了解。

其次，培养学生的良好的职业素质。通过分组、分角色安排相应的仿真实训项目，使学生明确自己所处岗位的工作内容，增强责任意识、团队协作意识，形成良好的职业素养。

再次，深化了专业教学团队的建设。仿真实训教学对专业教师的知识能力、专业技能、教学方式提出了更高的要求。专业教师要做到与时俱进，适时下企业进行锻炼，及时掌握行业新规则，专业新知识、新技能，将课本理论知识与实践工作经验有效结合，实现专业教师教学水平的稳步提升。

二、仿真实训的实现

（一）仿真实训的目标

专任教师对整个实训项目过程进行指导与监管，根据不同专业课程的知识要求、能力目标设置单项实训任务，按照不同专业的职业岗位要求设置专业综合实训内容，将学生划分到不同的岗位部门，安排不同的工作角色，指导学生完成各自的项目任务。实训学生能熟练运用专业知识解决实际问题，提升专业职业技能，形成良好的职业素养。

（二）仿真实训的组织

职业教育的目的在于培养技术应用型人才，有效服务于区域经济。因而，学生的职业能力与职业素养是高职专业人才培养的重中之重。文科类职业院校不能像工科类职业院校一样在校内设工厂满足学生进行实习实训。以国际商务类专业为例，专业的实践教学与真实的外贸业务工作流程存在脱节的现象。所以，组织一个在环境上还原真实的职业情境，在内容上设计一个基于外贸业务流程的实训平台，在管理上对接企业管理制度的仿真实训是必要的，也是可行的。

1. 组织原则

(1) 实训环境的仿真性原则。

以国际商务类专业为例，可以按不同的就业岗位建设专业实训室，例如建立进出口贸易公司、银行、保险公司、货运公司、海关、商检局、国税局等企业、单位的模拟办公室作为专业实训室等。各实训室从设计装潢到实训室文化都完全仿照真实的职业环境与文化，使学生在实训期间犹如置身真实的工作环境。

(2) 实训内容的真实性原则。

以从合作企业中获取的大量真实案例为参考设计校内实训内容。例如，国际经济与贸易专业的仿真实训以外贸业务案例为主体，以外贸业务流程为项目实训内容，实施外贸业务流程的单项实训与综合实训。

(3）实训角色的顶岗性原则。

学生在实训过程中，根据所分配的不同部门，扮演不同的角色，如进出口贸易公司的工作岗位是外贸单证员、跟单员、业务员，学生在实训过程中就以单证员、跟单员、业务员的岗位标准要求、规范自己。

(4）实训过程的互动性原则。

仿真实训注重团队协作，要想在规定的有限时间内完成实训内容，小组成员必须分工协作，共同努力。如此，既训练了学生的专业知识技能，又培养了学生的团队合作精神。

(5）实训评价的职业性原则。

仿真实训考核以过程考核与结果考核相结合。如果学生在实训过程中扮演外贸单证员的角色，那么，对学生的考核主要就是在实训期间的工作态度、职业素养、团队协作等能力，以及实训项目单据的准确性上，例如，是否做到了单单一致、单证相符等。

2. 组织方式

(1）仿真实训软件。

国际商务类专业校企合作共同开发了基于外贸业务流程的国际商务仿真互动实训平台为软件。实现了“仿真业务+真实情境”的实践教学。

在仿真情境下，以班级为单位对学生进行分组，学生根据真实的背景资料，自行设定交易信息、交易方式，扮演不同角色，分工协作，完成交易磋商、签订合同、租船订舱、办理保险、备货、发货、报关退税等工作任务。这种仿真实训既能够有效培养学生的职业能力，又能够促进学生职业素养养成，为其走向工作岗位打下坚实基础。

国际商务仿真互动实训平台设置三个端口：管理员端、教师端与学生端。在实训平台上，进口商、出口商、进口地银行、出口地银行、工厂、国税局、保险公司、海关、外汇管理局、货运公司等各自承担着不同的职能（见表5-2-1）。基于真实外贸业务流程，国际商务仿真互动实训平台设计了基于海运术语 FOB（free on board）、CFR（cost and freight）、CIF（cost，insurance and freight）的项目任务及与其相配套的信用证、托收、汇付的结算方式，同时提供具有知识性与操作性的在线帮助，向学生提供交易情境信息。

表 5-2-1 国际商务仿真互动实训平台功能

<table>
<tr><th>平台框架</th><th colspan="2">实训内容</th><th>适用专业</th></tr>
<tr><td>管理员端</td><td colspan="2">账号管理、个人信息、系统帮助</td><td>—</td></tr>
<tr><td rowspan="4">教师端</td><td>用户管理</td><td>班级管理、学生管理</td><td rowspan="4">—</td></tr>
<tr><td>系统设置</td><td>产品管理、汇率设置、运费参数、保险参数、其他费率</td></tr>
<tr><td>系统考核</td><td>得分统计、评分标准、实验报告、FAQ、公告信息</td></tr>
<tr><td>系统帮助</td><td>实习目标、系统介绍、角色操作简介</td></tr>
<tr><td rowspan="8">学生端</td><td>进口商</td><td>企业设置、业务操作（贸易平台、产品销售、财务管理、业务流程、客户管理、邮件管理）、系统帮助、个人信息、商务助理</td><td>国际贸易、商务英语、市场开发与营销、电子商务</td></tr>
<tr><td>出口商</td><td>企业设置、业务操作（贸易平台、产品销售、财务管理、业务流程、客户管理、邮件管理）、系统帮助、个人信息、商务助理</td><td>国际贸易、商务英语、市场开发与营销、电子商务</td></tr>
<tr><td>进口地银行</td><td>企业设置、转账管理、申请管理、开证、发证、改证、收单、审核单据、贷款信息、还贷信息、还贷记录</td><td>国际贸易、商务英语</td></tr>
<tr><td>出口地银行</td><td>企业设置、转账管理、贷款审核、还款记录、收证、通知、单据审核、寄单</td><td>国际贸易、商务英语</td></tr>
<tr><td>工厂</td><td>企业设置、合同管理、合同记录、查看市场、财务管理、组织生产、查看库存、发货、贷款、还贷、邮箱管理</td><td>国际贸易、商务英语、市场开发与营销、电子商务</td></tr>
<tr><td>国税局</td><td>商业发票、报关单、出口收汇核销单</td><td>国际贸易、商务英语</td></tr>
<tr><td>保险公司</td><td>保险理赔管理（外销合同、商业发票、装箱单、保险单）、进口地保险公司（外销合同、商业发票）、出口地保险公司（外销合同、商业发票）</td><td>国际贸易、商务英语</td></tr>
<tr><td>商检局</td><td>进口地商检局（外销合同、商业发票、装箱单）、出口地商检局（外销合同、商业发票、装箱单）</td><td>国际贸易、商务英语</td></tr>
</table>

续表

平台框架	实训内容		适用专业
学生端	海关	进口地海关（外销合同、商业发票、装箱单、出口销毁核销单、普惠制产地证、一般产地证）、出口地海关（外销合同、商业发票、装箱单、外销合同、商业发票、装箱单）	国际贸易、商务英语
	外汇管理局	商业发票、报关单	国际贸易、商务英语
	货运公司	订舱处理、装船出运	国际贸易、商务英语、物流管理

（2）仿真实训内容。

①指导学生进入角色。

教师指导学生进入仿真互动实训平台，学生进入平台后将进入类似图5-2-1所示的页面，这个页面上的建筑物分别代表了不同的部门，分别是出口商、进口商、工厂、运输公司、银行、保险公司、海关、商检局、国税局、外汇管理局和贸促会。学生按照事先安排的角色选择相应的建筑物图标进行点击，从而进入相应的部门。

图 5-2-1　仿真互动实训平台示意图

②业务流程整体介绍。

学生进入角色后需要熟悉外贸业务流程，整个实训过程是基于外贸业务流程展开的。

③分角色操作流程。

当学生扮演不同的角色后，各自所要完成的项目任务也会不同，具体如表5-2-2所示。

表5-2-2 各个工作角色工作内容

角色	工作内容
进口商	寻找客户，建立贸易关系 在网络上发布采购消息 询盘、还盘 签订合同 开证申请及信用证开立 修改信用证 办理保险 租船订舱（FOB方式下要求进口商负责租船订舱，CIF方式下可省略该步骤） 付款赎单 交单提货、到货通知 申请进口检验，取得检验证明 缴付关税（包括进口关税、增值税、消费税等） 进口清关 提货入仓 整理业务档案
出口商	注册公司信息 寻找客户资源 添加产品信息 到平台上寻找商机 调查交易对象 搜寻交易商品，了解市场行情 发盘，给对方报价 寻找货源以及计算采购价格、利润等指标 与进口商签订合同

续表

角色	工作内容
出口商	租船订舱 申请核销单及核销单备案 报关单据制作及报关 申请检验取得检验证明和 FORM A、FORM E、FORM P 议付单据制作（单据制作要符合信用证单据要求） 办理保险，取得保险单 装船出运，核对提单 发送装运通知 备齐相关单据向银行议付 出口结汇 外汇核销 办理出口退税 计算利润
工厂业务员	熟悉产品 熟悉公司背景资料 寻找客户 报价 签订内销合同 组织生产，交货 收货款，开发票 按利润的 17%缴纳增值税 利润核算
货运公司业务员	登录公司背景资料，熟悉行业资费 寻找客户 合理报价 发进仓单 代理报关 出提单 出装货单
保险公司业务员	接受投保单 对投保人的审核 对保险标的风险性质的审核 对责任范围的审核 对投保金额的审核 费率的审核 签保险单

在国际商务专业仿真实训中，进口商、出口商所在地均有银行、海关、商检局，学生根据自己的角色分别进入不同的银行办理不同的业务；根据出口商或进口商的需求，分别协助完成进口报关和出口报关工作；在商检部门实训的学生要协助进口商和出口商分别完成入境货物检验检疫和出境货物检验检疫。

（3）仿真实训师资。

坚持“内培、外引、稳定、提高”的原则，加大实训教师培养培训力度，提升现有教师的学历水平和素质，提高教师的业务水平和指导实习实训的能力。

（三）仿真实训的实施

1. 实施的措施与手段

（1）在仿真实训期间，专任教师通过对参与实训学生的观察和提问，完成实训项目考核，以及学生的实训报告。对仿真实训过程中存在的共性和特性问题，结合项目任务与学生共同交流、讨论并最后予以总结评价，激发学生学会学习、自主学习，学会如何工作的迁移能力。

（2）在实训过程及实训业务完成后，不同小组学生对完成的项目任务进行互相审核。通过这种实际操作，学生可以运用所学的理论知识解决实际问题，强化对专业知识的理解，在这个过程中受到多方面的锻炼，提高发现问题、解决问题的能力。通过互相审核，学生还能发现自己的不足和他人的优点，取长补短。

（3）根据实际情况要求学生上交实训报告，与教师详述在仿真实训过程的感受，遇到的问题及自己的应对方法及实训感悟。通过这种方式，加强教师与学生之间的交流和情感，为专业教师掌握学生的学习状态并及时对自己的教学方法、教学内容、教学过程中存在的问题进行反思和改进提供了依据。

2. 实施过程

（1）单项仿真实训。单项仿真实训是基于专业课程的仿真实训，是仿真实训中最基本的环节。主要是以某一门专业课程中的单项专业技能为基础组织的实训内容。实训地点不局限于实训室，可以在普通教室或计算机机房中完成。如在学习外贸单证课程时进行的“商务单证技能实训”就属于单项仿真实训。以外贸单证这门课程对学生的知识要求与能力要求，给学生设置模拟的或真实的业务案例背景资料，根据合同或信用证的要求缮制相关单证。单项仿真实训一般由专任教师在上理论课的同时穿插进行。

（2）单岗位仿真实训。单岗位仿真实训是学生在完成了各专业的专业基础、核心理论课程后，为培养学生专业所对应的职业岗位能力设计的阶段性的仿真实训。本阶段的仿真实训内容更加注重学生职业技能的训练，将某一门或某几门专业课程的知识技能和职业技能从彼此独立到相互融合，在专任教师指导下培养学生模拟实际职业岗位解决实际问题的能力。按照外贸业务员的职业岗位要求，可在学生学习了国际贸易实务、外贸单证、外贸函电、国际结算等专业核心课程，并进行了一系列的国际贸易单项仿真实训后进行。可采用角色扮演完成单岗位的仿真实训内容，实现学生毕业后能够尽快地胜任外贸业务员岗位的职业技能要求的仿真实训目标。

（3）综合业务仿真实训。在学生学完本专业的全部课程后进行综合业务仿真实训，计划安排在学生在校的第五学期进行。例如，国际经济与贸易专业的进出口业务综合实训，仿真实训内容基于外贸业务流程从交易前的准备—交易磋商—签订合同—履行合同—货款的收付—争议的预防和处理全过程。每一个环节的实训项目结束后，学生需要撰写综合报告，并以小组为单位进行实训成果汇报。

三、仿真实训的考评

（一）仿真实训的考评内容

仿真实训分为学生自评、小组成员互评以及教师考评等灵活多样的方式。首先，学生可以事先通过自评检验自己对本专业的专业知识、专业技能的掌握程度；其次，进行小组成员互评，互相检验小组成员在扮演不同的角色、完成不同的实训项目任务的过程中，小组成员对项目任务的分解能力、团结协作能力等；再次，进行教师考评。

教师考评则主要从以下几个方面测评学生训练效果：项目实训材料（单据制作的准确性、完整性、合理性）；财务状况（盈利还是亏损）；库存状况（存货的多少和资金被占压的情况）；供求信息（对外宣传和社会性信息的公布）；邮件管理（对外的联络手段）；综合业务能力（新客户获取途径、交易商品的种类、采用的贸易术语、保险险别、运输方式、结算方式、交易对象的变换情况等）。教师根据训练项目设定各个部分的参数，来实施对学生的评价。

（二）仿真实训的考评方法

仿真实训过程中要始终坚持以学生为主，教师为辅的原则，教师的工作任务主要是在实训前期，例如，设计实训项目内容，提供背景资料及必要学习资源，对学生在实训过程中遇到的困难进行指导等。教师以实训过程与实训报告为依据采用多方式多方位相结合的方法对学生进行考核，既包括实训过程中的过程考核也包括实训结束后的结果考核。不仅要考核学生在实训过程中的出勤、工作态度、完成情况，还要考核学生发现问题、分析问题、解决问题的技能。这种多元化考核方法有利于调动学生在仿真实训过程中的积极性、主动性，通过独立思考后认真完成每一个实训的项目任务，达到良好的仿真实训效果。

在仿真实训的考核中，过程考核占总成绩的 40%，包括自评、小组内成员互评以及教师评价。组内成员互相评价包括纪律、参与情况、组内成员协调情况、工作态度、业务能力等；教师评价采用绩效考核，在学生自评基础上，由教师评价。自评检测自己的知识、技能的掌握程度互评检测彼此对工作任务的分解能力、成员间的团结协作能力等，教师评价实训结果的准确性。结果考核占总成绩的 60%，包括以小组为单位提交的本次实训的全部资料、小组实训总结、成果汇报幻灯片。

第三节　跟岗实训

一、跟岗实训的概述

（一）跟岗实训的概念

跟岗实训是指学生完成大部分核心能力专业课程后在第四或第五学期末及暑期赴企业中对该专业的部分典型工作岗位跟随企业业务骨干认知岗位、体验业务环节的训练阶段。

(二) 跟岗实训在“四阶段”中的作用

跟岗实训一般是在学生掌握了大部分的核心专业技能之后，在学校学习和企业实训之间进行的一种穿插训练过程。在“四阶段”的能力养成过程中其地位和作用主要体现在以下几个方面。

(1) 将知识学训中的理论从书本延伸至真实的工作情境中形成初步的感性认识。

(2) 将原本在校内实训基地进行的课程仿真实训移至校外综合实习实训基地，专业能力养成从“仿真”向“真实”过渡。

(3) 为第六学期进行的顶岗实习进行前期准备，将专业技能从掌握到独立上手操作有效衔接起来。

二、跟岗实训的实现

(一) 跟岗实训的目标

跟岗实训在以往的职业能力培养体系中较少提到，因为它介于校内实训与跟岗实训之间，其训练时段与目标都不太清晰，而在“四阶段”能力养成体系中首次明确了跟岗实训的目标为：转换知识学训、巩固仿真实训、衔接顶岗实习。

(二) 跟岗实训的组织

1. 组织原则

(1) 阶段性原则。

跟岗实训一般安排在学生的能力提升阶段进行，有了前一阶段的知识巩固，且为下一阶段的业务操作打下基础。

(2) 强制性原则。

该阶段的实训内容作为每个学生的必修学分穿插在学期末或暑期进行，以此来强化实训效果。

(3) “一对一”或“多对一”原则。

以“师傅带徒弟”的形式进行，按照岗位分工，一名学生或一个业务小组跟一位业务骨干认知岗位、体验业务。

2. 组织方式

组织方式可概括为“校企合作、系部统筹；穿插进行、跟学引领”。以湖南外贸职业学院国际商务学院国际经济与贸易专业为例，第一步，由湖南外资职业学院牵头与商会或大中型外贸或工贸企业签订跟岗/顶岗协议；第二步，由国际商务学院与企业具体接洽确定能接收学生的岗位数、明确跟岗期间学生的工作要求及食宿安排；第三步，带队教师在第四或第五学期专业课程结束时给学生进行跟岗前培训；第四步，组织学生赴各企业开始跟岗实训并全程跟进；第五步，跟岗结束后由国际商务学院联系合作企业共同进行跟岗过程考核鉴定及汇报。

（三）跟岗实训的实施

1. 实施的措施与手段

跟岗实训要以适应顶岗实习及培养核心职业能力为目标，其内容要紧密结合学生将来的主要就业岗位或岗位群。

具体的跟岗实训措施主要包含以下几个步骤。

第一步：师傅引领，熟悉岗位责任：学习企业内部的各种相关规章制度，了解跟岗岗位工作职责及相关工作内容，认知岗位间特别是进出口业务岗位之间相互配合的重要性及综合、协调作用。

第二步：生产部员工引领，参观出口商品生产：熟悉商品的基本生产知识和工艺流程、了解该类产品的国际标准、国内标准。

第三步：师傅引领，熟悉办公设备及专业软件操作：了解主要办公设备的基本运用，如传真机、打印复印一体机的使用和外贸制单软件的应用等，学习具体的操作方法，具有适应岗位要求的基本工作能力。

第四步：师傅引领，介绍某类产品的业务磋商、单证、跟单、货运代理等具体业务进展，学生边看边学，及时做好工作笔记。

第五步：师徒进行业务环节的模拟对战，一般以 5 个工作日为一个周期进行，并完成对战总结。

关于跟岗实训措施的说明：学生应严格按照专业分工和师傅的工作要求结合所在单位实际实训岗位情况进行实训。一方面可结合具体岗位选择其中的部分任务进行实训；另一方面可利用实训业余时间向师傅或指导老师请教，通过网上查找资料、与同学交流等途径加深对专业知识的理解和应用，真正达到跟岗实训的目的，实现“跟岗+顶岗”零距离对接。

2. 实施过程

跟岗实训与仿真实训、顶岗实训的最大区别在于：仿真实训一般是以一门专业课程为单位在理论知识学习结束后进行、顶岗实训大多集中在第六学期进行，基本脱离校园教学环境；而按照高职学生职业能力养成进阶体系，跟岗实训一般是在第四、第五学期的专业课程结束后穿插进行，跟岗时间视师傅要求和岗位需求决定。

以下为跟岗实训实施过程举例。深圳某大型工贸一体建材企业与湖南外贸职业学院国际贸易、商务英语、电子商务等专业签订了校企合作协议后，这些专业的学生跟岗实训将按如下过程实施。

第一阶段：由各业务主管对所有跟岗学生进行“业务人员认知五大项目培训”

（注：Julia 师傅为石材部业务主管；Katherine 师傅为卫浴部业务主管；Jessie 师傅为跟单部业务主管；Andy 师傅为客服部主管）

项目 1：职业道德操守

Julia 师傅——严守职业道德，不泄露公司机密，不做任何损害公司利益的事情。

Katherine 师傅——较高的职业道德操守，不会为谋私利故意透露和带走公司的客户信息、供应商信息等商业机密。

项目 2：职业素养

Jessie 师傅——热情但不失职业化、专业化，让客人容易接纳自己，对自己产生信任。

Katherine 师傅——注重礼貌和仪表，是值得顾客信赖的可靠的人，并不过分夸夸其谈也不会不切实际地夸大自己产品/公司。

项目 3：自我认知

Julia 师傅——具备积极进取但又踏实、不急躁、不焦虑的心态，当业务出现瓶颈时，能自觉地总结经验教训和虚心地向别人学习。

Jessie 师傅——对自身的发展方向和自身所具备的能力有清晰的认识，不好高骛远。

Rita 师傅——不满足于现状，在做好业务助理本职工作的同时，能有意识地培养自己开发业务的能力；对业绩有着执着的追求，对业务开发有着饱满的热情。

项目 4：工作态度

Julia 师傅——制作订单、单据的准确性要高。工作态度严谨、细心、认真、负责，具有良好的英语沟通能力。

Katherine 师傅——严谨认真，注意细节。

Jessie 师傅——具备坚韧不拔、勤奋、好学、虚怀若谷的品质。

Katherine 师傅——具备坚韧、坚强的品质。能够承担开发客户过程中遇到的困难和压力，有着“不达目的，誓不罢休”的劲头。

项目 5：身体素质

Julia 师傅——具备良好的身体素质以应对业务员比较特殊的工作时间和方式。

Katherine 师傅——爱岗敬业，能够时刻准备放弃自己的休息时间接待和帮助有需求客户。

第二阶段：分岗位跟岗四大项目培训

项目 1：外贸业务助理培养

Julia 师傅——熟练公司操作流程和操作制度，对包括财务、生产、船务等部门的制度有一定了解；不盲目跟单；熟悉进出口业务操作流程和相关领域的业务知识及国际惯例；能独立操作信用证业务；具有熟练的外贸业务知识，熟练操作信用证等付款方式，清楚所负责区域的市场基本需求。

项目 2：外贸跟单助理培养

Jessie 师傅——熟知跟单流程，能独立完成跟单任务，具备处理异常情况和突发事件的能力；能熟知采购，财务以及船务的基本流程；对自己负责跟踪的区域的市场需求、产品质量要求、单据要求都非常清楚。

项目 3：国际营销代表助理培养

Katherine 师傅——熟悉本部门产品、价格和包装信息，了解与各供应商的合作状态；具备较强的专业知识，能独立向客人全面介绍产品；能结合市场需求适时推广各种不同有价值的产品；熟悉其他部门及整个行业领域的产品，使自己具备较强的专业知识，为客户更好地推行“一站式”服务；对产品以及供应商基本情况熟悉度高；熟知公司产品以及不同供应商的基本情况；了解竞争对手一些基本情况（产品，价格，市场）；可以敏锐、及时地发现国内供应商的变化以及产品结构的调整，从而及时调整主推、次推产品和市场定位。

项目 4：客户管理服务助理培养

Andy 师傅——必须有高度的服务心，能热情地服务于每个客户，做好售前、售中及售后的服务；必须有非凡的亲和力，能否很快跟客户建立友好关系并取得客户的信任；保持与老客户的密切联系和沟通，了解客户的订单习惯及脾气性格等，确保现有客户资源和业务量的稳定性；有较强的服务意识，及时跟进和向客户报告订单进程和遇到的一些困难，提醒客户货物到港日期、留意跟柜样品；在维护公司利益和遵守公司制度的前提下，尽可能地为客户着想，做到为客户排忧解难，使客户对公司及自己的服务满意。

三、跟岗实训的考评

跟岗实训的考评是以项目为单位进行的综合过程考核，每个项目都有具体的考评标准及得分点。实训考评以带岗师傅为主，实训指导教师给出综合评价。以上述跟岗项目为例进行具体说明。

（一）跟岗考评标准

表 5-3-1　第一阶段项目考核标准

部门 项目名称	师傅要求			
	石材部 Julia	卫浴部 Katherine	跟单部 Jessie	客服部 Andy
项目 1 职业道德操守	1. 遵守外贸行业职业道德 2. 保守公司商业机密	1. 不谋私利 2. 不故意透露和带走公司客户及供应商信息等商业机密	1. 保守产品生产及工艺流程机密	1. 严肃对待、严谨保管客户资料及信息
项目 2 职业素养	1. 注重礼貌和仪表 2. 不夸夸其谈、不夸大自己的产品和公司	1. 有责任心 2. 有风险控制和成本控制意识	1. 热情、亲和力强，有自信心 2. 职业化、专业化	1. 永远面带微笑接待客户 2. 认真记录并及时处理客户诉求

续表

项目名称＼部门	师傅要求			
	石材部 Julia	卫浴部 Katherine	跟单部 Jessie	客服部 Andy
项目3 自身认识	1. 积极进取但又踏实、不急躁、不焦虑 2. 追求订单坚持不抛弃，不放弃 3. 业务出现瓶颈时，及时请教师傅或同行	1. 认识产品更要认清自己 2. 有详细的阶段自我评价	1. 做好客观的自我评价 2. 不好高骛远	1. 处理好分内事情，不与其他岗位职责产生交叉 2. 遇到棘手问题及时请教师傅
项目4 工作态度	1. 准确制作订单及全套单据 2. 严谨、细心、认真、负责的工作态度	1. 严谨、认真，注意细节 2. 懂得轻重缓急，避免因小失大	1. 有强烈的质量意识 2. 有强烈的时间意识、进度意识	1. 态度认真，例如，做到文件及时存档、客户资料定期整理、邮件及时回复等
项目5 身体素质	1. 身体素质良好	1. 能够时刻准备放弃自己的休息时间，接待和帮助有需求顾客	1. 体魄强健、能适应同时处理多笔订单跟进 2. 吃苦耐劳	1. 保持良好的形象和仪态 2. 语言沟通力良好

表 5-3-2 第二阶段项目考核标准

项目名称	岗位考核要求
项目1 外贸业务助理（石材部 Julia）	基本熟练公司操作流程和操作制度，包括财务、生产、船务部门的一些制度，熟悉进出口业务操作流程和相关领域的业务知识及国际惯例
	切忌盲目跟单，给其他部门同事工作造成麻烦
	能协助师傅一道操作信用证业务；具有较为熟练的外贸业务知识
	了解所负责区域的市场基本需求
项目2 外贸跟单助理（跟单部 Jessie）	基本熟悉跟单流程，能协助师傅完成跟单任务
	模仿并记录师傅处理的异常事件以及临时突发事件的做法
	基本熟悉采购，财务以及船务的基本流程
	清楚自己跟踪市场的市场需求、产品质量要求和单据要求

续表

项目名称	岗位考核要求
项目3　国际营销代表助理（卫浴部 Katherine）	熟悉部门产品及价格和包装信息，基本了解与各供应商的合作状态
	具备较强的专业知识，模仿师傅向客人全面介绍产品，并结合市场需求适时推广各种不同有价值的产品
	大致了解除本部门外的其他部门及整个行业领域的产品，使自己具备较强的专业知识，为客户更好地推行“一站式”服务
	基本熟悉负责产品以及供应商基本情况；熟知公司产品以及不同供应商的基本情况，协助师傅及时调整主推、次推产品和市场定位
	初步具备一定的国际市场开拓能力、了解竞争对手一些基本情况（产品，价格，市场）
	具备英语或小语种综合运用能力和一定的国际商务谈判能力
项目4　客服助理（客服部 Andy）	具有高度的热诚和服务心，跟师傅一道为每个客户并做好售前、售中及售后的服务，即使出现严重投诉，也能热情地解决客户诉求；
	具有非凡的亲和力，良好的形象仪态和气质，能很快跟客户建立友好关系并取得信任
	有较强的服务意识，及时跟进，并同时向师傅和客人报告订单进程和遇到的一些困难，跟进提醒客户货物到港日期和跟柜样品提醒，使客户对公司及自己的服务满意

（二）跟岗实训的考评方法

本阶段考评采取“生、企、校”三方考评体系，即跟岗学生阶段自评、带岗师傅全程点评和带队教师综合评价相结合的方式，其中学生阶段自评占跟岗总成绩的20%、师傅全程点评占跟岗总成绩的70%、教师综合评价占跟岗总成绩的10%。下面以第二阶段卫浴部国际营销代表助理项目的考核为例进行说明。

表 5-3-3　跟岗实训考核表

考核内容 / 考核主体	产品信息	专业知识	行业了解度	产品、市场整合推广	市场开拓	语言及谈判能力
跟岗学生张某	产品材质、工艺非常熟悉且有产品笔记（15分） 比较熟悉，无产品笔记（10分） 不熟悉（5分）	跟岗岗位职责明确、岗位核心技能熟练（30分） 岗位职责较明确且一般掌握技能（20分） 岗位职责模糊且技能生疏（10分）	行业及供应商情况非常熟悉且有笔记（15分） 比较熟悉（10分） 不太熟悉（5分）	产品、市场推广策略合理且有策划方案（15分） 推广合理但方案简单（10分） 无方案（5分）	独立开发新客户或市场（10分） 合作开发（5分） 未开发（0分）	外语综合运用能力强且开展国际商务谈判（15分） 外语一般近限于书写（10分） 外语较差不能谈判（5分）
带岗师傅Katherine	产品熟悉且单元考核优秀（15分） 产品较熟悉且单元考核合格（10分） 产品生疏且单元考核不合格（5分）	岗位职责明确，软件及设备操作熟练、业务知识扎实，与师傅模拟对战优秀（30分） 职责较明确、操作较熟练、业务较扎实、对战合格（20分） 职责模糊且技能生疏（10分）	行业及供应商情况熟悉且定期更新汇报（15分） 较熟悉情况、有汇报（10分） 不熟悉、基本无汇报（5分）	整合产品市场、多角度“一站式”推广（15分） 分类推广（10分） 仅做辅助推广（5分）	独立开发新客户或市场（10分） 合作开发（5分） 辅助开发（2分）	外语综合运用能力强且开展国际商务谈判（15分） 外语一般近限于书写（10分） 外语较差不能谈判（5分）

续表

考核内容 考核主体	产品信息	专业知识	行业了解度	产品、市场整合推广	市场开拓	语言及谈判能力
带队人 吴老师	出勤良好、跟岗笔记完整、汇报优秀（15分） 出勤合格、有笔记且汇报合格（10分） 请假迟到较多且无笔记（2分）	出勤良好、跟岗笔记完整、汇报优秀（15分） 出勤合格、有笔记且汇报合格（10分） 请假迟到较多且无笔记（2分）	出勤良好、跟岗笔记完整、汇报优秀（15分） 出勤合格、有笔记且汇报合格（10分） 请假迟到较多且无笔记（2分）	出勤良好、跟岗笔记完整、汇报优秀（15分） 出勤合格、有笔记且汇报合格（10分） 请假迟到较多且无笔记（2分）	出勤良好、跟岗笔记完整、汇报优秀（15分） 出勤合格、有笔记且汇报合格（10分） 请假迟到较多且无笔记（2分）	出勤良好、跟岗笔记完整、汇报优秀（15分） 出勤合格、有笔记且汇报合格（10分） 请假迟到较多且无笔记（2分）

说明：以三类考核主体为单位，每个考核主体总分为100分。其中，第一档为优秀，第二档为合格，第三档为不合格。

考核结束后将三类主体按跟岗实训分配比例折合计入最后跟岗总成绩。总成绩为优秀者可优先选择顶岗实训岗位。

第四节　顶岗实训

一、顶岗实训概述

（一）顶岗实训的概念

顶岗实训是指学生在完成基本的校内教学实训和专业基础课之后，在专业对口的工作场所参与真实的工作，用正确的劳动态度，合理运用专业知识和专业技能来完成工作任务、熟悉工作场所的管理制度和文化的一种实践性教学模式。

（二）顶岗实训在“四阶段”中的作用

1. 可以转变学生的就业观念

通过顶岗实训，学生从大学校园学习、生活的状态切换到现实的工作的状态。高等职业教育主要培养的是符合社会需求的技能型、应用型人才。学生要想适应社会的需求，首先就应该在思想观念上适应社会岗位，了解社会岗位对高职毕业生的要求和标准，特别是职业素养方面的要求。

2. 可以增强学生的岗位意识

作为一名高职院校的毕业生，毕业后大多是从事一线工作，特别是一些生产性、质量性、采购性、营销性的岗位，要从基层一步一步做起来。由于每一个岗位都有特定的作用和性质，要干一行、爱一行、专一行。学生要想增强岗位责任感，就必须脚踏实地地工作，兢兢业业地完成自己的岗位任务，长期下来才能磨炼和增强自我的岗位责任感。

3. 可以增加学生在正式工作前的社会经验

顶岗实训不仅仅是一种进入社会前的锻炼，更重要的是通过顶岗实训达到增强学生个人工作能力、与人沟通能力和迅速适应岗位的能力和明白做人做事的道理的目的。如果能在踏入社会前的顶岗实训中拿到“实习合格证”，对高职毕业生今后踏入社会走向岗位无疑是有百利而无一害的。

二、顶岗实训的实现

（一）顶岗实训的目标

（1）培养学生吃苦耐劳的精神，锻炼学生正确对待人生和工作能够承受挫折的心理素质，养成良好的职业道德品质。

（2）增强学生对社会和工作岗位的了解，丰富学生上岗前的社会经验，提高学生的各方面素质。

（3）通过与社会、单位及个人的交流，改变学生消极的就业观念，培养学生自主创业的意识及精神。

（4）培养学生运用综合知识解决实际困难的能力及实事求是、严肃认真的态度。

（5）强化学生的动手操作能力，提高学生的综合技能，以实现毕业即就业的目标。

（6）加强学校教师与企业的沟通和联系，教师能及时了解企业对人才的要求和标准，为进一步修改、完善人才培养方案积累资料。

（二）顶岗实训的组织

1. 组织原则

（1）专业对口或专业相近原则：学生顶岗实训的岗位应该与学生所学专业对口或者接近。

（2）尊重企业用人原则：在专业对口前提下，充分考虑企业用人需求及择人标准就业式顶岗实习。

（3）统一组织原则：学生实习是有组织的实习，任何学生实习均由学生所在系部统一登记、统一安排、统一管理。

2. 组织方式

顶岗实训尽可能在相对集中的实习、实训基地完成，也鼓励学生及家长自行联系实训单位，采取学生自己联系实训单位和学校统一安排相结合的方式。参加顶岗实训的学生，实训前均须由实训单位和学校、学生监护人和学校或者实训单位、学校、学生监护人三方签订《学生顶岗实训协议》，明确各自的权利和义务。

（三）顶岗实训的实施

1. 实施的措施与手段

（1）各专业系部密切加强与行业协会的合作，充分发挥行业协会的作用，由行业协会牵头组织与落实顶岗实训单位，并参与顶岗实训方案的制订与实施。

（2）顶岗实训课程化。将顶岗实习纳入教学计划中，对顶岗实训的时间、内容等做出系统安排，并有具体的要求和措施。

（3）以就业为导向，并与毕业综合实践紧密结合，做到顶岗实训、毕业综合实践、就业三者有机结合。在顶岗实训期间，学生既要完成顶岗实训规定的工作任务，又要结合实训岗位的实际情况来完成毕业设计的任务；指导教师既要指导顶岗实习，又要指导学生的毕业综合实践；为学生开辟就业渠道，如顶岗实习单位成为学生的就业单位则是双方都满意的结果。

2. 实施过程

（1）顶岗实训安排。学生在校的第五学期由教研室主任完成本专业的下学期的学生顶岗实训安排。

（2）落实实训单位。以系部为单位，组成顶刚实习单位联系小组，小组成员根据实习安排落实实训岗位。首先，将校外实习基地情况按区域分类汇总形成校外实训基地联系清单，收集与专业相关联企业情况并拟好联系实训企业清单。其次，拟订到企业联系路线计划，到企业逐一落实学生实习岗位，明确顶岗实习的形式、人数、时间、住宿条件、实习补贴以及企业指导教师，填好企业联系信息卡。最后由各专业系部汇总岗位数据，向学生公示相关信息。

（3）完成顶岗实训前学生思想教育及业务培训工作。首先，由专业系部领导、研究室主任、学生辅导员、班主任分班做好学生顶岗实训思想教育工作，使学生认识到顶岗实训是学习过程，明确顶岗实训的任务。其次，由校内顶岗实训指导教师对学生顶岗实训的学习方法进行培训，并指导学生结合实训岗位开展实习工作，明确学生的具体任务以及顶岗实训流程。

（4）安排学生的顶岗实训的岗位和指导教师。针对企业需要和顶岗实训要求，合理安排学生的实训岗位，并明确校内指导教师。同时，指导教师根据工作职责、工作任务及工作流程对学生就岗位实训报告撰写、实训须知等开展校内岗前培训。

（5）组织学生到岗实训。

（6）以专业系部为单位，建立好联系渠道，公布指导教师及学生的联系方式（电话、电子邮件、微信），及时发布学院、企业相关信息，确保企业、学校、学生三方沟通畅通。

（7）顶岗实训期间，指导教师采取多种形式开展对学生实训指导。一是定期到岗指导学生实训，教师到岗均须有详细指导情况记载，二是通过电子邮件、微信等现代通信手段指导实训，教师须保存与学生来往电子邮件、微信留言记录等信息，可作为考核教师指导工作质量的重要依据。

（8）学生顶岗实训返校后，由系部收集学生顶岗实训手册、实训过程记录、实训企业评价意见、学生毕业设计等资料，并组织学校教师对学生实习资料进行评阅，从多方面综合评定学生的顶岗实习。

三、顶岗实训的考评

（一）顶岗实训的考评内容

学生顶岗实训成绩由校企共同考核，重点考核的内容包括职业工作态度、技术水平与职业素养、工作能力等。学生实习完成后由实训单位和学校指导教师共同填写顶岗实训评价表（见表5-4-1），由实训单位填好顶岗实训过程鉴定表（见表5-4-2），经实训单位指导教师评议确认后加盖实训单位公章。此外学生还要提交顶岗实训报告，由指导教师填写顶岗实训报告评价表（见表5-4-3）。指导教师对顶岗实训报告的评价可参照表5-4-4所示的标准。校内指导教师对学生的实训任务的完成情况要进行全面考核，从规范性、完整性、真实性、成果与体会等方面综合评定成绩。

表5-4-1　顶岗实训评价表

一级指标	二级指标	分值	得分	
			校外指导教师评价	校内指导教师评价
职业工作态度（10分）	劳动纪律：顶岗实习期间出勤率为100%，无迟到、早退、旷工、病事假	3		
	吃苦耐劳：工作不怕苦不怕累，无偿安排加班没有怨言	2		
	工作作风：工作中积极主动，作风严谨，完成任务及时	3		
	从业稳定性：自始至终只在一个实习单位进行顶岗实习，并主动与单位签订就业协议	2		

续表

一级指标	二级指标	分值	得分	
			校外指导教师评价	校内指导教师评价
技能水平与职业素质（30分）	专业技能：分优秀、良好、合格、不合格四个等级，由各专业与实习单位具体制定、细化评价标准	5		
	专业知识：分优秀、良好、合格、不合格四个等级，由各专业系部与实习单位具体制定、细化评价标准。专业知识评价着重评价学生专业知识的应用能力	3		
	成果质量：分优秀、良好、合格、不合格四个等级，由各专业与实习单位具体制定、细化评价标准。若以产品的形式体现实习成果，则只有合格和不合格两档	5		
	对实习单位的贡献：分优秀、良好、合格、不合格四个等级，由各专业系部与实习单位具体制定、细化评价标准。对贡献的评价着重评价学生给企业带来了什么直接或者间接的效益	2		
	工资水平：分优秀、良好、合格、不合格四个等级，由各专业系部与实习单位具体制定、细化评价标准。结合行业、地域、岗位等差异，顶岗实习的工资水平参照毕业生初次就业相关的平均起薪点的80%为优秀	2		
	质量意识：分优秀、良好、合格、不合格四个等级，由各专业系部与实习单位具体制定、细化评价标准	4		
	安全意识：分优秀、良好、合格、不合格四个等级，由各专业系部与实习单位具体制定、细化评价标准	5		
	团队精神：分优秀、良好、合格、不合格四个等级，由各专业系部与实习单位具体制定、细化评价标准	4		

续表

<table>
<tr><th rowspan="2">一级指标</th><th rowspan="2">二级指标</th><th rowspan="2">分值</th><th colspan="2">得分</th></tr>
<tr><th>校外指导教师评价</th><th>校内指导教师评价</th></tr>
<tr><td rowspan="4">工作能力（10分）</td><td>独立工作：在规定的时间内，按照工作标准及规范独立完成工作任务</td><td>3</td><td></td><td></td></tr>
<tr><td>组织协调：在工作过程中表现出较强的组织能力和协调能力，承担了工作小组长职责</td><td>2</td><td></td><td></td></tr>
<tr><td>交流表达：准确表达自己的思想和意见，采纳别人合理的建议，说服别人采纳自己合理的建议</td><td>3</td><td></td><td></td></tr>
<tr><td>工作执行力：严格按照工作规范、技术标准完成工作任务</td><td>2</td><td></td><td></td></tr>
</table>

表 5-4-2 顶岗实训过程鉴定表

<table>
<tr><td>姓名</td><td></td><td>学号</td><td></td><td>专业</td><td></td></tr>
<tr><td>实训单位</td><td colspan="2"></td><td>所在岗位</td><td colspan="2"></td></tr>
<tr><td>校外实训单位指导教师</td><td></td><td>职务、职称</td><td></td><td>联系电话</td><td></td></tr>
<tr><td>实训时间</td><td colspan="5">年 月 日至 年 月 日</td></tr>
<tr><td rowspan="2">校外实训单位指导教师考核意见</td><td colspan="5">（请详细、客观地评价该生在实训期间的遵守劳动纪律、工作态度表现、业务能力水平以及操作技能掌握情况等）
指导教师（签字）：
实习单位（盖章）：
年 月 日</td></tr>
<tr><td>过程评价得分</td><td colspan="4"></td></tr>
<tr><td rowspan="2">校内指导教师考核意见</td><td colspan="5">年 月 日</td></tr>
<tr><td>得分</td><td></td><td>校内指导教师签字</td><td colspan="2"></td></tr>
<tr><td>教研室意见</td><td>成绩总评</td><td></td><td colspan="3">教研室审核</td></tr>
</table>

备注：成绩总评=校外指导教师过程评价得分×70%+校内指导教师过程评价得分×30%，依据上述学生顶岗实习评价表的评价指标进行评价。

表 5-4-3　顶岗实训报告评价表示意

<table>
<tr><td>姓名</td><td colspan="2"></td><td>专业</td><td></td><td>学号</td><td colspan="3"></td></tr>
<tr><td>顶岗实训报告题目</td><td colspan="8"></td></tr>
<tr><td rowspan="6">顶岗实训报告评分（35）</td><td>序号</td><td colspan="2">评分项目</td><td>优</td><td>良</td><td>合格</td><td>不合格</td><td>得分</td></tr>
<tr><td>1</td><td colspan="2">规范性</td><td>7</td><td>6</td><td>5</td><td>3</td><td></td></tr>
<tr><td>2</td><td colspan="2">完整性</td><td>7</td><td>6</td><td>5</td><td>3</td><td></td></tr>
<tr><td>3</td><td colspan="2">真实性</td><td>7</td><td>6</td><td>5</td><td>3</td><td></td></tr>
<tr><td>4</td><td colspan="2">成果及体会</td><td>14</td><td>12</td><td>9</td><td>6</td><td></td></tr>
<tr><td colspan="3">合计</td><td colspan="5"></td></tr>
<tr><td>顶岗实训报告评语</td><td colspan="8"></td></tr>
<tr><td>校内指导教师签名</td><td colspan="2"></td><td colspan="2">教研室主任签名</td><td colspan="4"></td></tr>
</table>

表 5-4-4　顶岗实训报告评价标准

<table>
<tr><td rowspan="2">项目</td><td colspan="4">评分标准</td></tr>
<tr><td>优秀</td><td>良好</td><td>合格</td><td>不合格</td></tr>
<tr><td>格式的规范性</td><td>报告格式规范，各级标题序号、字体字号、段落空格、行距等完全符合要求，文本设计漂亮；报告条理清楚、逻辑性强、语句通顺、图表规范</td><td>报告格式规范，各级标题序号、字体字号、段落空格、行距等符合基本要求；报告条理清楚、语句通顺、图表规范</td><td>报告格式基本规范，各级标题序号、字体字号、段落空格、行距等基本符合要求。语句较通顺、条理较清楚</td><td>报告格式不规范，各级标题序号、字体字号、段落空格、行距等不符合要求；报告语句不通、条理不清</td></tr>
</table>

续表

项目	评分标准			
	优秀	良好	合格	不合格
结构的完整性	报告结构非常完整，涵盖实践报告内容应有的所有要素	报告结构完整，涵盖实践报告内容的主要要素	报告结构基本完整，涵盖实践报告内容的基本要素	报告结构不完整，没有涵盖实践报告内容的主要要素
内容的真实性	实训中工作任务内容、时间安排非常真实，具有可验证性。有工作岗位、所承担的工作任务、工作要求及完成情况的描述，资料翔实；陈述与分析能很好地运用专业理论知识、言之有理、持之有据、富有新意	实训中工作任务内容、时间安排真实，具有可验证性。有工作岗位、所承担的工作任务、工作要求及完成情况的描述，资料基本翔实；分析陈述能运用专业理论知识、言之有理、持之有据	实训中工作任务内容、时间安排基本真实，具有可验证性。有工作岗位、所承担的工作任务、工作要求及完成情况的描述；分析陈述基本能运用专业理论知识	实训中工作任务内容、时间安排不够真实或伪造实习内容。不能运用专业理论知识对工作岗位、所承担的工作任务、工作要求及完成情况进行描述
成果及体会	按实训计划及任务书的要求圆满完成实训任务，很好地坚持记录实训日志；对实训过程的体会、收获与问题进行了全面、系统地总结；通过顶岗实训较全面地了解和提升了专业能力、方法能力和社会能力等综合职业素养	按实训计划及任务书的要求完成实训任务，坚持记录实训日志；对实训过程的体会、收获与问题进行了较全面的总结；通过顶岗实训提升了专业能力、方法能力和社会能力等综合职业素养；无违纪现象	基本按照实训计划及任务书的规定与要求完成实训任务，实训日志记录不很完整，有主要的实训材料；对实训过程的体会、收获与问题进行了总结；通过顶岗实训专业能力、方法能力和社会能力等综合职业素养有所提升；无违纪现象	没有按照实训计划及任务书的规定与要求完成实训任务，实训日志不完整且内容空洞；对实训过程的体会、收获与问题基本没有进行总结；顶岗实训收获甚微；出现违纪现象

（二）顶岗实训的考评方法

毕业生在进行和完成顶岗实训任务的同时，还需按学院相关要求完成毕业设计或毕业设计，答辩合格后方能获得相应学分。学生在到达实训岗位后15天内必须提交顶岗实习信息，实习单位变更后必须及时更改信息。通过电子邮件、书信、电话及其他即时通信软件等形式与系部顶岗实习专干或毕业论文（设计）指导教师沟通交流每月不少于1次。顶岗实训成绩按实习单位评价占60%，校内评价占40%，最终按优秀、良好、中等、及格、不及格五个等级来进行评定。

（1）实习单位指导教师评价：根据学生顶岗实习期间的职业素质表现、职业能力和工作业绩评定。

（2）校内指导教师评价：根据学生顶岗实训期间履行学校及学院相关规定情况、在顶岗实训期间表现及毕业实习报告完成情况综合评定。

（3）实训日志、实习总结报告成绩：按学院相关要求由校内指导教师评定。

（4）毕业设计、毕业设计说明答辩成绩：根据学生毕业设计（论文）的质量和答辩情况，由各专业答辩委员会评定。

第六章

高职学生职业能力评价体系构建

第一节　高职学生职业能力评价体系构建的意义

传统的高等职业教育在评价模式上存在一定的问题，缺少行之有效的评价手段，导致学生的职业能力与市场需要脱节，就业后不能较好地适应工作岗位的要求。因此，构建高职学生职业能力评价体系，科学地评价学生职业能力，对有效推进教学改革，全面提高人才培养质量，最终实现职业能力培养的可持续发展具有重要意义。

一、构建科学合理的课程体系

在传统专业人才培养方案中，课程体系的构建以及课程的开发大多以专业学科体系为依据，主要从专业学科体系所需要知识出发来构建学生学习的课程，对学生今后就业的岗位所需要的知识、技能和素质考虑较少，特别是对岗位职业能力的培养很不够。通过引入科学合理的职业能力评价体系，从理论知识、专业技能、职业素质和可持续发展能力等方面对学生进行量化的、全面的评价，找出职业能力培养方面的不足，分析专业课程体系构建存在的问题，从而优化专业人才培养方案，使学校的教育教学更加贴近市场的需要。

二、优化教学内容，改革教学方法与手段

教师是教学的主导者，备课是教学活动的重要手段，在职业能力评价体系中关键的一个环节就是“备学生”。有了科学的职业能力评价体系，就可以正确评价学生现有的知识、技能和素质水平，在此基础上教师才可以更加明确自己的教学方向，制订出正确的教学目标和教学内容，采用更有效的措施提高学生的思维能力和创新意识，进而促进教学水平的全面提高。

三、促进教学管理水平的提高

了解清楚了每一个学生的职业能力基础，就能够因材施教，并在此基础上实施开放式教学，实施弹性学制。在教学的安排上，可以根据每一个学生的职业能力情况，组织分层教学，发挥每个学生的潜在能力。只有在了解清楚学生职业能力的基础上，从而确定教学目标，确定考核目标，制订科学合理的考核方式。另外，通过将量化的评价结果向学生进行反馈，能够让学生充分认识到自己的优势和不足，从而扬长避短，逐步实现从“他律”到“自律”的转变，使教学管理逐步实现从“约束式”到“引导式”的转变。

四、促使学生全面发展

从用人单位的需求来看，高等职业教育培养的学生不仅要有充足的专业知识、扎实的专业技能、良好的职业素养，更要具备自我适应能力和自我发展能力。有了科学的评价体系，就能够在正确了解每个学生能力的基础上，指导学生制订科学合理的个人发展计划，挖掘每个学生的潜能、发挥每个学生的特长。有了科学的评价体系，学生可以更好地认识自我，进一步明确发展的方向，促进学生全面、可持续发展。

第二节　高职学生职业能力评价的现状

近年来，随着职业教育改革的不断深入推进，各高职院校已经开始认

识到高职学生职业能力培养的重要性，在专业建设中加大了改革的力度，特别是工学结合、校企合作人才培养模式的开展，对学生职业能力的培养起到了很好的促进作用，使高职院校学生的职业能力得到了有效提高，学生的岗位适应性增强，就业形式越来越好。但是，目前我国高职院校普遍对职业能力评价的意义认识不够、重视不够，很多专业在高职学生职业能力的评价方面缺少有效的评价体系，更没有可量化的评价指标。

一、高职院校对职业能力的培养和评价不够重视

高等职业教育的人才培养具有明显的职业性，其主要培养目标是培养生产、建设、服务、管理第一线的高素质技能人才，强调人才培养的应用性和实践性。这就要求高职学生必须具有与职业活动相关的各种技能和素质，凡是与职业活动有关的各种技能和素质，都可以统称为职业能力。因此，高职院校要重视对学生职业能力的培养，在学生走进工作岗位之前，做好学生职业能力评价。

当前很多高职院校已经开始对学生的职业能力进行评价，但是还没有充分考虑到行业、企业等用人单位的具体需求，缺少科学合理的评价体系。虽然有的学校把学生职业能力评价作为一个隐性能力单元融入学生综合素质测评方案中，但评价的内容仍然不清晰，评价效果不明显。

通过对近三十名企业家的访谈发现，企业家们一致把学生从事特定职业活动任务的专业能力作为选拔人才的首要条件，看重学生岗位的实习、实践经历、获得的相关职业资格证书情况等，可见，企业对学生的专业技能提出了较高要求。而从随机选取的三所职业院校学生职业能力测评方案来看，目前高职院校主要从德、智、体、技能或综合能力几个方面来对学生职业能力进行评价。例如，长沙民政职业技术学院学生综合素质测评方案从德育、智育、素质进行评价，占比分别为：德育 20%、智育 50%、体育 10%、技能 10%、奖罚 10%；湖南铁道职业技术学院学生综合素质测评方案从德育、智育、体育、组织与创新能力、荣誉与课程考核五个大方面进行评价，占比分别为：德育 20%、智育 50%、体育 10%、组织与创新能力 10%、荣誉与课程考核 10%；顺德职业技术学院学生综合素质测评方案从德育、智育、体育、综合能力四个方案进行评价，德育占 20%、智育 60%、体育 10%、综合能力 10%。

对学生能力测评内容包括以下几个方面。

（1）德育方面，测评内容主要包括思想政治、道德修养、组织纪律、学习态度、文明卫生、劳动实践等。

（2）智育方面，主要是各门课程的考核成绩。

（3）体育方面，主要是体育课表现、早操出勤、体育成绩。

（4）在技能方面，主要根据国家（省）外语、计算机和本专业技能证书等级考试通过情况计算技能得分。

通过对多所高职院校学生综合素质测评方案所选评价指标及评价内容发现，各高职院校均注重对学生智力的评价，对学生技能的评价重视不够，技能权重值在整个评价体系中偏低。在整个评价体系中知识考核是主要内容，这种注重知识逻辑结构的评价模式虽然符合我国普通高等院校人才培养目标，却与我国高等职业教育人才培养目标严重不符。这种以知识考核为主的评价体系没有充分体现高职“能力本位”的办学理念，不能反映出用人单位对高素质技术技能人才职业能力的基本要求，也不能体现高职院校高素质技术技能人才的培养目标，导致高职学生空有理论知识，却不能完成具体工作任务，职业能力严重欠缺，从而使学生在求职过程中处于劣势地位。

如何培养高职院校学生的实践能力，增强高职学生职业能力水平，提高高职学生的就业竞争力，是我国高职院校长期以来面临的一个重要问题。而解决这一问题的关键途径就是重视职业能力的培养与评价，各高职院校必须把职业能力评价作为一个独立的评价内容。

二、高职院校缺乏统一的职业能力评价标准

高等职业教育必须坚持以能力为本位，对学生的能力评价必须坚持以职业能力为导向，在培养与评价的过程中必须重视“应会”的能力。这些职业能力应包括以下几个方面：阅读理解、信息获取、方案设计、常见问题解决、技术应用与推广等与特定职业活动任务相关的多方面具体能力。

评价标准是衡量评价是否有效的关键因素之一，也是评价得以实施的可操作性准绳。但是目前很多高职院校对学生职业能力的评价随意性很大，依据的主要是各学校自身的教学特点，缺少对市场和企业的了解，没有从企业对高素质技能人才的职业能力的基本要求出发来制订标准，没有与企业具体职业岗位活动任务对接，导致学校制订的标准与企业不相适应，整个评价缺乏科学性依据，行业不认可。同时，由于缺乏行业专家的参与和

监督，也缺乏对实际工作任务的深入了解，各高职院校制订的学生能力评价标准的合理性、科学性有待进一步考证。此外，因各校教师自身认知水平、能力结构的差异，各校的评价标准也存在较大差异，从而使得整个评价体系的不够客观。因此，如何制订科学的、权威的学生职业能力评价标准就显得尤为重要。

三、企业参与职业能力评价不够

高职学生职业能力的高低直接影响其就业，要想使学生职业能力高，得到行业、企业等用人单位的认同，就应该由行业、企业专家共同参与学生职业能力评价。笔者通过对多所职业学院的一线教师、专业负责人、教学管理人员的调查访谈，结合自身的教学经历发现，当前高职院校对学生职业能力的评价主要以各校自行评价为主，缺乏企业、行业专家的参与和监督，目前的评价不能客观、全面地反映学生的知识、技能、素质等职业能力水平。

目前，各高职院校对职业能力的评价体系不同，评价标准不一致，职业能力评价结果也有很大差异。特别是由于评价主体单一，企业没有参与对学生职业能力的评价，使评价内容不够科学、合理，评价标准偏离企业对学生职业能力培养的需求。目前，各高职院校对学生的职业能力评价基本上流于形式，评价的结果基本上得不到行业、企业的认可，绝大多数企业都要花很多时间和精力对入职人员进行岗前培训和考核。主要原因就是高职学生的人才培养缺少行业、企业的参与，特别是在职业能力评价这个环节，行业、企业参与度远远不够，学校没有充分考虑行业、企业对高素质技术技能人才职业能力的基本要求，没有根据企业实际工作任务所对应的职业能力单元来制订教学内容、评价内容、评价方式等。

四、职业能力评价方式不够合理

目前，很多高职院校对学生职业能力的评价仍停留在以书面考试为主，辅导实训室操作，这种传统的评价方式以定量评价为主，以理论知识为评价重点，侧重考查学生对书本知识的理解与记忆，最终以试卷评分作为评价的结果。通过对近十所高职院校走访发现，当前高职院校真正根据专业所对应工作岗位的工作任务、工作环境需求来制订学生职业能力评价体系的不多，很多学校虽然不断推进了教育教学改革，但在考核这个环节改革成功的不多，在评价方式上仍然存在诸多不合理。即使有实践技能考试，也侧重于考查单独任务的操作，对完成某一职业活动所需要的系列细化任务了解不够，从而使评价体系中的评价指标单一。例如，缺少职业活动任务计划分析、检查能力评价，缺少职业活动任务所需的沟通与协调、信息获取、语言表达等能力的评价。

职业能力是从事职业活动任务的诸多方面的能力集合，它是多维度的，是包括知识、技能和素质的广义的能力。因此，一个完整的职业能力评价体系不仅包括理论知识或操作技能两个方面，而且应该包括诸多方面，应该是综合性的评价。对学生进行职业能力评价不能停留在考试试卷上，也不能仅仅依靠模拟，而应该在真实的、具体的职业活动任务中进行评价，这就对评价方法提出了具体的要求。只有在具体的实践活动中进行多次有效的测量与分析，才能够进行多维度、科学准确的评价。可根据职业活动任务采用如下一些评价方式，工作现场观察法，追踪面谈法，口头和书面提问法，提交项目报告法等。因此，采用多样化的评价方法来对学生职业能力做出全面、准确、客观的评价就显得尤为重要。

综上所述，目前我国高职院校现行的学生职业能力评价体系不能满足市场对人才职业能力的需求，对高职学生职业能力的评价最突出的问题是评价主体单一，评价指标缺乏科学性。因此，我国高职院校应该深入推进“工学结合、校企合作”专业人才培养模式改革，使企业深度参与人才培养和职业能力评价，树立现代人才观和评价观，创建科学合理的职业能力评价体系，实现评价主体多元化、评价内容全面化、评价方式多样化，通过优化职业能力的评价，促进人才培养质量的全面提高。

第三节　高职学生职业能力评价体系的构建

构建一个科学的高职院校学生职业能力评价体系是一项系统、复杂的工程。笔者从分析当前我国高职学生职业能力评价体系存在的主要问题入手，结合高职院校学生职业能力评价体系构建的相关理论，在广泛、深入开展企业人才需求调研的基础上，借鉴国内外高职院校学生职业能力培养与评价的成功经验，着力构建一个符合我国国情、科学有效的高职学生职业能力评价体系。

一、高职学生职业能力评价体系构建的理论基础

1. 人才结构理论

人才结构理论认为，人才结构是随着生产和社会的不断发展而发展演变过来的，其起源在于生产和社会分工的不同，根据一定的社会分工条件因素，各级各类人才共同组成一个相对固定、完整的人才结构，而一定的人才结构一定是适合当时社会发展的需求的，一定是与当时生产力发展水平相适应的。人才结构理论随着人才需求的不断变化和社会的不断发展，经历了“金字塔”人才结构理论、“职业带”人才结构理论。

根据生产活动对人才知识、技能需求特点的不同，人才结构可分为研究型人才、工程型人才、学术型人才、技术型人才和技能型人才。

（1）研究型人才要求具有扎实的基础知识、系统的研究方法、高水平的研究能力和创新能力，能在社会各个领域从事研究工作和创新工作的人才。研究型人才能够对知识进行系统的整理分析和再传播，独立从事科研实践活动并取得有价值的科研成果，在这个过程中起到知识创新和创造的作用。

（2）工程型人才要求具有在某一领域较系统的理论基础知识，并且能运用所学理论知识解决实际工作过程中各类问题，工程型人才能够将所掌握的相关科学原理转变为具体的工程规划、方案和设计。

（3）学术型人才要求系统掌握相关的理论知识，具有一定的研究能力和较好的学术素养，学术型人才从事的主要工作是发现和研究科学原理等。

（4）技术型人才也可称为工艺型、应用型人才，这类人才具有必备的基础知识，能够将工程型人才的规划、方案和设计加以落实，转换成物质形态。他们在生产第一线，能够直接为社会谋取利益，对社会产业直接而具体的作用。这种人才又可分为生产型人才、管理型人才和职业型人才。技术型人才必须具有一定的理论基础，但理论基础够用即可，即所掌握的理论基础达到不影响实践工作即可。技术型人才在生产现场工作，一是要求具有相关专业知识，如工艺人员除需要工艺知识外，还需在经济、管理等方面具有一定的知识；二是能够综合应用各种知识解决实际工作中存在的具体问题，特别是针对问题现场的应变能力；三是随着社会分工的发展

变化，生产现场越来越需要现场协同群体工作现场，因此，人际关系能力、组织能力越来越重要。

（5）技能型人才也称操作型人才，是指在生产、服务、管理第一线从事为社会谋取直接利益的工作人员，这类人才要求掌握必要的专业知识、熟练的操作技能。技能型人才主要依靠操作技能进行工作。

不同类型的人才在就业时对其知识能力结构要求不尽相同，所以不同类型人才的评价标准也存在差异。工程型、学术型人才要求系统掌握某一学科领域的基础理论和专业知识，能够对活动任务预先考虑并做出全面安排。因此，对该类人才能力的评价主要侧重于系统理论知识、逻辑思维、分析规划等方面。技术型、技能型人才则要求具有运用已有的知识、技能、素质，直接为生产活动提供各类服务的能力，能够把学术型工程型人才的规划、方案和设计转变成具体的物质形态。因此，对技术型、技能型人才能力的评价主要侧重于职业活动、实践应用等方面，评价标准如表6-3-1所示。

表6-3-1　工程型、学术型人才与技术型、技能型人才的评价标准

工程型、学术型人才	技术型、技能型人才
知道是什么，为什么，强调知识掌握	知道是什么，怎么做，强调动手能力
学术能力	职业能力
书面、文本信息	实践、表达信息
智力的	操作的
抽象的	具体应用的
陈述性学习	经验性学习

高等职业教育主要为社会培养技术型、技能型人才，根据人才结构理论，不同类型的人才在知识、技能和素质结构方面存在着较大的差异，每一类型人才对知识、技能和素质的评价就不一样。高等职业教育必须遵循人才结构理论中技术型、技能型人才的培养、评价标准，根据不同的职业活动任务需求，根据不同类型人才的特点来制订科学的学生职业能力评价体系。由此可见，人才结构理论是高职院校构建学生职业能力评价体系必须依据的重要基本理论。

2. 技术知识论

技术知识论认为理论与实践密不可分，知识与能力密不可分，知识是在人类实践的基础上逐步产生的，知识又是人类不断实践的基础。人类的实践活动从认识世界发展到改造世界，从知识与实践的关系角度可将知识分为理论知识和技术知识两种类型。

（1）理论知识主要用来描述“是什么”或“为什么”的问题，是对客观世界的认识、描述，以揭示事物之间的内存关系和宏观规律，理论知识属于陈述性知识范畴。

（2）技术知识主要用来回答“怎么做”的问题，技术知识也叫经验知识，是属于改造世界的知识，技术知识的对象是实践活动，技术知识属于程序性知识范畴。

技术知识不是对现成客观事物的说明或解释，也不是对宏观规律的单纯反映，而是对“实践活动”的展开与具体实施，是关于改造世界的知识，是关于人的行为的知识。技术知识的对象不仅包括已有的现成的客观事物，也包括人和事物的实践活动，还包括通过实践活动创造的人和事物。

可见，理论知识与技术知识是不同的，但又是紧密联系在一起的知识体系，理论知识与技术知识有各自的性质、方法、任务、内容和评价标准，它们的主要区别如表 6-3-2 所示。

表 6-3-2 理论知识与技术知识的区别

项目	理论知识	技术知识
性质与功能	认识世界，发现客观规律	运用客观规律、改造世界
目的与结构	解决为什么，是什么的回答	解决怎么做的回答
过程与方法	实验、证实并归纳	实验、选优并优化
目标与结果	单一、通用	多样、专用
衡量标准	力求全面正确的真理性标准	力求有效的功利性标准
劳动的特点	个体性强、自由度大	集体性强、计划性大
最终的成果	提出定律、原理	确定规则、手段
意义与影响	间接长远的	近期直接的
人才的成长	获取知识为主	能力训练为主

根据技术知识论关于不同知识培养人才的不同，高等教育也分为两类：一类是以传授知识为主的普通高等教育，另一类是以训练技术为主的高等职业教育。两种不同的教育大类分别对应不同教学目标、教学内容，普通高等教育主要进行基础理论科学和应用技术科学的教学，要求学生认识事物、了解其基本概念、原理、方法的一类理论性知识；高等职业教育主要

进行技术知识的教学，注重学生实践技能的培养，要求学生能将所学理论知识运用于具体职业活动任务中，且能在职业活动中不断创新，提高产品、服务、管理的质量与效益。随着技术、设备的不断升级，企业对人才的综合素质、技术水平都提出了更高的要求，不仅要求员工技术熟练，也需要员工具有一定的职业生存与发展能力。这样的人才才能为企业创造更多的价值，也备受企业用人单位的青睐。因为无论是生产新产品，还是提高生产、技术、服务或管理的质量与效益，都要求技术人员对知识进行综合运用，这也是个体将知识转化为职业能力的具体体现。

技术知识论为构建高职学生职业能力评价提供了一个崭新的视角。传统高职学生综合素质测评方案基本上都是借鉴普通高等教育在相关方面的研究成果，采用普通高等教育研究问题的理论视角，没有从高等职业教育技术技能型人才培养角度来制订一套科学有效的、可全面测量学生职业能力的评价体系。

二、高职学生职业能力评价体系构建的基本原则

高等职业能力评价要注重评价体系的职业性、科学性、权威性和易操作性。

1. 评价内容的职业性

高等职业教育强调以就业为导向，以能力为本位，它主要为社会培养生产、服务和管理一线的高素质技术型、技能型人才，其人才培养定位具有明显的职业性，培养目标为技术型、技能型人才，也突出了其明显的职业性。学生职业能力评价要体现行业、企业相应岗位职业活动对技术型、技能型人才职业能力的需求，因此，高职院校应注重对各专业学生所对应的职业岗位活动职业能力的评价。

2. 评价指标的科学性

高职学生职业能力评价体系要在充分考虑高职专业人才培养目标，广泛深入开展市场调研的基础上，根据行业、企业对高素质技术型、技能型人才的需求，制订出切实可行的高职学生职业能力评价指标体系。指标体系要力求全面、科学、合理：一是要强调职业能力评价内容的全面，评价内容不仅要包括从事职业活动所需要的知识和技能，还要包括工作过程中应该具备的情感、态度、价值观、环境适应能力等；二是要强调形成性评价与终结性评价相结合，要重视针对过程的评价。此外，为了确保评价结

果的合理性，要突出在真实的职业活动中进行评价，通过对学生在完成真实的职业活动任务中的表现进行测量，力求真正与行业、企业需求完全对接。

3. 评价标准的权威性

实现评价的主体的多元性，基于工学结合、校企合作人才培养模式改革的基础上强调行业、企业参与评价，校企共同制订评价标准，共同参与评价，这样的评价标准才有权威性；这样的评价结果才能确保客观、公正，才能得到行业、企业的认可；这样的标准才和用人单位选拔人才的标准一致。学校可以参照这一评价标准实施教学，学生可以使用这一评价标准指导自主学习。

4. 易操作性

推行职业能力评价的目的是全面测量高职学生经过学习、训练后从事某一职业活动所具备的职业能力。因此，评价体系实施的可操作性是衡量该评价体系是否有效的关键因素。一个评价体系是否有操作性主要可以从以下四个方面来考虑：一是评价方法是否科学合理；二是评价指标体系的设计是否具有良好的代表性；三是各评价体系中各项评价指标所赋予的权重是否科学合理；四是评价结果是否客观、真实，评价结果是否符合行业、企业用人的需求。

针对不同行业对人才能力需求的不同，评价体系需要根据行业不同采用多样化的评价手段，以达到全面测量学生职业能力的目的。如对贸易类专业、营销类专业学生的评价可采用笔试+口试+案例分析报告+毕业设计+面谈等相结合的评价手段；对计算机专业、机械类专业学生进行职业能力评价时可采用笔试+现场操作+毕业设计+第三方评价+平时工作成果展示等相结合的评价手段。

三、高职学生职业能力评价体系构建的过程与方法

构建高职学生职业能力评价体系的关键是确定高职学生职业能力评价的指标体系，指标体系的建立是进行预测或评价研究的前提和基础。高职学生的职业能力评价是一个抽象问题，根据高职学生职业能力的本质属性和特征，通过一系列标识可以分解为具有行为化、可操作化的结构，并对指标体系中每一构成元素（即指标）赋予相应权重。在具体的高职学生职业能力评价体系中，指标是一系列具体的评价内容，每一个指标都是可以测量的，也就是

说每一个指标都是可测量、可观察的具体的评价内容，整个评价指标体系就是一个职业能力评价对象、评价质量、评价数量等的集合。

职业能力评价指标体系主要包括指标内容评价标准、评价内容、指标权重赋值及评价等级等要素。指标体系的指标内容与指标结构决定评什么、不评什么，具有指挥定向功能，也能确保评价的客观性和准确性。指标权重决定哪些内容要重点评价，哪些内容只需简单评价。对于高职学生职业能力评价这一复杂工作来说，只有科学合理地确定具体评价指标，才能得到正确的评价结果，避免评价结果带有强烈的主观色彩。

1. 构建过程

高职学生职业能力评价指标体系构建基本过程主要包括明确专业人才培养目标、确定评价标准、确定评价指标、确定评价指标权重、确定评价等级数量、征求相关专家意见并逐渐完善等步骤。

（1）明确专业人才培养目标。

对高职学生职业能力进行评价，就是要求培养的学生要达到专业人才培养方案确定的目标，真正满足行业、企业工作岗位对人才的要求。因此，构建一个科学的职业能力评价体系首先就要深入了解清楚高职院校相关专业的人才培养目标。不同的专业所对应的职业岗位是不同的，不同的职业岗位所对应的职业能力需求也是不同的，因此，只有在充分了解各专业人才培养目标定位、职业岗位活动所对应的能力需求的基础上，通过深入分析与提炼，才可以有针对性地确定构建职业能力评价体系的各项指标。也只有充分了解职业岗位活动的具体情况，才能够科学确定评价指标体系中各评价单元的不同权重值，从而确保职业能力评价的合理性、有效性。在没有充分掌握高职专业人才培养目标，不了解行业、企业职业岗位需求的情况下构建的指标体系一定是臆想的、不科学的，这样构建起来的评价体系也只能流于形式，而不能达到真正评价学生职业能力的目的。

（2）确定评价标准。

高职学生职业能力评价标准是在实施评价工作中应用于职业能力评价的价值尺度和界限，评价的客观性因素是评价标准具有科学性的重要依据，评价标准是评价活动方案的核心部分，是整个评价体系制订的基础和依据，是实施评价的前提。评价标准表明人们重视什么、忽视什么，具有引导被评价者向何处努力的作用。例如，企业评价员工主要从职业工作岗位上的态度、能力、业绩等方面是否符合企业人才要求进行，并根据评价结果来确定员工加薪的幅度、员工晋升的空间。由此可见，评价标准需涵盖评价哪些方面，为什么要评价，评价结果如何应用，评价最终能达到什么目的等。

高职院校的培养目标主要是为生产、管理和服务一线培养高素质技术型、技能型人才，其培养目标强调了职业性，突出了学生职业能力的培养。因此，我们在构建高职学生职业能力评价体系过程中应始终把握好这一人才培养的总体目标，深入市场进行调研，根据企业岗位需求来确定评价指标体系。

（3）确定评价指标。

职业能力评价指标具有指挥定向功能，一个科学、合理的指标体系能确保评价的客观性、准确性和科学性。因此，我们确定评价指标前必须基于职业岗位活动深入进行职业分析，确定专业所对应的岗位群，并对岗位群进行细分，分析每一个岗位所对应的知识、技能和素质要求，在此基础上确立职业能力评价的各项指标。

本书主要采用因素分解法来确定高职学生职业能力评价体系中主要的评价指标单元。使用因素分解法步骤为：第一，确定评价标准结构，分析构成评价标准构的能力要素单元；第二，对各能力要素单元由高到低划分层次，并逐个分解，把上一层次的能力要素分解成包括下一层次的若干个能力要素单元，下一层次的能力要素单元是上一层次能力要素单元的一个组成部分；第三，各能力要素单元从高到低逐层明确、具体，范围也在逐渐缩小、更容易观测或测量。最下层的各能力要素单元之间具有相互独立性、直观可测性，所有能力要素单元确保整个评价指标体系的整体完备性。

高职学生职业能力主要包括专业能力和关键能力两个方面。专业能力是指学生未来从事某一特定职业活动任务所必须具备的能力，而关键能力是指除专业能力之外的能力，是与实际职业岗位所需知识和技能无直接联系，但却是从事任何职业岗位都必不可少的职业生存与发展能力。

专业能力又可以分为专业知识、专业技能和专业态度。而关键能力涉及的面比较广泛，主要包括信息获取能力、分析与解决问题能力、技术创新能力、团队协作能力、计算机应用能力、英语应用能力、人际交往能力、适应能力、语言表达能力、终身学习能力、逻辑思维能力等方面。当然，不同的企业、行业对高职学生关键能力需求的侧重点有所不同。

（4）确定评价指标权重。

选择正确的评价指标是构建一个科学评价体系的关键。同样一套指标体系由于指标的权重赋值不同，评价的结果可能大相径庭。因此，每个指标的权重是多少，这是构建整个评价指标体系的关键要素。

确定评价指标权重的首要任务就是分析每个指标要素的重要性，根据重要性不同分别赋予的不同数值，权重值的大小就代表了评价指标的重要性程度，确定权重主要是为了区别各评价因子在整个评价中的作用大小。在确定评价指标权重值时要注意各指标权重的取值范围为 0 到 1 之间，所有指标权重之和应为 1。

湖南外贸职业学院对财经类专业职业能力培养进行了调研分析，通过多轮对企业管理专家、企业业务专家及职业院校专家发放的咨询表反馈结果的统计分析，高职财经类专业学生职业能力评价体系中的专业能力与关键能力评价指标权重分别为 62% 与 38%，各评价指标权重详细情况如表 6-3-3所示。

表 6-3-3　高职财经类专业学生职业能力评价指标体系指标权重

<table>
<tr><td rowspan="15">职业能力（100%）</td><td rowspan="3">专业能力（62%）</td><td>专业知识（20%）</td></tr>
<tr><td>专业技能（28%）</td></tr>
<tr><td>专业态度（14%）</td></tr>
<tr><td rowspan="12">关键能力（38%）</td><td>获取知识与信息（3.3%）</td></tr>
<tr><td>分析解决问题（4.2%）</td></tr>
<tr><td>技术创新能力（1.1%）</td></tr>
<tr><td>团队协作能力（3.5%）</td></tr>
<tr><td>计算机应用能力（4.2%）</td></tr>
<tr><td>英语应用能力（6.2%）</td></tr>
<tr><td>逻辑思维能力（2.2%）</td></tr>
<tr><td>人际交往能力（4.6%）</td></tr>
<tr><td>语言表达能力（5.2%）</td></tr>
<tr><td>适应能力（1.2%）</td></tr>
<tr><td>终身学习能力（2.3%）</td></tr>
</table>

（5）确定评价等级数量。

评价等级数量的确定主要依据评价的精确度和操作的难易程度，等级数量越多，评价精确度也就越高，但操作的难度就会越大，反之，等级数量越小，评价精确度也就越低，但更容易操作。为了使操作复杂性适当，一般评价等级设定 4~5 个为宜，原则上不超过 5 个。

（6）征求相关专家意见并逐渐完善。

根据上述方法和步骤构建的学生职业能力评价指标体系完成之后，应征求相关行业、企业专家的意见，组织召开专业人才培养方案论证、课程考核标准论证，通过专家论证找出评价体系存在的不足，并进一步优化完善评价体系。

2. 构建过程中采用的方法

常见的方法是德尔菲法。德尔菲法又名专家小组法或专家意见征询法。德尔菲法采用问卷的方式向专家匿名征求各指标在整个评价体系中的重要性程度，专家对各指标权重进行打分，然后由问卷发放者回收问卷，并对结果进行汇总，汇总后的结果作为参考资料发给每位专家，每位专家再次填写问卷，问卷发放者再次回收问卷并汇总结果，然后再把汇总结果作为参考资料再发给各位专家，专家再次填写问卷。就这样反复多次，直到各位专家意见基本达成一致为止，这样得到的指标就趋向合理了。其具体实施步骤如图 6–3–1 所示。

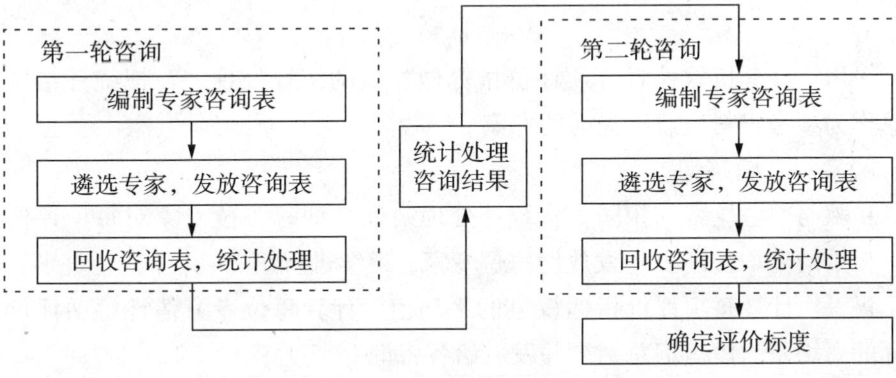

图 6–3–1　德尔菲法实施步骤

（1）第一轮咨询。

①编制专家咨询表（即问卷）。

编制专家咨询表应注意的问题有：Ⅰ. 对咨询表中各咨询内容的回答要明确说明，不能让专家采用模棱两可、含混不清的词语回答问题。Ⅱ. 对德尔菲法进行相应说明。咨询表应有前言，以说明咨询目的、要求、任务和作用，尤其应清楚地说明多次咨询的作用和意义，以获得参与专家的积极配合。

Ⅲ. 咨询表表格及内容设计应尽量简化，便于专家能在较短的时间内作答。

②遴选专家，发放咨询表。

咨询表的内容确定后，将咨询表发给相关领域的行业、企业管理专家、工程技术专家、职业教育专家等。咨询专家人数要适中，过少则缺乏代表性，容易失去信度与效度，过多也会难以组织，增加咨询结果处理的难度，一般遴选 20~30 名专家为宜。

③回收咨询表，统计处理。

咨询表回收汇总，再根据指标逐项进行统计和计算处理，计算每项指标权重的估计平均值。

计算公式为

$$\overline{w_i} = \frac{1}{n}\sum_{j}^{n} w_{ij}(1 \leqslant i \leqslant n)$$

其中，$\overline{w_i}$表示第 i 项评价指标权重的估计平均值；

w_{ij}表示第 j 个专家对第 i 项评价指标权重的估计值。

计算离均差，即计算每位专家对每项指标权重平均值的离均差。相应的计算公式为

$$\Delta w_{ij} = w_{ij} - \overline{w_i}$$

采用统计分析软件对各项评价指标做相应的统计处理。在把统计结果汇总作为参考资料发放给先前的专家。

(2) 第二轮咨询。

步骤与第一轮咨询相同。将统计处理结果（即每一位专家对每项评价指标权重的离均差列表）发放给每位专家，继续进行第二轮咨询。

再一次计算每项评价指标权重的平均值，计算每位专家估计每项评价指标的离均差，填写汇总结果并发放给各咨询专家。

上述各步骤依次反复，直到专家对各指标权重意见一致为止。一般来说，经过 3~4 轮咨询可取得专家较认可的一致意见，即可确定各项评价指标的权重。

(3) 确定评价标度。

所谓标度，是指评价属于什么层次和等级。它既可以是测量尺度，数学的模糊集合、尺度；也可以是数量化的单位和非数量化的标号。因此，既可以是定量的，也可以是定性的。本文采用数量化的单位来表示评价指标体系中各评价项指标达到的层次。

四、高职学生职业能力评价指标体系构成

通过深入开展市场调研，从行业、企业对高职院校国际贸易专业高素质技能型人才职业能力的基本需求，对高职学生职业能力的逻辑构成进行深入分析，并通过对企事业单位调研，走访企事业单位人事部门、管理部门及工程技术部门，结果显示，高职学生无论从事哪种职业活动，首先必须具备从事相应专业职业活动所必需的基本能力，即适应职业活动任务的专业能力。专业能力是职业能力培养中最基本也是最重要的能力之一，是影响学生就业和职业发展的重要因素。

其次，高职学生应具备一定的沟通协调能力、良好的组织能力、信息获取能力、计算机应用能力、技术创新能力等与职业发展相关的能力，即关键能力。

1. 职业能力的内涵

高职学生职业能力是完成职业活动任务所需的一系列能力的综合，由专业能力与关键能力两方面组成。

（1）专业能力。

专业能力，是指学生未来从事某一特定职业活动任务所必须具备的能力。只有在掌握了某专业所对应的专业基本知识的基础上，通过大量实践活动、训练才能够培养专业能力。专业能力一定是与岗位活动相关的专业知识、专业技能和专业态度。

①专业知识。

专业知识同样与具体的职业活动有关，是从事职业活动的前提，也是掌握与职业活动有关的专业技能的基础和前提。高职院校主要培养高素质技能人才，其人才培养具有明显的专业性和实践性特征，要求学生掌握与该职业活动任务相关的知识，以更好地服务于具体工作任务。高职学生要想胜任职业活动任务，成为一名合格的高素质技能人才，必须系统地学习、理解并掌握本职业活动任务相关的知识，这类与具体职业活动任务相关的知识即为专业知识。例如，以计算机网络专业的学生必须掌握的专业知识有：计算机配置与维护、工程模型设计、异构网络互联、互联网接入解决方案、计算机安全技术、网络综合布线技术、数据备份与灾难恢复、网络故障排除、网络编程、路由器的配置及维护、三层交换机的配置与维护、各类操作系统的安装、维护等与职业活动相关的专业知识。

②专业技能。

专业技能更加贴近具体的职业活动，是学生进入职场的必备能力，是从事某一具体职业活动必须具备的操作技能。因职业活动任务的不同，不同专业学生应掌握的专业技能的要求也不同。例如，对机械专业学生来说，熟练掌握车、钳、刨、铣、钻、焊等一系列操作技能是机械专业学生未来求职的重要筹码；对机电一体化专业的学生来说，会使用 PLC 可编程序控制器且具有安装与维护等方面的专业技能就是必需的；对计算机网络专业来说要求学生具有安装、操作、维护计算机及其与其他设备能力，能够根据工业标准和行业规范制作标书、施工图以及施工报告，配置和管理网络操作系统，能够排除网络连通性故障，能够自行制作网线并进行简单的组网，能够对交换机、路由器、防火墙等进行正确配置和调试使用，能够使用网络管理软件进行网络监视与数据过滤，具有及时备份各类数据的良好习惯，当发生突发事件时具有初步恢复备份数据的能力就是必需的。如果计算机网络专业的学生从事机械设计与制造对应的职业岗位，该生就得重新开始学关于机械设计与制造方面的知识与技能，那么该生以前所学的计算机网络方面的专业知识也就失去了作用。这就是专业技能。专业技能只能在一个职业岗位（群）内发挥作用，它具有明显的职业针对性。

③专业态度。

专业态度也叫职业态度，是一个人在职场所持的观念。专业态度主要包括专业理想、专业情操、工作取向、职业决策等方面，良好的专业态度应该是基于对所从事专业的熟知、价值认同的基础上，形成的奋斗不息、追求不止的精神。专业态度要比一般心理学意义上愿意、喜欢、向往的态度有更深的含义和更高的境界。高职学生应该具有向往成为生产、建设、管理和服务第一线技术岗位工作者的专业理想，这种专业理想应该是其奋斗的目标，是推动其专业发展强有力的动力源泉。高职学生应该具有对一线岗位工作带有理智性的价值评价的专业情操，这种情感体验是构成学生价值观的基础，是构成优秀专业技术人员的重要因素，也是学生专业情操发展成熟的标志。高职学生还必须具备自我尊重、工作积极性、工作满足感、对未来前景的期待等良好的态度。在不同的专业领域，高职学生所需要的专业态度是不一样的。例如，营销员的专业态度主要是能以营销为业，做到敬业乐业，能够主动承担工作任务，主动训练自己推销的技巧，不断汲取新知。无论工作任务大小，只要对公司销售有利，营销员都应该全力以赴，不断自我激励，即使在销售的过程中遇到各种挫折，都能坚持到底。

而研发人员的专业态度侧重点就不一样，研发人员需要有一种执着的精神，为解决一个技术上的难题而必须绞尽脑汁，甚至废寝忘食，还必须不断获取新知识，主动“充电”等。可见，专业态度是学生在具体工作中敬业乐业、积极进取、吃苦耐劳等精神的具体体现。

（2）关键能力。

在20世纪六七十年代，德国经济产业逐渐由以“技术”为中心转化为以“人”为中心，经济产业的发展对人才提出了新的要求，企业对人才的要求从单一的技术要求逐步发展为技术、素质的两重要求。经济产业发展要求职业教育应该做出相应的变革。德国社会教育学家梅腾斯于1974年提出了关键能力的概念，关键能力是指人们在职业生涯中除岗位专业能力之外的基本能力，关键能力适用于各种职业，能适应岗位不断变换，是伴随人终身的可持续发展能力。德国、澳大利亚、新加坡等国家称之为职业核心能力，许多国家将关键能力（职业核心能力）培养作为职业教育改革的重要内容，并结合本国具体情况对内容和标准做出了相应的具体规定。例如，德国把关键能力分为交流与合作能力、学习技能与思维能力、组织和执行任务能力、承受能力、独立性与责任感5个方面的内容；英国于1979年提出受教育者应该具备计算能力、制图能力、研究能力、问题解决能力、处理事务能力、动手能力、读写能力、个性与道德素养等多项指标；美国强调全体从业人员应具备运用多种科技知识手段进行工作的能力、获取并利用信息的能力、认识复杂事务的相互关系并能进行系统运作的能力、处理人际关系与他人合作的能力和统筹时间、财力、物资设备并对这些资源加以计划组织和能力的能力。

与行业企业专家的访谈结果显示，用人单位在选拔人才的时候虽然很重视专业能力，但越来越多的企业，特别是大中型企业越来越重视人的关键能力，尤其考虑较多的是人的可持续发展和较强的职业适应能力。企业一致认为如果员工只是具备比较熟练的操作能力是远远不够的，良好的沟通协调能力、语言表达能力、团队合作能力、适应环境能力、心理素质、计算机操作能力等方面的关键能力十分重要，这样的人才不能给企业带来太多的作用，甚至对于企业的发展是有害的。通过对企业的调查发现，企业最关注的是学生快速适应及掌握新事物的能力，其余依次为独立工作及解决问题的能力、技术熟练程度、重复操作的准确度和耐心、专业基础知识。当然，不同的行业、企业对高职学生职业能力需求的侧重点不同，如商务行业更侧重学生的信息获取能力、沟通协调能力、语言表达能力、创新能力、分析问题的能力；而IT行业更侧重学生的快速适应及掌握新事物的能力、技术熟练程度、独立工作及解决问题的能力、重复操作的准确度与耐心、职业基础知识。可见，高职学生不仅应具备从事本行业职业活动的专业能力，同时也应具备一定的与职业生存和发展息息相关的关键能力。对于高职学生来讲，需培养的关键能力主要包括获取知识与信息能力、分析与解决问题能力、技术创新能力、团队协作能力、计算机及网络应用能力、英语应用能力、人际交往能力、适应能力、语言表达能力、终身学习能力、逻辑思维能力等。

①获取知识与信息能力。

当前是一个知识和技术日新月异的时代，作为高职毕业生只有不断地学习新知识，掌握新技术，才能够在激烈的市场竞争中处于优势地位。

②分析与解决问题能力。

随着科学技术的不断发展，各类职业岗位活动也纷繁复杂，在活动中不可避免地会出现各种新情况、新问题，这就需要高职毕业生具备具体分析与解决问题的能力，能针对职业工作任务的具体特点，运用所学的相关知识，通过观察、思考、分析，找到问题的深层次原因，找出解决问题的方法。

③技术创新能力。

企业要生存与发展，需要不断提高其自身在市场中的竞争力，这就要求企业员工能将所学知识运用于工作实践，在解决现有问题的基础上能够不断创新，而这需要员工具有较强的技术创新能力。

④团队协作能力。

现代企业中每位员工所从事的工作只是一个复杂工作中一个小小的部分，但却是整个工作体系的有机组成部分，很少有只靠一个人就能做好的工作。因此，现代企业需要员工具有团队合作意识、集体主义精神、服从团队安排等能力。可见，团队协作能力对企业的发展具有重要作用。

⑤计算机及网络应用能力。

随着现代信息技术、云计算、物联网的飞速发展，计算机及网络技术已经是我们日常生活与工作中必不可少的技术之一。这需要高职学生掌握信息及网络技术相关的理论及操作、维护知识，能运用计算机快速处理日常工作事务，能运用互联网收集有效信息。

⑥英语应用能力。

随着国家之间经济、文化交流的进一步深入，跨国公司越来越多，商品贸易越来越国际化，这对企业人才的英语水平提出了越来越高的要求，要求企业人才在工作和交往活动中能熟练运用外语，能阅读相关的英文材料、书写相关的英文文件及较熟练运用英语进行沟通。如现代企业购进的大型进口机械设备，需要技术员工能阅读相关的产品说明，查阅相关产品的使用操作情况，以便更熟练地操作并对机械设备进行日常维修。高职学生若具备较好的外语运用能力，就能给自己的就业增加优势，从而增强其就业竞争力。

⑦人际交往能力。

随着经济社会的不断发展，职业活动变得越来越复杂，那种简单的职业活动越来越少了，这就要求企业员工相互之间进行很好的配合、沟通与协作，人际交往能力也成为现代职场员工必须具备的一种重要基本能力。

⑧适应能力。

随着产业结构的不断调整升级，企业工作岗位对能力的需要也在不断发展变化，这对企业员工的适应能力提出了较高要求，企业员工一生只从事一项工作的时代已成为过去。当前，企业需要能在不同的工作环境、不同的工作岗位中都能较快胜任工作的高素质人才。

⑨语言表达能力。

现代社会需要越来越多的人相互协作，共同解决问题，这就要求每个人都能将自身的逻辑思维语言用连贯、清晰、合理的词语表达出来。

⑩终身学习能力。

众所周知，企业的发展要创新，而创新需要员工不断地学习。企业员工要了解工作岗位需求，把工作实际情况与社会发展紧密结合起来，确定自己的学习成长目标，把个人的成长与企业的发展结合起来，制订学习发展计划，并实现自我管理、自主努力，最终实现自我实现。因此，只有具备良好的终身学习能力，才能应对现代化科技进步对高素质人才的需要。

⑪逻辑思维能力。

一个人在职业生涯中将要面对不同的工作岗位，虽然工作岗位要求不同，但对任何事情的认识都遵循着相似的规律，具备良好的逻辑思维能力对从业者的职业发展都具有非常重要的意义。现代企业人才需要在工作过程中借助于概念、判断、推理等思维形式和比较、分析、综合、抽象、概括等方法正确的认识客观事物，以发现事物逻辑上的错误并能及时纠正错误，以达到更好的认识事物的目的。例如，使用数控机床加工一个复杂的工件，需要涉及以下工作：①制订具体的工作计划。具体包括工艺、材料、设备、标准、编程等方面。②实施工作计划。实施过程中可能会遇到一些问题，此时需要查找资料与文献以获取解决问题所需要的有用信息。③检验工作质量。这是一个自我改进的过程，需要具备较强的逻辑思维能力，等等。

2. 指标体系

指标体系的建立是进行评价的前提和基础，职业能力评价指标体系反映了对学生职业能力评价的质量要求、数量要求。在职业能力评价中，指标必须是具体的、可测量或可观察的评价内容。对于高职学生职业能力评价这样一项复杂的工作，如果没有一个可操作性强的评价指标体系，仅仅依据大概的评价目标是难以进行评价的，很容易使评价结果带有强烈的主观色彩。

为了更直观、形象地理解高职学学生职业能力评价体系中各评价单元的逻辑构成，我们将专业能力与关键能力两个主要指标中的各评价单元进行了简化，如图 6-3-2 所示。

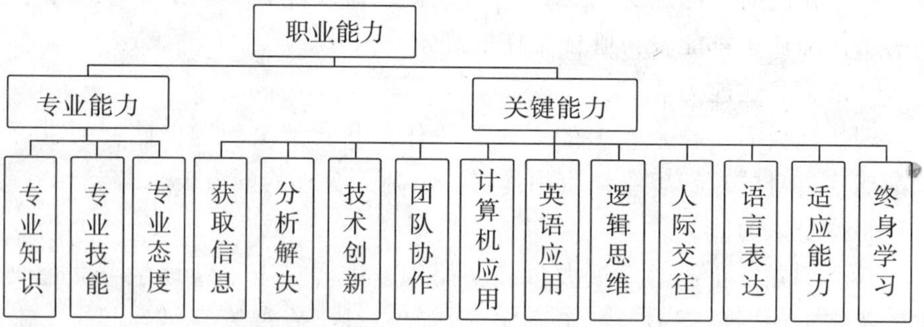

图 6-3-2　高职学生职业能力评价指标体系构成

3. 指标权重分配

目前，确定指标权重的方法主要有德尔菲法、专家会议法、两两比较法、基准指标对比统计法、调查统计法、秩和运算法等，本书重点以德尔菲法为例进行阐述。根据德尔菲法确定指标权重，可按如下步骤操作。

（1）编制专家咨询表。

任何一个咨询表在设计之前都必须先确定目标，先根据目标拟订出要求专家回答的若干问题，并提供给专家有关问题的背景材料，包括预测目的、期限、调查表填写方法等说明。按专业能力和关键能力两个方面编制专家咨询表，大致可按以下格式进行设置，如表 6-3-4 所示。

表 6-3-4 专家咨询表

<table>
<tr><td rowspan="2">指标</td><td>序号</td><td>1</td><td>2</td></tr>
<tr><td>内容</td><td>专业能力</td><td>关键能力</td></tr>
<tr><td rowspan="2">权重（100%）</td><td>背景材料</td><td></td><td></td></tr>
<tr><td>本人意见</td><td></td><td></td></tr>
</table>

（2）遴选专家，发放咨询表。

根据需要调查的专业不同，遴选有代表性的企业进行咨询，特别是要确定专业所对应的典型工作岗位，选择相应岗位有代表性的各类专家。专家组成应合理，管理人员、一线技术人员等一般至少为 20 人左右。

（3）回收咨询表，进行相关统计处理。

对专家返回的各类意见进行全面归纳汇总，综合统计分析后再寄给有关专家进行进一步论证，并提出有关意见和建议。

（4）统计结果出来后，再次提出指标体系构建的具体方案。

（5）重复以上步骤，直到所有专家的意见大致相同为止。

德尔菲法具有一定的科学性和实用性，可操作性强，通过反复多次收集意见，可以收集到每个专家不同角度的合理建议，避免了会议讨论产生的相互影响、随声附和及固执己见等。德尔菲法的缺点是由于决策主要依靠专家，最后的结论属专家们的集体主观判断，特别是有些专家由于时间紧，回答往往比较草率。此外，在专家的结构组成方面也存在一定的困难，征询意见的时间往往较长。尽管如此，德尔菲法仍不失为一种行之有效的群体决策方法。

五、高职学生职业能力评价体系的实施

随着我们高等职业教育工学结合、校企合作的不断深化，企业越来越多地参与到学校的人才培养、专业建设和教学管理中来。高职院校学生职业能力评价是重要的教学环节，应该组建多元评价主体，聘请行业管理专家、企业技术专家和高职院校职教专家共同担任评价主体，这样才能从根本上保障评价的合理性，从而促进高职学生的职业能力的全面提升，提高高职学生的就业竞争力。

1. 组建高职学生职业能力评价多元主体

真正要有效实施对高职学生职业能力的评价，必须成立独立于高等职业教育机构的职业能力评价组织机构。该机构应该由政府来监督，各行业协会

主管，评价专家成员由行业管理专家、企业技术专家和高职院校职教专家按照一定的比例组成。高职学生职业能力评价机构负责对行业负责，负责本行业各专业学生职业能力的评价工作，此项工作主要包括制订高职学生职业能力评价标准，确定评价内容，安排具体评价时间，落实具体的评价方法等。这项工作有利于行业、企业可以快速、便捷地选拔适合企业发展需要的人才，也有利于提高高职学生职业能力水平，从而提高学生的就业竞争力。

整个职业能力评价运行流程如图 6-3-3 所示。

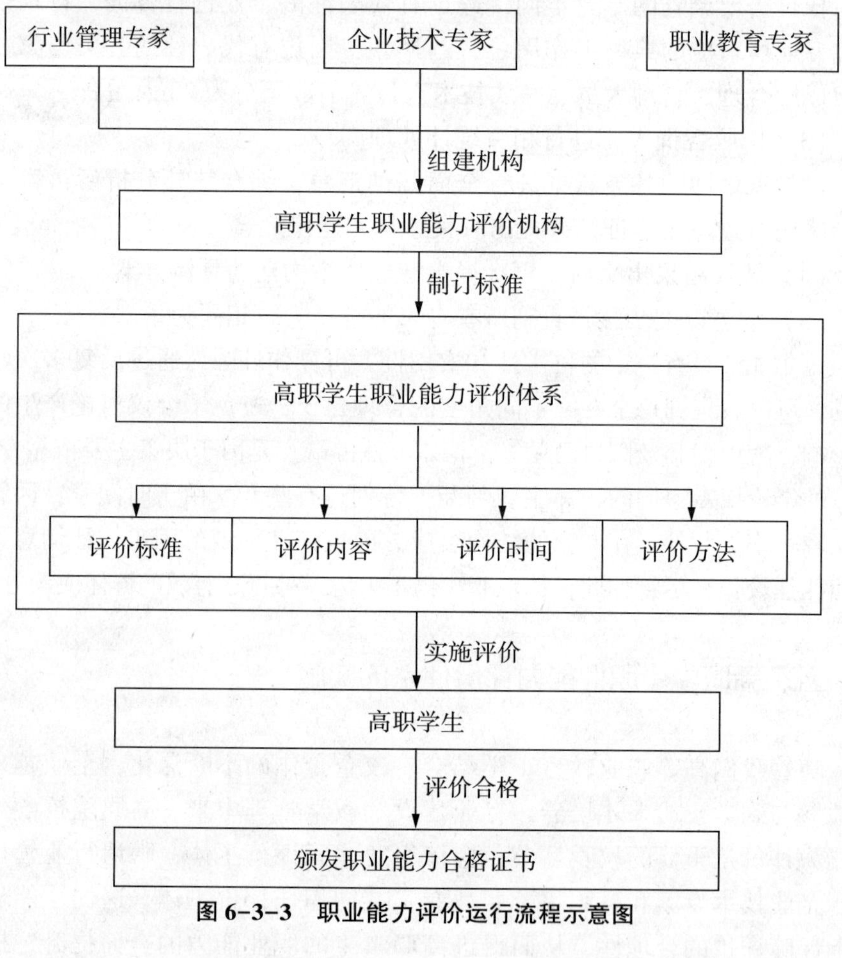

图 6-3-3　职业能力评价运行流程示意图

整个评价体系的运行流程如下。

（1）在广泛开展市场调研、深度论证的基础上，由职业能力评价机构牵头，组织制订本行业各个专业的职业能力评价标准，并把评价标准和评价实施的操作要求等发放给学校教师和学生。

（2）高职院校根据行业制订的评价标准及要求来制订各专业的人才培养方案和教学计划。教师按照评价标准及要求来组织教学，学生根据评价标准组织学习，根据评价标准组织技能训练，培养与职业发展相关的关键能力。

（3）在行政主管部门的监督下，行业高职学生职业能力评价机构通过发布相关的通知等形式通知各高职院校相关专业的学生，告知学生具体的测评时间、测评地点、评价要求、评价标准、评价方法等。

（4）由行业协会牵头，针对不同的专业在各高职院校或企业组织进行学生职业能力的测评，对测评合格的学生颁发职业能力合格证书。

2. 确定职业能力评价内容，制订评价标准

职业能力评价机构牵头组织开展市场调研，了解各专业对应的岗位群分布，了解各职业工作岗位所必须具备的知识、能力和态度，并根据国家相关法律法规、结合高等职业教育特点及人才成长规律，逐个确定本行业相关专业高职学生职业能力评价的内容，制订相应的评价标准。

确定评价内容及制订评价标准的流程如下。

（1）进行职业分析。

职业分析基于工作岗位活动，主要是在找到专业所对应的岗位群基础上，对从事某种职业工作任务所需要的能力单元进行细化分解，把整体职业工作任务分解为若干项主要工作任务，再把每项主要工作任务分解为若干个小作业任务，然后把每个小作业任务所包含的若干操作项目逐一分析出来，从中了解从事该操作项目应该具有的知识、技能和素质单位，从及每个知识、技能和素质单元所对应的评价要素和具体要求。

职业分析应当以满足职业工作任务对高素质技术型、技能型人才的职业能力要求为基本原则，主要包括该种职业活动的主要职责、工作环境、工作对象、使用的工具与设备、材料、技术与工艺、生产流程、工作规范等。如图 6-3-4 所示。

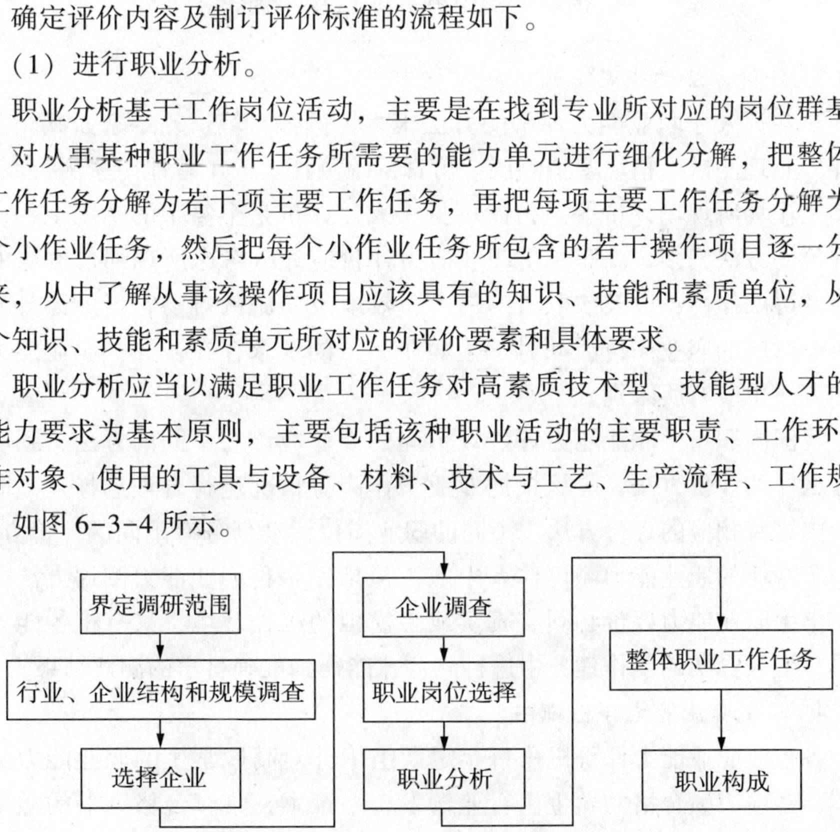

图 6-3-4　职业分析流程示意图

（2）进行工作分析。

工作分析的目的有以下两个方面，一是确定工作的性质和任务，工作的环境要求，工作必须具备的其他条件等，二是对承担该项工作人员的职业能力继续进行研究分析，以达到全面剖析某项工作任务的特点，进一步了解其业务规范和所需要的各项能力。

工作分析的一般步骤如图 6-3-5 所示。

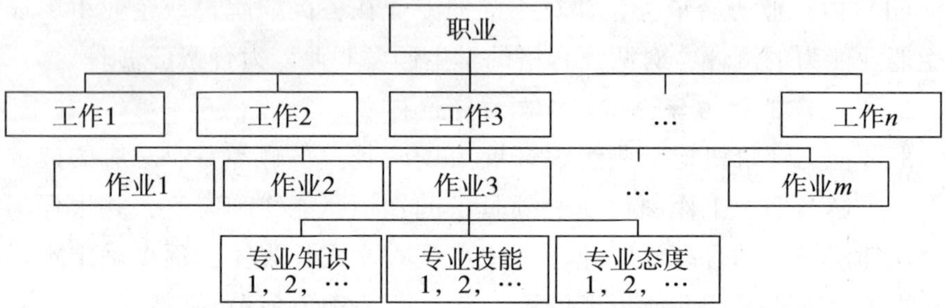

图 6-3-5　工作分析流程示意图

3. 评价方法的确定

对各类人才职业能力评价的方法很多，例如，笔试、专家面试、群众测评、心理测试、情境模拟测试、仿真系统测评、人工智能专家测评系统、真实工作场所现场评价等。由此可见，人才评价是个复杂的系统工程，人才评价的方法繁多，高职学生职业能力评价应充分考虑所选评价方法的可行性及可操作性，以及该方法的信度、效度及实施的难易程度。另外，不同专业对应的职业岗位活动对学生职业能力的要求存在差异，职业能力测评的方法也应有所区别。

我国高职学生职业能力评价对不同的专业应该有不同的方法，到底采用什么样的评价方法，应该根据专业工作岗位情况进行合理选择。不同的评价内容有相应的评价方法，不同的职业岗位活动任务有不同的评价方法，同一个专业的职业能力测评体系中应该包括很多种职业能力测评方法。另外，学生职业能力评价必须有真实或者模拟的工作环境，只有将各能力评价单元融入真实的工作任务中进行测评才能得到准确科学的测评结果。

4. 颁发职业能力合格证书

各行业职业能力评价机构每年定期组织针对高职学生的职业能力测评工作，各项成绩合格的学生由行业颁发合格证书，具有合格证书的学生可以到相应的行业、企业就业。

第七章

高职学生职业能力培养实践探索

——以湖南外贸职业学校为例

第一节 国际经济与贸易专业案例

国际经济与贸易专业是湖南省外贸职业学院在校企深度合作过程中，根据企业人才需求开设的省级示范性特色专业。该专业主要面向生产型、贸易型或工贸一体的外贸企业及外贸上下游企业中的外贸业务员、国际商务单证员及外贸跟单员等相关岗位，培养掌握国际贸易专业基础理论知识和外贸业务等方面的专业技能，具有一定的跨境电子商务技能和商务英语综合知识，能从事外贸业务、国际商务单证制作、外贸跟单等一线岗位工作，具有良好的职业道德和创新精神的高素质技术型、技能型人才。

国际经济与贸易专业是学院的重点建设专业和龙头专业，与市场营销、商务英语、电子商务等专业形成了国际商务专业群。该专业于2003年开始招生，2005年被湖南省教育厅确定为省级教改试点专业，2009年被立项为省级精品专业，2010年被立项为中央财政支持的实训基地及省级优秀教学团队，2011年被立项为省级示范性特色专业并在2014年验收时认定为优秀，2012年与校企合作企业共同研发的国际贸易仿真实训软件获得省教育厅重点支持并投入使用。该专业邀请行业企业专家成立了专业教学指导委员会，组织专业教师赴外贸企业一线深入调研人才需求，撰写专业调研报告，每年举行一次大型专业论证会共同制定并修订国际经济与贸易专业人才培养方案，建设了大型的国际贸易校内实训基地，与近30家外贸企业签订了校外实习基地协议，校企共同开发了10本校本教材。目前，该专业共有专业教师27人，兼职教师 10 人，其中，讲师及副高以上职称占 89.2%，已有 8 届毕业生，培养合格毕业学生 2650 人，现在校学生（2012—2014 级）730 人。

一、岗位能力分析

国际经济与贸易专业的就业主要面向中小型外贸企业，主要就业的岗位性质是外贸业务员、单证员及外贸跟单员。在此就该专业具体的就业岗位进行详细的岗位能力分析，为职业能力体系构建的科学性和针对性奠定基础。

通过对外贸业务员、外贸业务主管等目标岗位的岗位职责、职业能力及招聘要求的调研，发现各目标岗位的任职资格及主要岗位职责如表 7-1-1 所示。

表 7-1-1　中小型外贸企业一线从业人员的职业能力与素质要求

工作岗位领域	主要工作岗位	职业能力与素质要求		
		知识	能力	素质
中小型外贸企业一线从业人员	外贸业务员	1. 掌握较为全面的进出口业务操作知识 2. 掌握娴熟的外贸合同磋商知识 3. 掌握扎实的商务英语听说读写知识 4. 掌握一定的跨境电子商务知识 5. 掌握一定修图技巧	1. 能积极开拓国际市场 2. 能与国外客户进行有效往来函电磋商 3. 能利用跨境电商平台推广产品	1. 热情开朗的个性 2. 良好的礼仪素养 3. 细致严谨的工作态度 4. 一定的外贸风险防范意识 5. 良好的人际沟通能力 6. 流利的外语交流能力
	单证员	1. 掌握全面的出口结汇及报关知识 2. 掌握娴熟的进出口业务单证制作技巧 3. 掌握扎实的外贸单证英语知识 4. 掌握 UCP600、ISBP 等与单证有关的国际惯例 5. 掌握扎实的制单软件知识	1. 能根据合同翻译并审核信用证 2. 能结合己方利益找出信用证的不当条款并撰写改正函 3. 能根据合同或信用证要求制作全套结汇或报关单据 4. 能审核全套单据并提出修改意见	1. 严谨细致的工作态度 2. 充足的敬业精神 3. 一定的结汇风险防范意识 4. 良好的人际沟通能力 5. 灵活的语言技巧

续表

工作岗位领域	主要工作岗位	职业能力与素质要求		
		知识	能力	素质
中小型外贸企业一线从业人员	外贸跟单员	1. 掌握扎实的业务商品知识 2. 掌握娴熟的沟通技巧 3. 掌握扎实的出口生产跟单业务知识 4. 掌握一定的质量控制知识	1. 能根据外贸合同拟定生产合同 2. 能合理安排并监督产品的生产进度 3. 能及时与厂商进行各项沟通，确保外贸合同如期履约	1. 热情的个性 2. 良好的礼仪素养 3. 务实进取的敬业精神 4. 强烈的质量控制意识 5. 良好的人际沟通能力 6. 灵活的语言沟通技巧

二、职业能力培养体系构建

（一）人才培养目标

国际经济与贸易专业主要培养面向中小型外贸企业及上下游产业等相关企业，德、智、体、美全面发展，掌握国际贸易专业基础理论知识和外贸业务等方面的专业技能，具备一定的跨境电子商务技能和扎实的商务英语综合知识，能从事外贸业务、国际商务单证制作、外贸跟单等一线岗位工作，具有良好的职业道德和创新精神的高素质技术型、技能型人才。

人才培养目标清晰地描绘了该专业学生的职业面向及就业岗位。第一，学生毕业后，就业单位的选择主要有三种类型：①中小型外贸企业；②国际物流、货代等外贸上下游企业；③工贸一体的外贸工厂。第二，学生毕业时的入职岗位主要有：外贸业务员、单证员、外贸跟单员等；迁移岗位主要有：国际市场营销代表、跨境电子商务专员、报关报检员等。第三，学生入职后，经过若干年的奋斗，可以向更高层级的岗位晋升和发展。市场调研的结果显示，3~5 年，学生可能晋职的岗位有：中型外贸企业的业务部、单证部或跟单部等部门的主管岗位，或自主创业成立小型外贸企业。

（二）人才培养规格

国际经济与贸易专业面向中小型外贸企业及上下游产业等一线外贸岗位需要，培养外贸业务员、单证员及外贸跟单员等。该专业要求学生必须身心健康、个性开朗，具有良好的职业道德及职业素养；同时，掌握目标岗位所必需的专业技能、语言技能及电脑技能，并能在“工学交替”实践中不断提升业务综合操作技能，具有严谨的工作态度和吃苦耐劳的工作精神。具体内容如表 7-1-2、表 7-1-3 所示。

表 7-1-2 国际经济与贸易专业学生能力与素质要求

要素	具体要求	支撑知识	对应课程
良好的思想政治、职业道德及修养	1. 具备坚定的爱国主义信念 2. 了解国际贸易惯例及国家外贸的法律政策 3. 树立正确的价值观、世界观和人生观 4. 具备良好的职业道德和社会公德 5. 具备诚实守信、爱岗敬业、勤奋好学、吃苦耐劳的优良品质和较强的法律意识	1. 马克思主义理论知识 2. 旅游行业及企业要求 3. 职业道德及修养知识 4. 法律知识	思想道德修养与法律基础 毛泽东思想概论 专业综合实训 形体训练 国际商务礼仪 就业形势及指导
健康的身体及心理	1. 掌握现代体育运动基本知识和技能，并具有一定的文体特长 2. 符合《体质健康标准》所规定的各项指标 3. 没有传染性疾病 4. 具有开朗、乐观、诚实的性格和较好的沟通能力 5. 符合教育部分析的《普通高校大学生心理健康工作实施纲要（试行）》的具体要求，达到心理健康、人格完善 6. 具有健全的意志品质及较强的心理适应能力	1. 体育知识 2. 健康与安全知识 3. 心理学知识 4. 社会学知识	军事训练 大学体育 体育选修 形体训练 客户关系及心理
较强的专业能力	1. 能承担中小型外贸企业及上下游企业外贸业务部、单证部、外贸跟单部中外贸业务员、单证员、外贸跟单员等岗位的工作任务 2. 具备熟练的外贸业务操作能力 3. 具备熟练的外贸跟单能力 4. 具备熟练的国际商务单证操作缮制能力 5. 具备良好的国际商务礼仪素养 6. 具备流利的商务英语听说读写能力、国际商务谈判能力、较强的跨文化交际能力 7. 具备基本的国际市场开发技巧和客户关系维护能力	1. 国际贸易重要理论和世界市场行情 2. 进出口业务流程及基本的职业技能 3. 国际贸易法律法规及国际惯例 4. 基本的电子商务知识及图像处理技术 5. 商务外语听说读写能力 6. 常用办公软件及专业的外贸业务软件知识	交互式英语 计算机应用基础 国贸实务 外贸函电 国际商务单证 报关实务 电子商务 商务英语听说 国际商务谈判 国际商法 报检实务 国际结算 国际金融 国际货物运输 国际货运代理 英美国家概况 图像处理与 excel 国际市场营销 进出口业务综合实训

表 7-1-3　国际贸易专业对应的主要职业资格证书

<table>
<tr><th>序号</th><th>职业资格名称</th><th>考证时间</th><th>主考及颁证单位</th><th>等级</th><th>备注</th></tr>
<tr><td>1</td><td>外贸业务员</td><td>第 4 学期</td><td>中国对外贸易经济合作企业协会</td><td>初级</td><td rowspan="3">专业主要证书</td></tr>
<tr><td>2</td><td>国际商务单证员</td><td>第 4 学期</td><td>中国对外贸易经济合作企业协会</td><td>初级</td></tr>
<tr><td>3</td><td>外贸跟单员</td><td>第 4 学期</td><td>中国对外贸易经济合作企业协会</td><td>初级</td></tr>
<tr><td>4</td><td>货运代理</td><td>每年 10 月</td><td>中国国际货运代理协会</td><td>初级</td><td rowspan="2">专业拓展证书</td></tr>
<tr><td>5</td><td>报关员</td><td>每年 10 月</td><td>中国海关协会</td><td>初级</td></tr>
</table>

（三）职业能力培养体系结构

国际经济与贸易专业的职业培养体系结构是“校企合作，产学对接；四岗递进，工学交替”。

“校企合作，产学对接；四岗递进，工学交替”的专业人才培养模式是湖南外贸职业学院的龙头专业在多年的办学实践中探索出来的一种符合职业教育特点的人才培养模式，也是湖南省优秀示范性特色专业的建设成果之一，即学校与近 50 家不同类型的外贸企业，按照外贸行业人才市场需求变化，参考定向企业人才需求，推行定向培养、订单培养。

（1）校企合作，共同制订人才培养方案。

国际经济与贸易专业与企业共同组建调研工作组，由专业负责人牵头，主要针对长三角、珠三角及省内的农产品企业、工程机械企业、高新技术企业及小商品企业进行专业调研，撰写详细的调研报告，召开调研论证会，共同讨论研究专业人才培养方案的可行性。专业人才培养方案实施一年之后，调研工作组再次组织专业指导委员会召开专题会议，对专业人才培养方案在实施过程中的效果进行评价，并及时反馈信息。根据评价反馈信息，完善与修订专业人才培养方案。

（2）产学对接，确立人才培养内涵。

国际经济与贸易专业调研了广州、深圳、长沙等地几十家外贸企业，通过对企业人才专业结构、学历结构、职业能力、综合素质四个方面的需求进行分析，最后确定本专业主要培养面向中小型外贸企业及上下游企业的德、智、体、美全面发展，掌握国际贸易专业基础理论知识和外贸业务等方面的专业技能，具备一定的跨境电子商务技能和扎实的商务英语综合知识，能从事外贸业务、国际商务单证制作、外贸跟单等一线岗位工作，具有良好的职业道德和创新精神的高素质技术型、技能型人才。

(3) 四岗递进，提升学生实践能力。

通过“走岗、仿岗、轮岗、顶岗”四个递进过程，把校企合作贯串人才培养全过程，把知识技能的掌握和职业素质的提高相融合，把企业文化、行业文化及校园文化相融合，实现学生职业能力和素质的递进式提升。

第一学期，通过安排学生参观世界贸易博物馆，观看外贸业务流程短片，进行“走岗”认知；第二学期，通过带领学生到企业进行“环境体验”，感悟职业氛围，进行“走岗”体验；第三学期，结合校内仿真实训平台和走进定向合作企业进行基本技能的“仿岗”综合能力训练；第四学期，学生以国际商务仿真互动实训平台为基础完成各项目实训任务；第五学期，学生主要通过在校内公司、外贸工厂、外贸企业、报关行完成主要岗位的“轮岗”实训；第六学期，安排学生进入校外实习基地和用人单位进行顶岗实训。

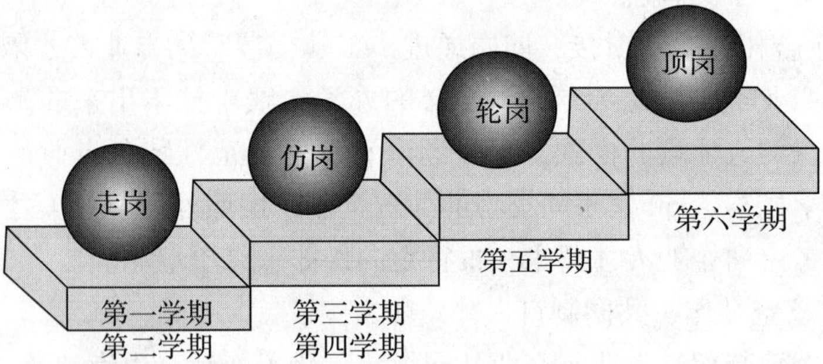

图 7-1-1 “四岗递进”示意图

(4) 工学交替，共建人才培养质量评价体系。

建立由学生、学校、企业、社会四方参与的多元化人才培养质量评价体系。

通过对毕业生的持续跟踪，学校可以从一定程度上把握社会需求的变化趋势，为学校动态调整培养目标与社会需求的符合度提供决策依据。参考外贸行业职业资格标准的相关要求，以考核学生的知识综合运用能力为原则，设置课程考核与项目考核、职业现场考核相结合的考核模式。每年定期向用人单位发放《用人单位对毕业生反馈意见调查表》，收集用人单位对毕业生的思想政治、职业道德、工作态度、知识结构、工作效果、沟通合作、专业技能等方面的综合评价。同时，引入第三方评价系统，每年定期提交一人才培养质量年度报告，对该专业教育教学、人才培养方案、管理服务等各方面工作的改革都具有很好的指导作用，对就业服务和招生工作提供数据支持。

合理的课程体系是实现人才培养目标的关键。学生职业素养的养成和专业技能的提高主要是通过课程体系的构建和课程内容的实施来实现的。

国际经济与贸易专业主要为进出口企业培养懂法律、熟技能、会英语的外贸岗位技术技能型人才，构建基于外贸业务流程的“岗证课对接”的模块化课程体系，其课程体系包括“专业教学课程体系”和“实践教学课程体系”两大组成部分，其中，专业教学课程体系是实践教学课程体系的前提与基础，实践教学课程体系是专业教学课程体系的深化与补充，二者相互渗透、相辅相成，共同服务于人才培养目标的使命。

1. 构建思路

以职业能力培养为主线，坚持工学结合，深入行业企业调研，及时调整、修订人才培养方案，按“专业岗位分析—工作任务分解—职业能力要求—职业资格证书获取—专业课程设置”的程序解构进出口贸易工作过程；基于外贸业务流程，重构“岗证课”融合的课程体系，即以职定岗、以岗定证、以证定课，岗、证、课对接；对接岗位职责，借鉴职业资格标准，开发专业群优质共享及特色课程标准。

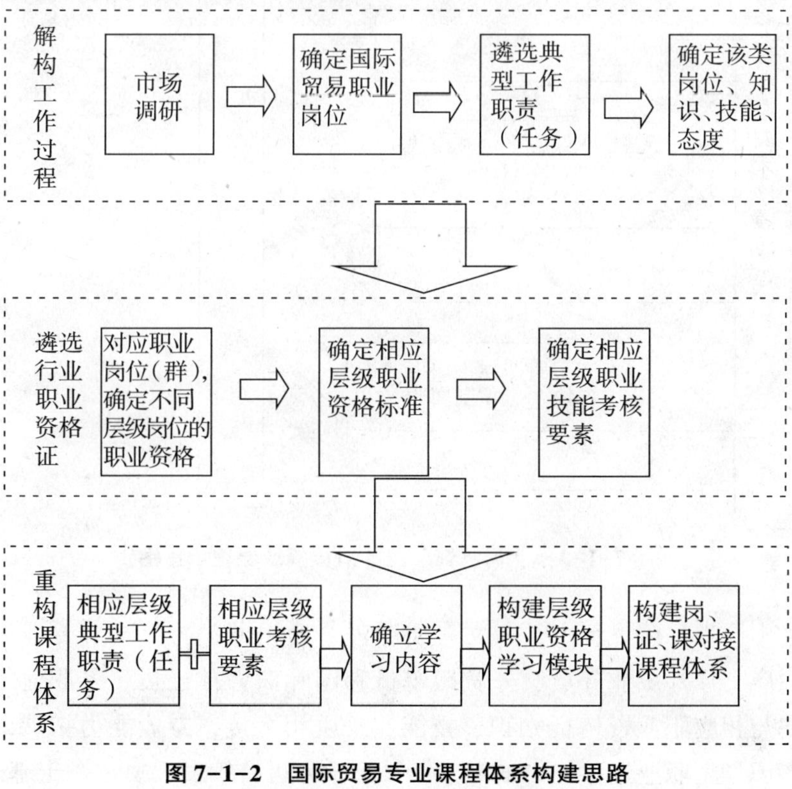

图 7-1-2　国际贸易专业课程体系构建思路

2. 构建内容

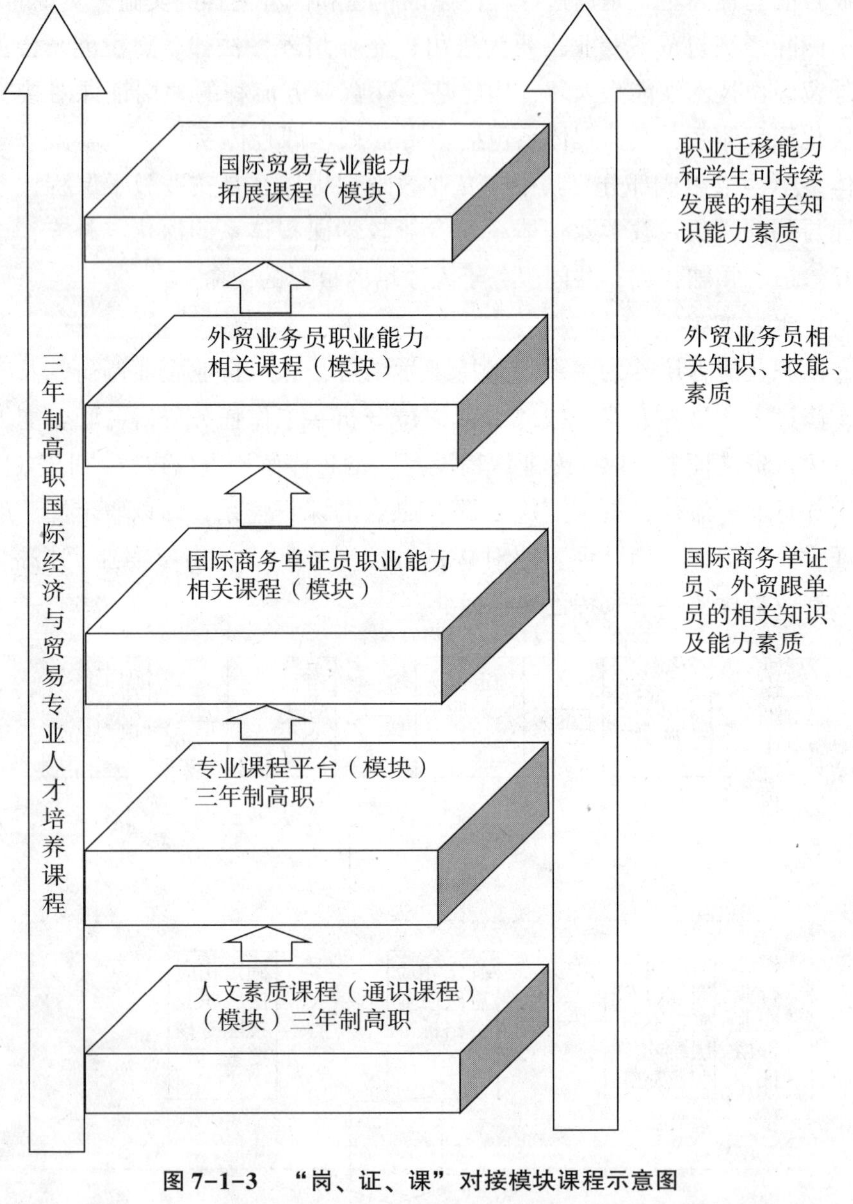

图 7-1-3 “岗、证、课”对接模块课程示意图

在本课程具体设置中，人文素质课程（通识课程）平台和专业课程平台均对应支撑外贸业务员、外贸跟单员和国际商务单证员，各职业能力课程模块与相应职业资格证知识、技能、素质相衔接，专业能力拓展课程模块既考虑学生职业迁移能力的需求，又为学生可持续发展奠定一定基础。

（1）校企深度合作，专家团队开发。

按“调研—论证—修订—执行”的路径，本专业的课程建设团队赴与学校深度合作、实施定向订单培养的企业，如中联重科海外市场部、亚华种业国际贸易公司、义乌湖南商会企业等深入调研，了解随着国际贸易市场政策、法规的变化，企业对国际商务类人才在职业能力、人文素质和职业素养方面的需求，撰写课程建设调研报告并召开课程建设论证会，邀请有丰富实践经验的企业专家共同探讨本专业核心课程的课程标准如何制定。

（2）基于外贸业务流程，完善与优化模块化课程体系。

根据外贸业务流程的顺序，以“岗证课”对接的理念为指导，通过分析被调查企业的核心外贸类岗位的典型工作任务，把本专业面向的核心岗位确定为外贸业务员、国际商务单证员及外贸跟单员，参考每个职业资格认证标准，对应的核心职业资格证书分别是外贸业务员证、国际商务单证员证以及外贸跟单员证，再由各类岗位职业能力要求与职业资格证的考证要求设置对应的课程体系，再按照“人文素质课程模块+专业基础课程模块+专业核心课程模块”的课程设置理念来构建专业课程体系模块。

（3）坚持素质本位，强化实践技能。

从市场调研结果来看，大部分用人单位都认为培养大学生的良好的职业素质是第一位的，因此课程体系专门设置了大学生职业素养和心理教育课程，并将专业的职业准则有机融入专业课程中。同时，专业课程，实行“工学交替”“做学结合”，强化学生实践技能培养（实践教学课时占总课时的51.6%）。

（4）引入行业标准，动态更新教学内容。

所有的专业课程实时引入外贸行业企业的新知识、新标准、新工艺和国际通用的技能型人才职业资格标准，动态更新教学内容。

根据本专业的设置理念，对应外贸行业特点，同时紧密对接相关职能部门和行业协会，实时更新并掌握现有的知识和行业标准/职业标准。

表 7-1-4 行业标准/职业标准更新对照

专业名称	行业/职业标准对接部门	更新内容
国际贸易专业	商务部政策司	商务部令 2014 年第 2 号《执行 WTO 贸易救济争端裁决暂行规则》
	中国外经贸企业协会	国际商务单证员考核标准
	国际商会	UCP600、ISBP 最新修订
	商务部政策司	商务部关于促进电子商务应用的实施意见

新的课程体系要求大力推进教学方法、教学手段改革，具体要求如下。

（1）鼓励使用现代化的教学手段。为达到理想的人才培养目标，必须紧跟时代发展，采用现代化的教学手段，如多媒体教学、空间教学等化手段，使教学内容更加丰富、生动和富有吸引力，鼓励学生自主学习。

（2）鼓励采用先进的教学方法。根据目标岗位群典型工作任务和职业能力确定的课程在教学过程中，应当根据工作任务的完成过程，采用任务驱动、情境模拟、案例分析、角色扮演等先进的教学方法。

（3）鼓励充分利用实训室进行理实一体化教学。能力本位的课程体系，要求非常注重理实一体化教学。因此，教师要根据课程的性质、特点及与职业的联系，设定相关的实训项目和任务，开展理实一体化教学。

课程体系的改革与实施需要从以下几个方面进行保障。

（1）建立长效的校企深度合作机制。校企合作订单培养是实施和优化这一课程体系的基础。无论是理论教学，还是学生的跟岗实训以及毕业顶岗实习，都离不开外贸企业的合作与支持，因此，需要选择具有一批有实力外贸企业和行业或园区，建立长效的校企深度合作机制，实行深度校企合作办学。

（2）建设高素质的“双师型”师资队伍。教师是课程体系实施的执行者，是教学过程的主导者。国际贸易专业的“双师型”教师不仅要具备扎实的外贸业务水平和理论基础，还要了解外贸企业及相关产品的经营情况、行业标准和国际惯例。据此，学校可以通过聘用企业技能专家和业务骨干担任相关课程的教学任务，以保证教学质量和学生专业技能达到企业要求，同时选派专业教师前往企业锻炼，参与或指导企业的相关进出口业务，增进对企业的了解。

（3）建设数量充足、设备齐全的校内实训基地。数量充足、设备齐全的校内实训基地是实现理实一体化教学的基础，是实施理论教学方法、手段改革及提高校内教学质量的保障。国际贸易专业校内实训室如表 7-1-5 所示。

表 7-1-5　国际贸易专业部分校内实训室一览表

序号	实训室名称	实训室地点	实训项目	室内面积（m^2）	完善/新建
1	世界贸易博物馆	办公楼 105	国际贸易认知（历史、文化、业务流程）	190	新建
2	外贸谈判实训室	实训教室 104	商务谈判模拟实训、商务礼仪学习	187	完善
3	国际货代实训室（长沙华宇国际物流公司）	实训教室 106	国际海运代理、空运代理、陆运代理以及集装箱运输代理模拟实训	124	完善
4	进出口保险实训室	实训教室 108	海运保险、陆运保险、航空保险、邮包运输保险模拟实训	124	完善
5	报关实训室	实训教室 110	报关企业注册登记实训、进出口货物通关实训	150	完善
6	报检实训室	办公室 111	进出境货物报检实训	103	完善
7	外贸公司	实训教室 112	交易磋商、签订合同、租船订舱、投保、报检、报关、结汇等基于业务流程的模拟实训	122	完善
8	国际贸易仿真实训室(长沙盛元出口贸易公司)	实训教室 115	交易磋商、合同缮制、租船订舱、投保、报检、报关、结汇、争议处理等基于业务流程的模拟实训	187	完善
9	保税贸易实训室	实训教室 117	寄售代理、进料加工、保税业务流程的模拟实训	124	新建
10	外汇管理实训室	实训教室 119	外汇核销业务流程实训、发票的缮制与审核、汇票的缮制、审核、背书、承兑、追索的模拟实训	124	完善
11	国际结算实训室（单证）（中国银行）	实训教室 120	L/C 的申请与开立、审核与修改、运输单据、保险单据、商业发票及其他单据的缮制	150	完善
合计			1585m^2		

3. 构建“走岗认知—仿岗实训—轮岗实训—顶岗实习”的实践教学体系

教育部《关于全面提高高等职业教育教学质量的若干意见》（教高〔2006〕16号文件）明确提出高等职业教育应“大力推行工学结合，突出实践能力培养，改革人才培养模式”。要实现这一人才培养目标，高职院校应当根据专业的特点和行业的需求，积极探索“订单培养、工学交替”的人才培养模式，加强“校企合作，实习、实训基地建设”“突出教学过程的开放性、实践性和职业性”。由此可见，实践教学是培养专业人才就业能力和职业素养的有效途径，建立完善的、科学的、符合人才培养目标的实践教学体系十分必要。

湖南外贸职业学院国际贸易专业依托中央财政重点支持的实训基地，以国际贸易仿真实训平台为基础，探索出了“四岗递进”（即走岗认知、仿岗实训、轮岗实训、顶岗实训）的实践教学体系。

实践教学体系是一个通过在实践教学过程中各个要素相互联系所构成的有机整体，可分为校内实践教学和校外实践教学。

校内实践教学包括以下四个方面。

（1）课程的实践教学。

课程的实践教学是指教师根据课程的内容、特点以及职业的相关性，将课程中的理论教学与实践教学融合起来，做到理论联系实际，实现理实一体化。例如，在国际贸易实务课程教学中，按出口业务流程，将教学内容分为交易前准备、交易磋商、合同签订、合同履行及交易善后五个模块，每个模块设定若干个教学情境，采用情境模拟、任务驱动、角色扮演、案例分析等教学方法引导学生完成课程实训。课程实践教学与理论教学的比重设置由教师根据课程的性质和内容确定，但每门课程都要求有实践教学课时安排、内容设计和实践教学考核方案。

（2）综合技能训练。

国际贸易专业的所有核心课程如国贸实务、国际商务单证操作、报关实务、国际商务谈判、商务英语听说等均开设专业课程综合实训，利用校内仿真实训室和实训设备，在每学期最后两周，集中开设相应学时的专业技能模拟训练课程，并聘请企业技能专家进行技能指导和考核。综合技能训练是对课程技能实训的强化和提高，可为企业顶岗实习奠定技能基础。

（3）专业技能竞赛。

以学年为单位，定期举办校级外贸技能大赛，并积极组织学生参加全国职业院校技能大赛。

（4）校内生产性实训基地实践教学。

国际贸易专业依托中央财政重点支持的实训基地，建设有国际经济与贸易专业实训基地 $1585m^2$，有包括进出口业务公司和外贸职能部门在内的相关机构 11 个，大大提升了学生的职业岗位能力，同时也满足了专业课程专项实训和项目综合实训的要求。该平台基于进出口业务流程，不断进行改进和完善，重点将进出口业务的作业活动与网络数据化手段相结合，融内容、方法及手段于一体，实现了每一笔进出口业务的可操作化，即在仿真情境下，由学生自行设定交易信息和交易方式并进行相应的组合，实现无纸化贸易。同时扩大了“校中企”——长沙将旺电子贸易有限公司的规模，公司内部新建产品陈列室，让学生熟悉公司经营的所有产品的名称、规格、型号、性能、数量、价格等详细信息，做到正确、有效发盘；扩建业务部，增添办公设备，以满足更多的学生开展外贸业务的需求；注重公司文化建设，通过宣传、教育、培训等方式，让学生感受真实工作情境，调整心态，自觉遵守公司规章制度，形成员工意识。

校外实践教学是指学校通过校企合作平台，充分利用合作企业的真实工作环境、工作岗位和工作内容开展实践教学活动。这是学生岗位职业能力培养的关键环节。按“走岗认知—仿岗实训—轮岗实训—顶岗实训”的实践教学体系构建思路，主要分四阶段完成。

第一阶段：走岗认知。职业认知实践教学即见习实训。多数学生虽然选择了国际贸易专业但对外贸却知之甚少，对该专业从业人员的工作内容、程序、要求及职业发展更是一片茫然。为了让学生更多地了解地国际经贸形势及外贸行业，树立正确的职业思想，一般在第一学期组织学生观看国内外经贸形势短片，安排学生参观校内大型实训基地，熟悉基本的外贸业务流程，增加学生对外贸行业的感性认识。

表 7-1-6　走岗认知管理工作流程

时间	责任人	工作任务
第一学期第十二周	专任教师	1. 参观世界贸易博物馆，完成国际贸易认知（历史、文化、业务流程） 2. 观看外贸业务流程短片

续表

时间	责任人	工作任务
第二学期第一周至第十二周	教研室主任	分组、分班参观企业、外贸工厂，了解外贸业务工作流程，组织学生座谈会，写心得体会

第二阶段：仿岗实训。在完成了基本的专业知识储备后，学生在校内专职教师和企业兼职教师的指导下，完成交易磋商、出口报价、签订内销合同等业务步骤，并制作外销合同、保险合同、运输合同、缮制发票、汇票、保险单、运输单据、报检单、报关单等全套外贸单据，同时完成通关、结汇等实践技能训练任务，以促进学生职业素养的养成和岗位操作技能的生成，使学生掌握实践知识和技术理论知识，达到外贸一线从业人员的技能水平，适应企业的岗位技能需要（见表 7–1–7）。

表 7–1–7　仿岗实训管理工作流程

时间	地点	责任人	工作任务
第三学期	实训室	校内专任教师、企业兼职教师	1. 完成商务谈判模拟实训 2. 完成商务礼仪学习 3. 完成交易磋商实训任务 4. 完成合同缮制、提单、汇票填制的实训任务
第四学期（第一周至第十四周）	实训室	校内专任教师、企业兼职教师	1. 完成国际海运代理、空运代理、陆运代理以及集装箱运输代理模拟实训 2. 完成海运保险、陆运保险、航空保险、邮包运输保险模拟实训 3. 完成签订内销合同、外销合同、保险合同、运输合同的实训任务缮制发票、汇票、保险单、运输单据、报检单、报关单等各种单据 4. 完成交易磋商、签订合同、租船订舱、投保等基于外贸业务流程的实训 5. 完成 L/C 的申请与开立、审核与修改、运输单据、保险单据、商业发票及其他单据的缮制

第三阶段：轮岗实训。根据人才培养方案的要求及学生的职业能力养成规律，在具备一定的专业技能后，本专业学生赴合作企业或自行联系外贸企业进行外贸业务员、单证员及外贸跟单员等主要岗位的轮岗实训，跟着师傅边学边做，进一步巩固专业技能（见表 7–1–8）。

表 7–1–8　轮岗实训管理工作流程

时间	地点	责任人	工作任务
第四学期（第十六周—暑假）第五学期（第一周—十五周）	1. 外贸工厂 2. 外贸公司 3. 报关行	校内专任教师、企业兼职教师	分组分班安排学生在校内公司、外贸工厂、外贸公司单证部或操作部以及报关行完成跟单、审证制单、报关、开发新客户、洽谈贸易合同等项目任务，完成跟单员、单证员、报关员、业务员工作岗位主要工作任务的轮岗实训。

第四阶段：顶岗实训。依托校中企和大型校内实训基地完成综合专业实践课程中的工作本位学习。学生在企业指导教师的指导下，完成实际业务，查找问题，最终达到熟练掌握的程度。最终以企业指导教师的评定以及学生顶岗实训报告作为学生毕业设计成绩评定的主要依据，如表 7–1–9 所示。

表 7–1–9　顶岗实训管理工作流程

时间	责任人	工作任务
第五学期第十六周	辅导员	进行学生动员
第五学期第十七周	教研室主任	建立班级顶岗实训管理小组
第六学期第一周	学校指导教师	签订“顶岗实训承诺书”
第六学期第一周	企业领导部门	进行岗前教育
第六学期 第二至十七周	学校、企业指导教师	实施工学结合课程
	学校指导教师	每周与企业兼职教师沟通，与学生见面，批阅学生周记。
	系主任	每月召开顶岗实训专题研讨会
第六学期 第七至八周	系督导组	问卷调查、学生座谈会，对专业、学生和企业实施顶岗实习情况进行期中检查
第六学期 第十七至十八周	学校指导教师	成绩评价，资料准备、收集工作
第六学期 第十九至二十周	系主任、管理小组组长	完成成绩评定，表彰优秀学生，进行总结、研讨

该专业与湖南亚华国际贸易有限公司、三一重工海外市场部、湖南省粮油进出口集团、湖南省纺织品进出口公司等合作企业逐步发展并完善学

生实践教学过程，通过观看业务流程短片和参观外贸企业，使学生明确所学专业就业取向，完成认知学习；通过去合作企业贴岗实训、顶岗实习，熟练掌握外贸业务工作流程、签订合同、审证改证、缮制单据、租船订舱、投保、报检、报关、结汇等。将校外实习实训基地建设与学生就业和教师培训相结合，以学院、企业、教师、学生四方利益的结合为出发点，为实践教学提供真实的业务环境。教师在企业挂职锻炼，及时掌握国际贸易行业前沿新技术、新规则，使理论教学与实践紧密结合。学生在企业完成工作任务，了解企业实际、体验企业文化，完成外贸业务流程实习实训。表现优异者，用人单位可与其直接签订就业协议，实现学生到企业员工的转变。

上述实践教学体系的实施，需要以下配套条件作保障。

(1) 建立完善的校内实践基地和实训制度。

校内实践承担着学生单项技能训练、综合实训技能强化和技能运用等重要的实践教学任务，需要建立设施设备完善的校内实训基地，以满足课程单项技能实训和综合技能实训的需求；需要建立稳定的校级、省级乃至国家级专业技能竞赛制度，定期举办和参加各种级别的专业技能大赛。

(2) 建立稳固的校外实践基地和实践制度。

校企合作、订单培养是实施这一实践教学体系制度的目的与基础。无论是“双师型”教师队伍建设，还是学生的逐级轮岗实践教学、晋级考核与就业，都需要选择与培养目标一致的行业或外贸企业，建立长期、稳固的校企合作机制，实行校企深度融合，真正实现“招生、办学”和“实习、就业”的“双主体育人”模式。

(3) 建设高素质的“双师型”师资队伍。

教师是课程体系实施的执行者，是教学过程的主导者，因此，必须具备较强的进出口业务操作水平和扎实的理论基础。例如，主讲国际商务单证课程的专业教师，就应具备国际商务单证员培训师资格并有一定的外贸公司单证制作经验。针对当前高校教师“高学历、少实践”的现状，一方面，学校可以与企业建立长期的合作关系，选派专业教师前往企业锻炼，参与企业的经营、管理和服务活动，既可以收集真实的教学资料，又可以提高其实践技能。另一方面，可以通过聘用企业专家和业务骨干担任专业课程的实践指导，保证教学质量和学生专业技能的提高。

(4) 建立完善的实践教学制度。

不论是课程实践教学、综合技能训练、校内经营性实践基地的实践教学，还是校外四阶段的实践教学，都必须有明确的实践教学目的、内容及考核方式，在遵循学情和学生的职业技能成长规律的基础上，形成有机且循序渐进的实践教学体系。同时，为了合理利用资源，有些实践活动需要不同年级有条不紊地交错进行。这就必须要有完善的实践教学制度来保障，完善的实践教学制度的建立是一个长期探索和积累的过程。

三、职业能力评价

1. 评价指标体系构成

（1）基本构建思路。

①以养成理论为理论基础，以国际贸易专业岗位职业能力需求分析为依据，力图全面考虑反映外贸行业职业能力水平的因素，我们设定了 3 大类指标，即职业特定能力、行业通用能力、职业素养。

②构建树形结构的指标体系（见图 7-1-4），以使构建的指标体系内部保持严格的逻辑统一性。

③指标的选取遵循现实性、精简性、独立性、可操作性、导向性等五个原则，以提高职业能力评价的效度和信度。

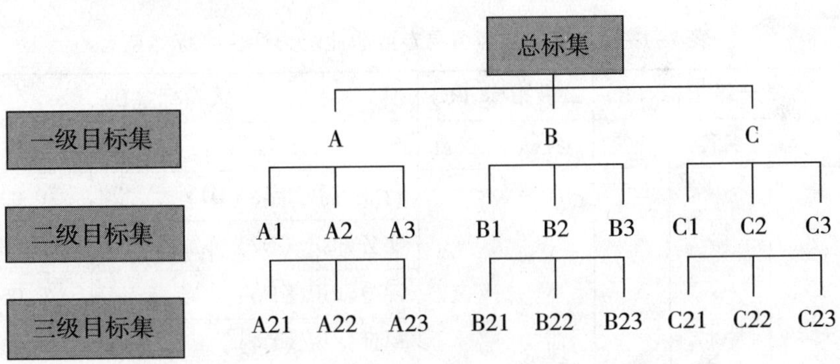

图 7-1-4　树形结构指标体系

（2）评价指标选取与构建。

①职业特定能力。

它是指从事外经贸行业的相关职业、岗位和工种必须具备的知识和技能，由此设立理论知识、专业技能 2 个二级指标。理论知识指标下设立行业发展知识、实务知识、函电知识、单证知识、报关知识、跟单知识、电子商务知识、商务谈判知识、商务英语听说知识 8 个三级指标；专业技能指标下设立进口业务操作技能、出口业务操作技能、函电磋商技能、跟单技能、单证制作技能、商务谈判技能、电子商务操作技能、报关技能、报检技能、国际市场开发技能 10 个三级指标。

②行业通用能力。

它是指从一般职业活动中抽象出来的可通用的基本能力，可适用于行业内各个职业和工种。由此设立了专业语言能力、计算机操作能力、行业适应能力 3 个二级指标。专业语言能力指标下设立英语语言能力，中文表达能力 2 个三级指标；计算机操作能力下设立办公自动化操作能力、外贸软件操作能力 2 个三级指标。职业适应能力指标下设立沟通协调能力、团队协作能力、主动学习能力、心理承受能力 4 个三级指标。

③职业素养。

它是指从事某项职业所需具备的基本素质。由此设立职业道德、职业精神、职业礼仪 3 个二级指标。职业道德指标下设立爱岗敬业、遵纪守法 2 个三级指标；职业精神指标下设立吃苦耐劳、诚实守信、细致严谨、工作责任感 4 个三级指标；职业礼仪下设立仪容仪表、言行举止 2 个三级指标。

综上所述，我们构建了包括 4 个层次、3 个方面、37 个具体指标的高职国际贸易专业职业能力评价指标体系，如表 7-1-10 所示。

表 7-1-10　高职国际贸易专业职业能力评价指标体系

<table>
<tr><th rowspan="2">目标（A）</th><th colspan="2">一级指标（B）</th><th colspan="2">二级指标（C）</th><th colspan="2">三级指标（D）</th></tr>
<tr><th>名称</th><th>权重</th><th>名称</th><th>权重</th><th>名称</th><th>权重</th></tr>
<tr><td rowspan="9">职业能力</td><td rowspan="9">职业特定能力（B1）</td><td rowspan="9">0.115</td><td rowspan="9">理论知识（C1）</td><td rowspan="9">0.25</td><td>行业发展知识（D1）</td><td>0.022</td></tr>
<tr><td>实务知识（D2）</td><td>0.068</td></tr>
<tr><td>函电知识（D3）</td><td>0.088</td></tr>
<tr><td>单证知识（D4）</td><td>0.032</td></tr>
<tr><td>报关知识（D5）</td><td>0.149</td></tr>
<tr><td>跟单知识（D6）</td><td>0.181</td></tr>
<tr><td>电子商务知识（D7）</td><td>0.111</td></tr>
<tr><td>商务谈判知识（D8）</td><td>0.119</td></tr>
<tr><td>商务英语听说知识（D9）</td><td>0.230</td></tr>
</table>

续表

目标（A）	一级指标（B）		二级指标（C）		三级指标（D）	
	名称	权重	名称	权重	名称	权重
职业能力	职业特定能力（B1）	0.115	专业技能（C2）	0.75	进口业务操作技能（D10）	0.141
					出口业务操作技能（D11）	0.141
					函电磋商技能（D12）	0.141
					跟单技能（D13）	0.085
					单证制作技能（D14）	0.057
					商务谈判技能（D15）	0.053
					电子商务操作技能（D16）	0.053
					报关技能（D17）	0.175
					报检技能（D18）	0.034
					国际市场开发技能（D19）	0.120
	行业通用能力（B2）	0.564	专业语言能力（C3）	0.27	英语语言能力（D20）	0.533
					中文表达能力（D22）	0.467
			计算机操作能力（C4）	0.12	办公自动化操作能力（D23）	0.25
					外贸软件操作能力（D24）	0.75
			行业适应能力（C5）	0.61	沟通协调能力（D25）	0.463
					团队协作能力（D26）	0.169
					主动学习能力（D27）	0.272
					心理承受能力（D28）	0.096
	职业素养（B3）	0.321	职业道德（C6）	0.206	爱岗敬业（D29）	0.75
					遵纪守法（D30）	0.25
			职业精神（C7）	0.429	吃苦耐劳（D31）	0.210
					诚实守信（D32）	0.176
					严谨细致（D33）	0.176
					工作责任感（D34）	0.438
			职业礼仪（C8）	0.365	仪容仪表（D35）	0.333
					言行举止（D36）	0.667

2. 评价指标权重与等级设置

（1）确定评价指标权重。

指标的权重是指在相同的目标约束下，各指标间的重要性关系，因此，科学确定各评价指标权重对整个评价体系起着举足轻重的作用。我们主要采用较为成熟的 AHP 法（层次分析法）对评价指标赋以权重。具体步骤如下。

第一步：建立两两比较判断矩阵。

两两比较是指在同一层次的各个因素上对上一层次某个特定因素的相对重要性的比较，进而构造出判断矩阵。重要性采用 1–9 标度法（见表 7–1–11）进行标度。同一层次内 n 个指标相对重要性的判断由若干位专家完成。

表 7–1–11 “1–9” 标度表

标度 α_{ij}	含义
1	表示两个因素相比，具有同样重要性
3	表示两个因素相比，一个因素比另一个因素稍微重要
5	表示两个因素相比，一个因素比另一个因素明显重要
7	表示两个因素相比，一个因素比另一个因素强烈重要
9	表示两个因素相比，一个因素比另一个因素极端重要
2，4，6，8	上述两相邻判断的中值
倒数	因素 i 与 j 比较的判断 α_{ij}，则因素 j 与 i 比较的判断 $\alpha_{ij}=1/\alpha_{ij}$

注：α_{ij} 为 i 行指标对 j 列指标进行重要性两两比较的值

第二步：确定指标权重。采用和积法来计算权重向量。

（2）评价等级设置。

评价等级的数量设置没有统一的规定，可根据实际需要设定。一般来讲，评价等级数量越多，其精确度就越高，整个评价的复杂程度也会随之增强。为了保证职业能力评价等级科学性，参照职业能力与职业认同感测评（COMET）模型，我们将评价等级设定为 4 个级别，即名义能力、功能性能力、过程性能力和整体化的设计能力。具体解释如下。

①名义能力。名义能力是职业能力水平的第一层次，该层次的学生具有表面的、概念性的知识。

②功能性能力。这一级别的学生具备使用专业工具所需的与情境无关

的基本知识和相应的技能。同一专业领域，完成不同难度的工作任务所体现的功能性能力不同。

③过程性能力。这一能力涉及工作过程知识和相关的职业资格要求，需要学生在完成工作任务的过程中具备考虑到经济性、顾客导向和过程导向等多方面要求，即职业的质量意识。

④整体化的设计能力。该级别要求学生将工作任务放到整个系统中去认识，不仅要注意任务的复杂性，还要考虑多样化的企业和社会环境条件对工作过程和结果的不同要求。

等级确定之后，我们还会经常征求相关行业管理专家、企业工程技术专家、职业教育专家意见，以便发现评价等级设定中存在的不足，不断完善，从而使职业能力评价指标体系更加完善。

第二节　酒店管理专业案例

职业能力既是高职学生提高就业竞争力的关键，也是增强企业核心竞争的基础，更是高职院校教育的使命。养成教育理论的原理是将职业能力的形成过程，分解成“知识技能学训—仿真实训—企业实训—顶岗实训”四个阶段的养成过程，使学生能够在优秀的行业职业氛围中“水到渠成”地掌握职业能力，实现学生的职业化与社会化，使之成为行业专门人才。湖南外贸职业学院的酒店管理专业自 2011 年开始，按照养成教育的原理，借鉴世界职业教育发达国家的成功经验，基本完成了科学、有序的职业能力养成人才培养体系的构建。经过 3 年的实践，职业能力养成人才培养体系已初显成效，学生职业能力的提升速度和提升质量得到了国际国内高星级酒店、学生与家长、学校等各方的一致认可，尤其是酒店行业，他们希望这种职业能力养成人才培养体系能够得到推广，让全社会受益。

一、岗位能力分析

本专业的就业面向主要是国际国内品牌高星级酒店，主要就业的岗位性质是高级服务员、贴身管家与初级、中级管理者，下面就具体的就业岗位进行详细的岗位能力分析，以为职业能力体系构建的科学性和针对性奠定基础，如表 7-2-1 所示。

表 7-2-1　酒店管理专业岗位能力分析

<table>
<tr><th rowspan="2">工作岗位领域</th><th rowspan="2">主要工作岗位</th><th colspan="3">职业能力与素质要求</th></tr>
<tr><th>知识</th><th>能力</th><th>素质</th></tr>
<tr><td rowspan="3">国际国内高星级酒店营运部门高级服务员</td><td>高级餐饮服务员</td><td>1. 掌握一定的菜肴、酒水、烹饪等方面的知识
2. 掌握娴熟的餐饮服务技巧
3. 掌握扎实的酒店服务英语等外语口语知识
4. 掌握有效沟通的技巧
5. 掌握一定的推销技巧</td><td>1. 能为顾客提供快速高效的餐饮服务
2. 能熟练、礼貌、得体地为顾客提供个性化服务
3. 能适时、恰当地推销介绍酒店各类产品</td><td>1. 热情开朗的个性
2. 良好的礼仪素养
3. 充足的敬业精神
4. 强烈的服务意识和团队合作意识
5. 良好的人际沟通能力
6. 流利的外语交流能力</td></tr>
<tr><td>高级前厅服务员</td><td>1. 掌握酒店产品知识、中外人文民俗知识
2. 掌握娴熟的前厅服务技巧
3. 掌握扎实的酒店服务英语等外语口语知识
4. 掌握有效沟通的技巧
5. 掌握一定的推销技巧</td><td>1. 能为顾客提供快速高效的前厅服务
2. 能熟练、礼貌、得体地为顾客提供个性化服务
3. 能适时、恰当地推销介绍酒店各类产品，给客人提供准而实的信息</td><td>1. 热情开朗的个性
2. 杰出的礼仪、形象素养
3. 充足的敬业精神
4. 强烈的服务意识和团队合作意识
5. 良好的人际沟通能力、灵活的语言技巧
6. 流利的外语交流能力</td></tr>
<tr><td>高级客房服务员</td><td>1. 掌握房务知识、中外人文民俗知识
2. 掌握娴熟的客房服务技巧
3. 掌握扎实的酒店服务英语等外语口语知识
4. 掌握有效沟通的技巧
5. 掌握一定的推销技巧</td><td>1. 能为顾客提供快速高效的客房服务
2. 能熟练、礼貌、得体地为顾客提供个性化服务
3. 能适时、恰当地推销介绍酒店各类产品，给客人提供准确的信息</td><td>1. 热情的个性
2. 良好的礼仪素养
3. 充足的敬业精神
4. 强烈的服务意识和团队合作意识
5. 良好的人际沟通能力、灵活的语言技巧
6. 流利的外语交流能力</td></tr>
</table>

续表

<table>
<tr><th rowspan="2">工作岗位领域</th><th rowspan="2">主要工作岗位</th><th colspan="3">职业能力与素质要求</th></tr>
<tr><th>知识</th><th>能力</th><th>素质</th></tr>
<tr><td>国际国内高星级酒店营运部门基层管理岗位</td><td>餐饮、客房、前厅部门领班、主管</td><td>1. 掌握丰富的菜肴、食品、酒水、烹饪，酒店设施设备、服务种类，客房维修保养、物资管理等方面的知识
2. 掌握熟练的服务技巧
3. 掌握部门的服务质量标准、标准操作程序，工作技能培训技巧
4. 掌握团队管理、计划制订与实施的基本方法
5. 掌握职业健康安全知识与检查、监控的基本方法
6. 掌握一定的推销技巧和客户关系维护方法，并能在工作中灵活运用
7. 掌握扎实的酒店服务英语等外语口语知识</td><td>1. 能胜任各种接待服务工作
2. 能熟练、礼貌、得体地为顾客提供个性化服务
3. 能解决顾客的特殊问题与要求，为顾客排忧解难
4. 能对服务员的各项工作实施有效督导与培训
5. 能做好所辖员工的工作安排与调配，融洽团队氛围
6. 能适时、恰当地推销介绍酒店各类产品，给客人提供准确的信息</td><td>1. 热情开朗的个性
2. 杰出的礼仪素养
3. 充足的敬业精神
4. 强烈的服务意识和团队合作意识
5. 良好的交际、沟通、组织协调能力
6. 流利的外语交流能力</td></tr>
<tr><td colspan="2">国际国内高星级酒店市场销售部销售主任</td><td>1. 熟练掌握酒店市场调查与分析判断方法、产品销售方法与推销技巧、客户关系维护方法，并能在工作中灵活运用
2. 了解合同法、企业法、旅游法以及有关涉外法规
3. 掌握扎实的英语等外语语言知识</td><td>1. 能撰写市场调研报告，制订工作计划、总结及业务汇报
2. 能独立开发有效客源、维护已有业务关系
3. 能独立处理复杂问题和危机事件</td><td>1. 性格外向、反应敏捷、观察力敏锐、有亲和力
2. 良好的礼仪素养
3. 强烈的服务意识、团队合作意识和责任感
4. 杰出的沟通能力、交际能力，组织协调能力
5. 较强的中英文语言表达、书写能力</td></tr>
</table>

续表

工作岗位领域	主要工作岗位	职业能力与素质要求		
		知识	能力	素质
国际国内高星级酒店人力资源部人力资源文员、人力资源协调员		1. 掌握扎实的英语等外语语言知识 2. 了解办公室工作程序及系统 3. 了解人事、工资、劳动保护、社会保险等政策、法规。 4. 掌握职业健康安全知识与监控方法 5. 掌握文员工作、文书档案管理、接待礼仪等知识	1. 能起草各类文件、报告 2. 能熟练使用 Word、Excel、PowerPoint 等办公软件 3. 能协调好员工关系	1. 性格开朗、反应敏捷、观察力敏锐 2. 有亲和力，有耐心 3. 良好的礼仪素养 4. 强烈的服务意识、团队合作意识和工作责任感 5. 杰出的沟通能力、交际能力，组织协调能力 6. 英语口语、书写流利 7. 较强的文字组织能力和语言表达能力
国际国内高星级酒店人力资源部培训协调员		1. 掌握娴熟基本的培训知识与培训技巧 2. 熟练使用 Word、Excel、PowerPoint 等办公软件和视频制作软件 3. 掌握扎实的英语等外语语言知识	1. 能编制培训计划、制度、员工活动策划书 2. 能熟练制作各种培训课件、培训资料 能胜任仪容仪表、电话礼仪等相关入职培训工作 3. 能协助培训经理及人力资源经理完成相应的工作，能承受压力并接受挑战	1. 性格开朗 2. 有亲和力，工作主动性 3. 良好的礼仪素养 4. 强烈的服务意识、团队合作意识和责任感 5. 优秀的展示技巧 6. 杰出的沟通能力、交际能力，组织协调能力 7. 英语口语、书写流利 8. 较强的文字组织能力和语言表达能力

续表

工作岗位领域	主要工作岗位	职业能力与素质要求		
		知识	能力	素质
国际国内高星级酒店管家		1. 掌握丰富的菜肴、酒水、房务、中外文化习俗、康乐设施等知识，知识面要宽 2. 掌握优秀的前台、预订、餐饮、酒水、宴会、会务、客房、康乐票务、商务秘书、礼宾等专业服务技能和服务礼仪 3. 熟练掌握顾客需求预测方法 4. 掌握一定推销技巧，并能在工作中灵活运用 5. 熟练掌握客史档案收集与管理方法、宾客关系维护技巧，并能在工作中灵活运用 6. 掌握一定的旅游知识，能回答客人旅游观光和购物咨询，甚至能设计高品质的旅游线路	1. 能提供翻译、秘书等服务 2. 能制订周到细致的 VIP 接待计划 3. 能熟练、礼貌、得体地为顾客提供个性化服务 4. 能解决顾客的特殊问题与要求，为顾客排忧解难	1. 热情开朗和乐于助人的性格，有亲和力、充足的敬业精神 2. 优秀的礼仪素养和文化修养 3. 强烈的细节服务意识、团队合作意识、责任感、时间意识 4. 较强的观察分析能力、灵活应变能力、抗压能力 5. 杰出的交际能力，沟通能力，组织协调能力 6. 优秀的英语等外语沟通、应用能力
大中型餐饮连锁企业基层主管		1. 掌握一定的菜肴、食品、酒水、烹饪等方面的知识 2. 掌握熟练的服务技能和技巧 3. 掌握部门的服务质量标准、标准操作程序 4. 掌握团队管理、计划制订与实施的基本方法 5. 掌握职业健康安全知识与检查、监控的基本方法 6. 掌握一定推销技巧和客户关系维护方法，并能在工作中灵活运用	1. 能胜任餐厅的各种接待服务工作 2. 能熟练、礼貌、得体地为顾客提供个性化服务 3. 能对服务员的各项工作实施有效督导 4. 能做好所辖员工的工作安排与调配 5. 能适时、恰当地推销介绍餐饮各类产品	1. 热情开朗的个性 2. 良好的礼仪素养 3. 充足的敬业精神 4. 强烈的服务意识、团队合作意识、责任感 5. 较强的交际、沟通及组织协调能力 6. 流利的外语交流能力

二、职业能力培养体系构建

(一) 人才培养目标

酒店管理专业面向国际国内高星级酒店、大中型餐饮连锁公司、政府事业单位外事接待中心等旅游企事业单位的基层岗位，培养德、智、体、美全面发展，身心健康，爱岗敬业，具有良好的职业道德、服务意识、吃苦耐劳精神及创新精神的，掌握酒店管理基础知识，服务技能及基础管理技能，具备良好沟通能力与外语语言能力，能胜任餐饮部、客房部、前厅部、销售部等部门的高级服务员、领班、主管、酒店管家等岗位的“高素质、高技能、双语型”酒店管理专门人才。

酒店管理专业人才培养目标清晰地描绘了该专业学生的职业面向及就业岗位。学生毕业后就业单位的选择主要有三种类型：（1）国际国内高星级酒店；（2）大中型餐饮连锁企业；（3）政府事业单位外事接待中心；学生毕业时的入职岗位主要有：餐饮部、客房部、前厅部、销售部高级服务员、领班、主管、酒店管家等；学生入职后，经过若干年的奋斗，可以向更高层级的岗位晋升和发展。根据市场调研，五年内，学生可能晋职的岗位有：国际国内高星级酒店餐饮部、客房部、前厅部、销售部、人力资源部等部门的部门经理岗位；大中型餐饮连锁企业中、高层管理岗位；政府事业单位外事接待中心餐饮部、客房部、前厅部、销售部、人力资源部等部门的部门经理岗位。

(二) 人才培养规格

酒店管理专业面向国际国内高星级酒店、大中型餐饮连锁企业、政府事业单位外事接待中心等企业等基层岗位需要，培养餐饮部、客房部、前厅部、销售部等部门的高级服务员、基层管理人才及酒店管家。要求学生必须身心健康，个性开朗，具有良好的职业道德及职业素养；同时掌握目标岗位所必需的专业基础理论与知识，并能在“工学交替”实践中，不断提升服务技能和管理技能，培养强烈服务意识、团队合作意识与吃苦耐劳精神。具体要求如表 7-2-2 所示。

表 7-2-2　酒店管理专业人才培养规格

要素	具体要求	支撑知识	对应课程
良好的思想品德、职业道德与职业素养	1. 坚定的爱国主义信念 2. 了解国家有关法律法规及方针政策 3. 具有正确的世界观、人生观和价值观 4. 具有良好的社会公德和职业道德 5. 具有勤奋好学、爱岗敬业、诚实守信、团结协作、吃苦耐劳的优良品质较强的法律、法制意识	1. 马克思主义、毛泽东思想等理论知识 2. 旅游行业及企业要求 3. 职业道德及修养知识 4. 法律知识	思想道德修养与法律基础 毛泽东思想概论 专业综合实训 形体训练 酒店职业礼仪 声乐基础训练
健康的身体及心理	1. 掌握现代体育运动基本知识和基本技能，具有文体特长 2.《国家学生体质健康标准》所规定的各项指标 3. 没有传染性疾病 4. 具有开朗、理智、真诚、坦荡的性格和良好的人际关系 5. 心理健康，人格完善 6. 具有较强的心理适应能力和健全的意志品质 7. 良好的形体、规范的礼仪	1. 体育知识 2. 健康与安全知识 3. 心理学知识 4. 社会学知识	军事训练 大学体育 体育选修 形体训练 酒店服务心理

续表

要素	具体要求	支撑知识	对应课程
较强的专业能力	1. 能承担国际国内高星级酒店餐饮部、前厅部、客房部等营运部门的高级服务员、领班、代主管等岗位的工作任务 2. 良好的沟通能力、交际能力、组织协调能力 3. 良好的礼仪素养 4. 较强的文字组织能力和语言表达能力 5. 流利的英语听说、写作能力、第二外语的交流能力，较强的跨文化交际能力 6. 熟练使用 Word，Excel，PowerPoint 等办公软件 7. 基本的推销技巧和客户关系维护能力 8. 基本的培训知识与培训技巧 9. 一定的团队领导能力 10. 能承担国际国内高星级酒店市场营销部销售主任、人力资源部人力资源协调员、培训协调员等相关岗位的工作任务	1. 掌握必需的英语语言基础知识，掌握英语“听、说、读、写、译”的基本方法；掌握至少一门第二外语的“听、说、读、写、译”知识 2. 掌握餐饮服务、前厅服务、客房服务的质量标准、标准操作程序及个性化服务技巧，顾客特殊要求与突发事故的处理方法 3. 熟悉酒店市场开发、分析与预测方法，产品销售策略、促销方法与推销技巧及售后服务内容 4. 掌握餐饮部、前厅部、客房部业务的运作流程，掌握部门工作督导的基本方法，熟悉部门员工招聘、培训与绩效考核的方法与手段 5. 掌握团队管理、计划制订、时间管理、目标管理、客投诉及客户关系管理等基础管理技能，熟悉优质服务管理的基本方法 6. 熟悉酒店职业健康安全知识与检查、监控的基本方法	大学英语 计算机应用基础 酒店概论 酒店服务礼仪 酒店实用英语 酒店韩语/日语 中外民俗 沟通与协调 餐饮服务 前厅服务 客房服务 餐饮经营管理 前厅与客房管理 酒店会展服务 培训他人工作技能 酒水知识与酒吧服务 宴会组织与设计 酒店营销实务 酒店人力资源管理 酒店服务心理 酒店公共关系
较强的社会能力	1. 安全与法律意识 2. 环境保护意识 3. 团队协作能力 4. 交际与沟通能力 5. 乐观意识 6. 形象意识 7. 抗压能力 8. 质量意识	1. 法律知识 2. 环保知识 3. 语言知识与沟通知识 4. 形象与礼仪知识 5. 心理学知识 6. 服务知识	融入所有课程的学习之中

续表

要素	具体要求	支撑知识	对应课程
较强的方法能力	1. 信息获取能力 2. 自主学习能力 3. 运用知识能力 4. 制订工作计划能力 5. 独立解决问题能力 6. 灵活应变能力 7. 持续改进能力 8. 组织能力	1. 信息获取的方法、途径 2. 学习的习惯、方法 3. 计划的方法、内容及要求 4. 问题处理的原则、方法及技巧	融入所有课程的学习之中

（三）职业能力培养体系构建

1. 构建“学工职有机对接”的现代学徒制人才培养模式

现代学徒制人才培养模式是指将学校招生与企业招工合二为一，通过教师与师傅联合传授知识技能，工学交替、实岗育人的方式，校企共育行业企业需要的高素质技术型、技能型人才的一种人才培养模式，是传统学徒培训与现代职业教育的有机结合。

“学工职有机对接”的现代学徒制人才培养模式，就是基于人本主义思想，将传统的“学习+工作”的工学结合模式提升为“学习+工作+晋职”有机对接的现代学徒制模式，强调人才培养标准体系的建立，开辟“以人为本”的高职学生职业晋升途径，有效提高人才培养质量和行业企业针对性，满足用人单位对高素质技术型、技能型人才的需求，较好地解决人才供需矛盾。

“学工职有机对接”的现代学徒制人才培养模式是湖南外贸职业学院在酒店管理专业多年的办学实践中探索的一种行之有效的人才培养模式，学校选择一家或几家龙头酒店企业，通过“校企合作、订单培养、工学交替、逐级轮岗实训晋职”的校企双主体育人方式，使学生在大学3年学习中，一边学习，一边工作，一边晋职，毕业时能直接走上酒店企业的基层管理岗位的一种人才培养模式。这种培养模式具有以下基本特征。

（1）强调校企双元育人。

学校在充分调研的基础上，遴选出大型企业、成长型企业或用人需求量大的酒店企业，作为订单企业，开展深度校企合作，成立校企双元育人领导小组，共同开展人才需求调研，共同制订人才培养方案，共同开展招生招工宣传，共同开发特色专业课程资源，共同组建“双师型”教学团队，共同实施校内教学与顶岗实习，共同制订相应的考核与评价体系，共同考核学生的职业能力。

（2）规范学生双重身份。

第一学期，学生与企业在相互了解、接触的基础上，做出双向选择，签订学生、企业、学校三方协议后，学生不仅是学校学生，同时还是企业“准员工”。学生既要接受学校的教学管理，还要身着企业员工制服，学习、了解、熟悉企业文化，按计划分阶段前往企业进行实践学习。企业则落实其工龄计算、学徒工资、奖（助）学金基金等福利待遇。这种学生在校学习即到企业入职模式，一方面可以有效解决学生毕业后的就业问题，另一方面学徒工资在一定程度上减轻了学生家庭的负担，因此对高职学生具有较强吸引力。

（3）实施“工学交替、实训晋职同步进行”的培养模式。

学生利用学生与学徒双重身份，通过“学习—实践—学习—实践—再学习—再实践”的工学交替模式，实现从“初级服务员—中级服务员—高级服务员—基层管理者”的工作晋职，并不断提升其工作报酬和实习待遇。这种螺旋式的学习实训机制不仅能不断巩固和增进职业技能，而且可以大大促进学生职业生涯的发展。

2. 构建基于现代学徒制的课程体系

课程体系是实现人才培养目标的关键，是提高学生专业技能和职业素养的载体。课程体系一般分为理论教学课程体系和实践教学课程体系两大组成部分，其中理论课程体系是实践课程体系的前提与基础，实践教学体系是理论教学体系的深化与补充，二者相互渗透，相辅相成，共同服务于人才培养目标。

当前酒店管理专业的课程体系主要存在以下问题：①强调理论知识的讲授，忽视理论与实践一体化教学。②课程体系层次不分明，较低层次的服务课程内容和较高层次的管理课程内容交杂混合。如客房服务与管理课程，将客房部服务岗位的入门课程与管理课程两种不同层次的课程内容混合成一门课程进行教学，不符合认知的发展规律，不能真正起到提高学生职业能力的作用。③实践教学不能保障人才培养目标的实现。高职酒店管理专业以培养“第一线岗位需要的高素质、技能型服务与管理人才”为主要目标，而当前高职院校的实践教学，基本上采用“实训室课程实训+第三学年的基层服务岗位顶岗实习”模式，虽能强化学生的基础服务技能，但缺乏对学生基层管理能力的训练。④企业实践教学未被纳入课程体系。不少高职院校虽然已将顶岗实习纳入学分体系，但却缺乏考核评价机制，而且实习的岗位仅局限于基础服务岗位，实习的内容也只能是基础服务技能的训练，与管理类的理论课程无法对接。⑤校内实践教学，重视技能的训练，忽视职业素质日常养成教育。

湖南外贸职业学院酒店管理专业在多年的办学实践中探索并构建了与“学工职有机结合”现代学徒制人才培养模式相适应的理论课程体系与实践课程体系。实践证明该课程体系能较好地实现人才培养目标，深受学生、企业欢迎。课程体系构建的基本思路如下。

（1）明确人才培养目标。

人才培养目标是课程体系构建的出发点和归宿，每个高职院校都会根据自己专业的办学情况，确定自己特有的人才培养目标。湖南外贸职业学院酒店管理专业实行订单式培养，旨在为订单企业量身定制基层管理人才，其人才培养目标为：为合作企业培养德、智、体、美全面发展，身心健康，爱岗敬业，具有良好的职业道德、服务意识、吃苦耐劳精神及创新精神的，掌握酒店管理基础知识，服务技能及基础管理技能，具备良好沟通能力与外语语言能力，能胜任餐饮部、客房部、前厅部、销售部等部门的高级服务员、领班、主管、酒店管家等岗位的“高素质、高技能、双语型”酒店管理专门人才。这一培养目标决定了学校必须走校企合作、工学交替的办学路线，必须构建职业能力本位的课程体系。

（2）分析酒店人才的成长规律和晋职路径。

湖南外贸职业学院酒店管理专业的主要培养目标是酒店的高级服务员、基层管理人员（如领班、主管）及酒店管家。这些岗位人员必须具备娴熟的服务技能，熟悉酒店的管理制度、各部门的运行模式，需要经历从实习生—初级服务员—中级服务员—高级服务员—领班—主管的晋职过程。根据对合作酒店的调查发现，一个高职学生大概需要 2 年到 3 年的努力才能完成这一晋职过程。

（3）分析目标岗位群工作任务和职业能力。

分析胜任目标岗位群（包括目标岗位和到达目标岗位的必经岗位）的职业能力及人才培养规格，建设基于能力本位的专业课程体系。

（4）按照职业技能的成长规律组建课程资源包，设计教学进程和顶岗实习内容。

例如，初、中级服务员课程包与初、中级技能岗位顶岗实习、高级服务员课程包与高级服务技能岗位顶岗实习和基层管理（领班、主管）课程包和基层管理岗位顶岗实训。

（5）结合职业教育对学生道德修养和综合能力培养的要求，构建完整的课程体系。

高职酒店管理专业教育应含有两种指向，一是酒店专业，高职酒店管理专业课程应与酒店岗位工作任务和职业能力要求相对应；二是职业教育，即课程的设置要符合国家高等职业教育标准，有利于“高素质技能型”人才培养目标的实现。因此，在国家高等职业教育标准的指导下，在能力本位的专业课程基础上，结合学生的道德修养和综合能力培养目标，可构建完整的课程体系（见表 7–2–3）。该课程体系具有以下三个特点：①不仅注重校内理论课程设计，而且强调校外实训课程体系的构建。②课程体系按照职业技能的发展规律和职业晋职规律，形成初、中级服务员岗位、高级服务员岗位和基层管理岗位课程包，并设计相应的企业顶岗实习，层次分明，循序渐进。③每一阶段的企业实践教学都有相应的晋职考核，不仅可以激发学生努力工作，更有利于学生职业生涯的发展，实现“学习、工作、晋职同步进行”的教学目标。

表 7–2–3　酒店管理专业课程体系

<table>
<tr><td>人文素质课程模块</td><td colspan="3">入学教育及国防军事教育、思想道德修养与法律基础、毛泽东思想概、体育选项课、计算机应用基础、形势与政策、职业生涯规划、心理健康教育、就业指导、创业教育</td></tr>
<tr><td rowspan="2">职业能力课程模块</td><td>初中级服务员专业课程</td><td>高级服务员专业课程</td><td>基层管理岗位专业课程</td></tr>
<tr><td>酒店企业文化
酒店概论
酒店管理法规制度
前厅服务
客房服务
餐饮服务
茶艺
酒水与酒吧服务
沟通与协调
形体训练
酒店职业礼仪
酒店实用英语（1–2）
酒店韩语/日语（1–2）</td><td>宴会设计
投诉处理
安全隐患的识别与处理
酒店实用英语（3–4）
酒店韩语/日语（3–4）
酒店应用文写作</td><td>前厅部运行与管理
客房部运行与管理
餐饮部运行与管理
工作团队管理
培训、选拔员工与绩效监督
酒店营销实务
酒店实用英语（5）
酒店韩语/日语（5）</td></tr>
</table>

续表

顶岗实习	第一阶段 职业认知	第二阶段 初级服务员轮岗实训	第三阶段 中级服务员顶岗实习	第四阶段 高级服务员岗位顶岗实习	第五阶段 基层管理岗位顶岗实习
	第一学期	第一学年4个月（含暑假）	第二学年4个月（含暑假）	第三学年3个月（含寒假）	第三学年3个月
	酒店参观、合作企业文化宣传、酒店经营管理人员主题讲座	基础服务技能训练，参加中级服务员晋职考核	服务技能强化训练，参加高级服务员晋职考核	服务技能强化训练，基础管理技能训练，参加基层管理岗位晋职考核	基础管理能力强化，为走上基层管理岗位奠定基础

3. 构建基于现代学徒制的实践教学体系

实践教学是培养专业人才就业能力和职业素养的有效途径，建立完善的、科学的、符合人才培养目标的实践教学体系十分必要。实践教学体系包括校内实践教学和校外实践教学两大部分。

校内实践教学包括以下六个方面。

（1）理实一体化的课程项目实训教学。

将餐饮服务、餐饮经营管理等30门专业课程建设为理实一体化课程。教师根据课程的内容、特点以及职业的相关性，利用理实一体化教室和模拟仿真实训室，将课程中的理论教学与实践教学融合起来，做到理论联系实际，实现理实一体化。例如，在客房服务课程教学中，按岗位职责和工作过程，将教学内容分为客房基础知识、清洁剂和清洁器具的识别与使用、客房的清洁保养、公共区域的清洁保养、客房对客服务五大模块，每个模块设定若干个教学情境，采用情境模拟、任务驱动、角色扮演、案例分析等教学方法引导学生完成课程实训。课程实践教学与理论教学的比重设置由教师根据课程的性质和内容确定，但每门课程都要求有实践教学课时安排、内容设计和实践教学考核方案。

（2）基于真实工作过程的综合实训教学。

针对酒店管理的核心专业课程，如餐饮服务等，充分利用校内仿真实训室和校内酒店，每学期安排2周的综合实训课程，集中进行综合技能模拟训练和实岗体验，并聘请企业专家进行技能培训和实岗指导。综合技能实训是对课程项目实训的强化和提高，可为企业顶岗实习奠定技能基础。

（3）基于行业标准的6项综合技能大赛。

以学年为单位，定期举办校级酒店管理专业的技能大赛，设置西餐宴会设计比赛、中餐宴会设计比赛、客房铺床比赛、礼仪之星大赛、茶艺表演明星、调酒之星等多个比赛项目，鼓励每个学生根据自己的兴趣和特长，选择至少一个项目参赛；引入行业竞赛评分标准，邀请企业专家现场评判，并选拔优秀选手参加省级、国家级酒店服务与管理技能大赛。实践证明，学生为了在比赛中取得好成绩，往往积极准备、相互切磋，变得勤学好问，精益求精，这种活动能极大地激发学生的学习兴趣，提高学生的专业技能。

（4）基于生产性实习实训基地的经营性实践教学。

充分利用校内生产性实习实训基地，开展实践教学活动。一是通过公开竞聘的方式，选拔具有较好专业技能、实践经验、管理能力的优秀学生，作为经营实体茶吧、咖啡吧和礼仪队的经营管理团队成员，利用业余时间，在专业教师的指导下，负责茶吧、咖啡吧、礼仪队的日常的运营和管理工作，开展经营活动。二是鼓励学生利用业余时间，到校内四星标准的湘润国际大酒店兼职锻炼。

（5）开展日常养成实践教育。

针对订单培养模式，制订《订单班学生日常管理制度》，重视学生职业素养的日常实践和养成教育。一方面，要求学生言行举止符合高星级酒店员工的素质要求，如定期身着企业制服，行走时做到“三人成行，五人成列”，主动与人沟通，关心帮助他人；另一方面，以班级为单位开展订单班文化创建比赛。如宿舍卫生按企业员工宿舍标准进行规范，展开宿舍、教室企业文化设计和宣传比赛等。

（6）实施工学交替的实践教学。

充分利用合作酒店的真实工作环境、工作岗位和工作内容开展实岗育人的“现代学徒制”实践教学。将三年的专业教学分为“六步五阶段”，即校内教学与企业实践各分三步，交替推进，同时实施逐级轮岗实训晋职，学生根据企业岗位设置及职业成长规律，在企业中从低到高依次经历相关岗位实训，逐步晋升职务。具体的工学、轮岗实训晋职时间安排如表7-2-4所示。

表 7-2-4　酒店管理专业工学交替、逐级轮岗、实训晋职、深造表

时间	第一学期	第二学期	第三学期	第四学期	第五学期	第六学期
实训晋职	在校学习	3—4 月份在校学习 5—8 月份企业实训，中级服务员	在校学习	3—4 月份在校学习 5—8 月份企业实训，高级服务员	9—10 月份在校学习 11—2 月份企业实训，基层主管	毕业顶岗实习，预就业 参加中层主管、部门经理助理考核

校外实践教学是指学校通过校企合作平台，充分利用合作酒店的真实工作环境、工作岗位和工作内容开展实践教学活动。这是学生岗位职业能力培养的关键环节。主要分四阶段完成。

第一阶段，职业认知实践教学。职业认知实践教学即见习实训。多数学生虽然选择了酒店管理专业但对酒店却知之甚少，对该专业从业人员的工作内容、程序、要求及职业发展更是一片茫然。为了让学生更多地了解酒店行业及合作酒店企业，树立正确的职业思想，可以采用多种形式的职业认知教育，如组织学生前往合作企业参观，考察企业的工作环境，观摩企业员工的作业过程；邀请合作酒店的经营管理人员来学校开展主题讲座，介绍行业、企业最新情况和发展趋势；参加合作企业举办的联谊活动等。使学生对酒店行业、企业有一个清晰的了解。

第二阶段，初级服务员顶岗实训。第一学年，学生完成了酒店概论、形体训练、酒店职业礼仪、餐饮服务、客房服务、前厅服务、茶艺、沟通与协调、酒店实用英语（1-2）等专业平台课程和初级、中级服务员的模块化课程及模拟技能训练后，具备了酒店初级、中级服务员的基本知识和技能，为进入企业进行服务岗位顶岗实习做好了准备。初级服务员顶岗实习从第一学年的 5 月份开始到 8 月份结束，为期 4 个月。按照岗位需要和学生的兴趣、意愿协调确定实习岗位，且可以选择两个岗位进行轮岗实训。初级服务员顶岗实习结束时，学生可以根据自己的意愿，选择前厅、餐饮或客房部门的一个服务岗位进行中级服务员技能考核，考核合格，晋职为该岗位的中级服务员，第二阶段顶岗实习即享受中级服务员的福利待遇，且履行中级服务员的工作职责。

第三阶段，中级服务员顶岗实训。根据职业发展要求，学生第二学年 9 月份回到学校，进行高级服务员模块课程的学习，并于第二学年的 5 月份至 8 月份进行中级服务员岗位带薪顶岗实训，为期 4 个月。实习结束，学

生可以选择一个岗位进行高级服务员技能考核，考核通过，第三阶段实习时享受高级服务员待遇，履行高级服务员工作职责。

第四阶段，高级服务员顶岗实训。学生于第三学年的 9 月至 11 月再次回到学校学习酒店基层管理模块课程，如工作团队管理、酒店人力资源管理等课程。并于第三学年的 12 月份再次进入酒店，进行高级服务员岗位的顶岗实训，直至毕业。实习结束后，学生参加基层服务员岗位考核，考核合格，毕业后就可以进入企业从事基层管理岗位，如领班、主管等。具体的实践教学体系如表 7-2-5 所示。

表 7-2-5　实践教学体系

<table>
<tr><th></th><th></th><th>主要分类</th><th>实践教学目的</th><th>实践教学考核主体</th></tr>
<tr><td rowspan="9">实践教学体系</td><td rowspan="5">校内实践教学</td><td>课程实践教学</td><td>单项技能训练，贯串于课程教学过程</td><td>专业教师（包括企业聘请的企业兼职教师）</td></tr>
<tr><td>综合技能训练</td><td>综合技能训练，在核心技能课程之后进行</td><td>专业教师（包括企业聘请的企业兼职教师）</td></tr>
<tr><td>课外实践教育</td><td>职业素养的日常要成训练，贯串学生日常生活之中</td><td>学校辅导员</td></tr>
<tr><td>专业技能竞赛</td><td>专业技能强化，学院每年一次；省级、国家级每年一次</td><td>专业技能竞赛的举办方</td></tr>
<tr><td>校内生产性实训基地实践</td><td>综合技能运用，基础管理能力的训练</td><td>员工（学生）自己、团队成员、专业教师</td></tr>
<tr><td rowspan="4">校外实践教学</td><td>职业认知</td><td>树立正确的职业观，选择心仪的订单企业</td><td>学生自己企业</td></tr>
<tr><td>初级服务员轮岗实训</td><td>基础服务技能训练，是中级服务员的必经途径</td><td>企业</td></tr>
<tr><td>中级服务员轮岗实训</td><td>服务技能强化训练，是高级服务员的必经途径</td><td>企业</td></tr>
<tr><td>高级服务员轮岗实训</td><td>服务技能的强化训练、基础管理能力的训练，是晋升为基层管理者的必经途径</td><td>企业</td></tr>
</table>

上述教学体系的实施，需要相应的配套条件作保障。

（1）完善的校内实训教学条件。

校内实践教学承担着学生课程技能训练、综合技能强化、专业技能运用等重要的实践教学任务，需要配套建设礼仪形体实训室、前厅服务实训室、餐饮服务实训室、客房服务的实训室、茶艺实训室、调酒实训室等，以满足课程单项技能实训和综合技能实训的需求；需要建立校内生产性实训基地，并建立以学生为主体的经营管理模式。

（2）稳固的校外实践基地。

选择规模大、实力强、品牌信誉好、管理规范的龙头企业，建立长期、稳固的校企合作机制，实行深度校企合作，真正实现招生、办学、实习、就业的“双主体育人”模式是实现人才培养目标、实施现代学徒制人才培养模式的基础。

（3）高素质的“双师型”师资队伍。

教师是课程体系实施的执行者，是教学过程的主导者。酒店管理专业教师必须具备较强的酒店管理理论知识和较强的实践能力。针对当前高校教师“高学历、少实践”的现状，一方面，学校可以选派专业教师前往企业锻炼，参与企业的经营、管理和服务活动；另一方面，学校需要聘用企业技能专家、管理人士担任相关课程的教学任务，以保证教学质量和学生专业技能的提高。

（4）建立完善的教学管理制度。

课程实践教学、综合技能训练、经营性实践基地的实践教学、技能竞赛、日常养成实践教育、校外顶岗实习，都必须有明确的教学目的、任务、内容及考核方式，有完善的教学方案或制度保障，如以班级为单位的《人才培养方案》《课程实训方案》《综合技能实训方案》《校内经营性生产基地实践方案》《酒店实习、实训及晋职方案》《订单班学生日常管理制度》《实训指导老师的遴选标准》《学生实习实训管理制度》等。完善的教学管理制度的建立是一个长期探索和积累的过程。

三、职业能力评价

1. 评价指标体系构成

（1）基本构建思路。

第一，以养成理论为理论基础，以酒店管理专业岗位职业能力需求分析为依据，力图全面考虑反映酒店行业职业能力水平的因素，我们设定了3大类指标，即职业特定能力、行业通用能力、职业素养，是较为科学和合理的。

第二，构建树形结构的指标体系（见图7-2-1），以使构建的指标体系内部保持严格的逻辑统一性。

第三，指标的选取遵循现实性、精简性、独立性、可操作性、导向性五个原则，以提高职业能力评价的效度和信度。

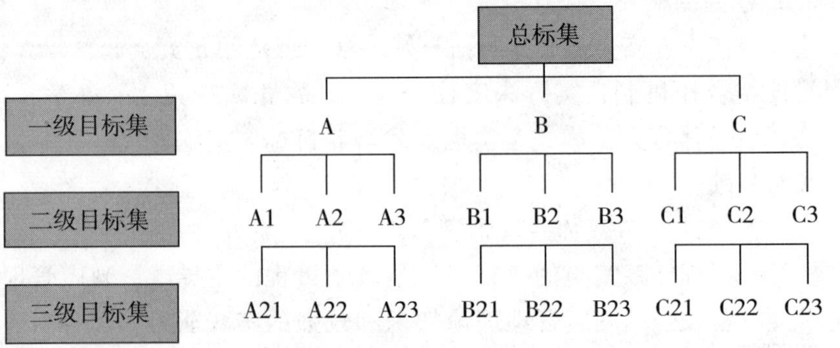

图7-2-1 树形结构指标体系

（2）评价指标选取与构建。

①职业特定能力。

职业特定能力是指从事酒店行业的相关职业、岗位和工种必须活应当具备的技能和知识，由此设立了理论知识、专业技能2个二级指标。理论知识指标下设立行业发展知识、菜肴知识、酒水知识、心理学知识、餐饮经营管理知识、前厅与客房管理知识、人力资源基础知识、市场营销基础知识、民俗知识8个三级指标；专业技能指标下设立餐饮服务技能、客房服务技能、前厅服务技能、宴会设计技能、餐饮管理技能、前厅管理技能、客房管理技能、培训技能、酒店人事管理技能、酒店产品营销技能10个三级指标。

②行业通用能力。

行业通用能力是指不管从事何种工作，所有员工都应具备的基本能力，可适用于行业内所有岗位和工种。由此设立了语言能力、计算机操作能力、行业适应能力3个二级指标。语言能力指标下设立英语语言能力，日语语言能力，中文表达能力3个三级指标；计算机操作能力下设立酒店计算机系统操作能力、办公软件操作能力2个三级指标。行业适应能力指标下设立沟通协调能力、团队合作能力、主动学习能力、心理承受能力4个三级指标。

③职业素养。

职业素养是指从事某项职业所需具备的基本素质。由此设立职业道德、职业精神、职业礼仪 3 个二级指标。职业道德指标下设立爱岗敬业、遵纪守法 2 个三级指标；职业精神指标下设立吃苦耐劳、诚实守信、服务意识、工作责任感 4 个三级指标；职业素养下设立仪容仪表、言行举止 2 个三级指标。

综上所述，我们构建了包括 4 个层次、3 个方面、36 个具体指标的高职酒店管理专业职业能力评价指标体系，具体内容见表 7-2-6。

表 7-2-6　高职酒店管理专业职业能力评价指标体系

目标（A）	一级指标（B）		二级指标（C）		三级指标（D）	
	名称	权重	名称	权重	名称	权重
职业能力	职业特定能力（B1）	0. 115	理论知识（C1）	0. 25	行业发展知识（D1）	0. 022
					菜肴知识（D2）	0. 068
					酒水知识（D3）	0. 088
					心理学知识（D4）	0. 032
					餐饮经营管理知识（D5）	0. 149
					前厅与客房管理知识（D6）	0. 181
					人力资源基础知识（D7）	0. 111
					市场营销基础知识（D8）	0. 119
					民俗知识（D9）	0. 230
			专业技能（C2）	0. 75	餐饮服务技能（D10）	0. 141
					客房服务技能（D11）	0. 141
					前厅服务技能（D12）	0. 141
					宴会设计技能（D13）	0. 085
					餐饮管理技能（D14）	0. 057
					前厅管理技能（D15）	0. 053
					客房管理技能（D16）	0. 053
					培训技能（D17）	0. 175
					酒店人事管理技能（D18）	0. 034
					酒店产品营销技能（D19）	0. 120

续表

<table>
<tr><th rowspan="2">目标（A）</th><th colspan="2">一级指标（B）</th><th colspan="2">二级指标（C）</th><th colspan="2">三级指标（D）</th></tr>
<tr><th>名称</th><th>权重</th><th>名称</th><th>权重</th><th>名称</th><th>权重</th></tr>
<tr><td rowspan="17">职业能力</td><td rowspan="9">行业通用能力（B2）</td><td rowspan="9">0. 564</td><td rowspan="3">语言能力（C3）</td><td rowspan="3">0. 27</td><td>英语语言能力（D20）</td><td>0. 466</td></tr>
<tr><td>日语语言能力（D21）</td><td>0. 067</td></tr>
<tr><td>中文表达能力（D22）</td><td>0. 467</td></tr>
<tr><td rowspan="2">计算机操作能力（C4）</td><td rowspan="2">0. 12</td><td>酒店计算机系统操作能力（D23）</td><td>0. 25</td></tr>
<tr><td>办公软件操作能力（D24）</td><td>0. 75</td></tr>
<tr><td rowspan="4">行业适应能力（C5）</td><td rowspan="4">0. 61</td><td>沟通协调能力（D25）</td><td>0. 463</td></tr>
<tr><td>团队协作能力（D26）</td><td>0. 169</td></tr>
<tr><td>主动学习能力（D27）</td><td>0. 272</td></tr>
<tr><td>心理承受能力（D28）</td><td>0. 096</td></tr>
<tr><td rowspan="8">职业素养（B3）</td><td rowspan="8">0. 321</td><td rowspan="2">职业道德（C6）</td><td rowspan="2">0. 206</td><td>爱岗敬业（D29）</td><td>0. 75</td></tr>
<tr><td>遵纪守法（D30）</td><td>0. 25</td></tr>
<tr><td rowspan="4">职业精神（C7）</td><td rowspan="4">0. 429</td><td>吃苦耐劳（D31）</td><td>0. 210</td></tr>
<tr><td>诚实守信（D32）</td><td>0. 176</td></tr>
<tr><td>服务意识（D33）</td><td>0. 176</td></tr>
<tr><td>工作责任感（D34）</td><td>0. 438</td></tr>
<tr><td rowspan="2">职业礼仪（C8）</td><td rowspan="2">0. 365</td><td>仪容仪表（D35）</td><td>0. 333</td></tr>
<tr><td>言行举止（D36）</td><td>0. 667</td></tr>
</table>

2. 评价指标权重与等级设置

（1）确定评价指标权重。

指标的权重是指在相同的目标约束下，各指标间的重要性关系，因此，科学确定各评价指标权重对整个评价体系起着举足轻重的作用。我们主要采用较为成熟的 AHP 法（层次分析法）对评价指标赋以权重。具体步骤如下。

第一步：建立两两比较判断矩阵。

由若干专家，就某个特定因素下同一层次内的 n 个指标的相对重要性进行两两比较，从而得出判断矩阵。重要性采用 1-9 标度法（见表 7-2-7）进行标度。

表 7-2-7　“1-9”标度表

标度 α_{ij}	含　义
1	表示两个因素具有同样重要性
3	表示一个因素比另一个因素稍微重要
5	表示一个因素比另一个因素明显重要
7	表示一个因素比另一个因素强烈重要
9	表示一个因素比另一个因素极端重要
2，4，6，8	上述两相邻判断的中值
倒数	因素 i 与 j 比较的判断 α_{ij}，则因素 j 与 i 比较的判断 $\alpha_{ij}=1/\alpha_{ij}$

注：为 i 行指标对 j 列指标进行重要性两两比较的值

第二步：确定指标权重。

计算权重向量采用和积法。

（2）设置评价等级。

为了保证职业能力评价等级科学性，参照 COMET 模型，将评价等级设定为 4 个级别，即名义能力、功能性能力、过程性能力和设计。具体解释如下。

①名义能力是指学生拥有的表面的、概念性的知识，是职业能力水平的第一层次。

②功能性能力是指学生拥有的使用专业工具所需的与情境无关的基本知识及相应技能。

③过程性能力是指学生拥有的工作过程知识及相关职业资格要求。

④整体化设计能力是指学生对任务复杂性及工作过程与结果多变性的认识。

确定等级之后，经常征求行业企业管理与技术专家、职业教育专家等的意见，以便及时纠正评价等级设定中的不足。

第三节　成本管理与控制专业案例

成本管理与控制专业（简称成本管控专业，项目管控方向）是在校企深度合作过程中，根据企业人才需求开设的，是当前国内首创的、唯一的基于工程技术基础的管理类复合型专业。该专业主要面向房地产开发企业、工程施工企业、工程造价和项目管理中介机构等企业成本管控相关岗位，培养有良好的职业素质和行为规范，具备管理学和土木工程技术的基本知识，熟识现代成本管控理论、方法和手段的技术应用型人才。该专业于2011年开始筹建，并于2012年9月正式招生。该专业自筹建开始就以养成教育理论为依据，以工作任务为课程设置与内容选择的参照点，强调最大限度地培养学生职业能力，并于2012年上半年基本完成了科学、有序的职业能力养成人才培养体系的构建。经过2~3年的人才培养实践，第一届毕业生已走向顶岗实习与就业一体化岗位，职业能力养成人才培养体系已初显成效。

一、岗位能力分析

成本管控专业的项目管控方向主要面对房地产开发企业、工程施工企业、建筑安装企业、工程造价和项目管理中介机构等就业领域培养成本管控专业人才。该专业人才将来的就业岗位是在大型项目的某个阶段的开展成本管控工作，或是对小型项目进行全过程、全方位的成本管控。工程项目阶段一般包括决策阶段、实施阶段和使用阶段，其中核心的实施阶段又包括设计阶段、招投标阶段、施工阶段。不同阶段成本管控的内容是不一样的。决策阶段主要是通过项目投资估算选择合适的投资方案及相应筹资方式管控成本。设计阶段通过优化设计方案，降低工程概预算来管控成本。招投标阶段主要是通过市场询价、确定招标控制价控制成本。施工阶段通过工程进度控制，安全、质量及合同管理等管控成本。使用阶段主要是对保修工程量及价款进行控制，进行成本分析。下面就工程项目不同阶段成本管控的主要工作内容和对应的基本职业能力进行详细的分析，具体内容如表7-3-1、7-3-2所示。

表7-3-1 工程项目不同阶段成本管控初级岗位典型工作任务及职业能力分析

工程项目阶段	成本管控的典型工作任务	成本管控的职业能力
决策阶段	1. 参与项目投资估算工作 2. 参与项目策划定位，参与方案的成本测算 3. 搜集项目成本决策的相关资料及信息 4. 参与项目融资成本的测算	能提供项目估算报告组成部分的具体分析 能根据投资项目决策需求提供相关信息 了解项目成本管控合约规划相关知识

续表

<table>
<tr><th colspan="3">工程项目阶段</th><th>成本管控的典型工作任务</th><th>成本管控的职业能力</th></tr>
<tr><td rowspan="5">实施阶段</td><td rowspan="2">设计阶段</td><td>初步设计</td><td>1. 参与编制项目成本限额设计指标，提出成本控制建议
2. 参与初步设计概算编制</td><td rowspan="2">1. 能识读施工图
2. 能理解项目施工方案
3. 熟悉工程定额
4. 能使用工程造价软件计算工程量</td></tr>
<tr><td>施工图设计</td><td>1. 计算工程量
2. 参与施工图预算的编制</td></tr>
<tr><td colspan="2">招投标阶段</td><td>1. 参与编制工程量清单及招标控制价的确定
2. 汇总工程材料、设备型号和数量，参与项目材料、设备市场询价，测算材料、设备的成本测算</td><td>1. 了解项目招投标程序及相关政策
2. 能参与招投标文件的编制
3. 具备市场询价的能力</td></tr>
<tr><td rowspan="2">施工阶段</td><td>施工</td><td>1. 参与图纸会审和设计交底
2. 参与现场签证工程量的计量及资料汇总
3. 收集并参与编制工程进度计划表
4. 收集工程进度款相关信息
5. 参与工程索赔费用的计算</td><td rowspan="2">1. 了解图纸会审和设计交底的相关知识
2. 熟悉工程隐蔽验收、工程变更管理的工作程序
3. 熟悉工程进度计划表编制的相关知识及工程进度款支付的相关程序
4. 熟悉工程索赔业务
5. 熟悉竣工验收程序，了解项目成本结算编制方法</td></tr>
<tr><td>竣工验收</td><td>1. 参与竣工验收
2. 整理项目成本结算资料</td></tr>
<tr><td>使用阶段</td><td colspan="2">交付使用</td><td>1. 计算保修工程量及价款
2. 参与项目成本核算和分析</td><td>1. 熟悉工程项目保修的内容及范围
2. 了解项目成本核算程序</td></tr>
</table>

表 7-3-2　工程项目不同阶段成本管控中级岗位典型工作任务及职业能力分析

工程项目阶段	成本管控的典型工作任务	成本管控的职业能力
决策阶段	1. 参与项目土地价值估算 2. 编制投资估算报告 3. 参与项目策划定位 4. 整理成本决策相关信息，完成项目成本测算	1. 熟悉土地价值估算方法 2. 能估算项目的投资 3. 熟悉项目成本构成和项目成本测算

续表

<table>
<tr><th colspan="3">工程项目阶段</th><th>成本管控的典型工作任务</th><th>成本管控的职业能力</th></tr>
<tr><td rowspan="5">实施阶段</td><td rowspan="2">设计阶段</td><td>初步设计</td><td>1. 协同设计人员编制项目成本限额设计指标，提出成本控制建议
2. 编制初步设计概算</td><td rowspan="2">1. 能识读施工图
2. 能确定工程施工方案的合理性
3. 能熟练使用工程定额和工程造价软件编制工程大概预算</td></tr>
<tr><td>施工图设计</td><td>1. 编制施工图预算
2. 编制工程项目预算成本</td></tr>
<tr><td colspan="2">招投标阶段</td><td>1. 根据招标方案和合约，编制招标控制价
2. 汇总工程材料、设备型号和数量，完成项目材料、设备市场询价，测算材料、设备的成本测算
3. 参与投标报价审核
4. 参与勘查、设计、建筑施工、工程监理和材料设备采购等合同会审、会签工作</td><td>1. 能熟练使用造价软件编制招标控制价
2. 具有市场询价能力
3. 能分析与评价相关工程合同</td></tr>
<tr><td rowspan="2">施工阶段</td><td>施工</td><td>1. 参加图纸会审和设计交底
2. 提出控制工程进度、质量与成本的建议
3. 参与工程部对材料设备供应商的考察
4. 参加现场签证工程量的计量，并计算相应成本
5. 编制或审核工程进度计划表
6. 编制或审核工程项目进度款支付报表</td><td rowspan="2">1. 熟悉图纸会审和设计交底的相关知识
2. 掌握工程隐蔽验收、工程变更管理的工作程序
3. 掌握工程进度计划表编制的相关知识及工程进度款支付的相关程序
4. 掌握工程索赔业务
5. 掌握竣工验收程序，熟悉项目成本结算编制方法</td></tr>
<tr><td>竣工验收</td><td>1. 参加竣工验收工作
2. 复核竣工结算文件
3. 编制工程结算总额确认表</td></tr>
<tr><td>使用阶段</td><td colspan="2">交付使用</td><td>1. 复核保修工程量及价款
2. 参加项目成本核算和分析工作
3. 协助财务管理部编制项目竣工决算报告</td><td>1. 掌握工程项目保修的内容及范围
2. 熟悉项目成本核算程序
3. 熟悉财务成本核算与分析</td></tr>
</table>

表 7-3-1、表 7-3-2 是按工程项目阶段进行全过程、全方位成本管控的工作内容和相应的职业能力要求，就各个阶段而言，开展成本管控工作的具体岗位有工程项目投融资分析员、造价员、招投标员、施工员、资料员、成本核算员等。投融资分析员主要在决策阶段发挥作用，造价员主要在设计阶段发挥作用，招投标员主要在招投标阶段发挥作用，施工员主要在施工阶段发挥作用，资料员和成本核算员主要在施工阶段和使用阶段发挥作用。

二、职业能力培养体系构建

（一）人才培养目标

成本管控专业（项目管控方向）主要面向房地产开发企业、工程施工企业、建筑安装企业、工程造价和项目管理中介机构等就业领域，培养德、智、体、美全面发展，具有良好的职业素质和行为规范，具备管理学、经济学和土木工程技术的基本知识，熟识现代成本管控理论、方法和手段，既懂工程技术又懂工程成本管理的复合型应用型人才。

成本管控专业人才培养目标清晰地描绘了该专业学生的职业面向及就业岗位。学生毕业后可选择的就业单位主要有三种类型：（1）房地产开发企业和工程项目的建设单位；（2）工程施工和建筑安装企业；（3）工程造价和项目管理中介机构。学生毕业时的入职岗位主要有：相关企业财务部门、施工生产部门的投融资分析员、造价员、招投标员、施工员、资料员和成本核算员。学生入职后，首先从事这些岗位的一些初级和辅助工作，跟过两三个项目之后，可以独立地从事综合技术性更强、更高级别的工作，走向中级岗位。经过若干年的奋斗，学生可以向更高层级的岗位晋升和发展。根据市场调研，5~10 年内，学生可能晋职的岗位有：项目部财务主管、项目部施工生产主管、项目经理、企业财务经理等岗位。同时由于该专业学生复合型人才特点，具备较强的适应社会经济环境变化进行职业岗位迁移的素质能力。学生将来的职业迁移岗位有：建筑施工企业的设计员等岗位；在工程造价和项目管理等中介机构的监理员等岗位，工业企业、商业企业、会计师事务所、政府及其有关部门的成本核算员、会计员、投融资分析员、预算员等岗位工作。

（二）人才培养规格

根据成本管控（项目管控方向）岗位能力分析及人才培养目标，该专业要求学生能在“工学交替”实践中，形成专业核心能力，同时掌握目标岗位所必需的专业基础理论与知识，不断提升技能，另外还必须身心健康，个性开朗，具有良好的职业道德及职业素养，强烈的团队合作意识与吃苦耐劳精神。具体要求如下。

1. 专业核心能力

（1）熟悉工程项目成本的控制与管理的基本知识和基本技能。

（2）熟悉工程项目成本的主要构成及形成过程和形成机理，掌握对工程项目成本的确认与控制的主要知识和基本技能。

（3）熟悉工程项目从报建到竣工验收过程的各种程序、手续、费用收取和相关建筑法规、会计准则、财经法规。

（4）掌握工程项目成本分析与评价及项目风险管理的主要知识和基本技能。

（5）熟悉并使用预算定额及财务软件编制工程项目概预算及工程项目结算，掌握工程造价应用程序和方法，熟悉工程招投标报价及工程索赔的相关程序和方法。

2. 人才培养的基本要求

（1）知识要求。

①具备成本管控专业（项目管控方向）专科层次所必需的外语、数学及其他基础文化知识。

②具有运用计算机辅助解决成本管控问题的能力。

③具备成本管控专业的专业基础知识。

④熟悉土木工程技术知识。

⑤初步掌握工程项目成本管控的基本理论和方法。

⑥熟悉与工程项目成本管控相关的政策和法规。

⑦具有从事工程项目成本全方位、全过程管理与控制的基本知识与方法。

⑧掌握文献检索、资料查询、市场调查研究的基本知识和方法。

（2）技能要求。

①具有较强的工程识图能力，能阅读建筑施工图、结构施工图、给排水工程图等工程图样，会绘制草图，能运用计算机绘图。

②能编工程项目成本管控方案，对工程项目成本进行全方位、全过程地动态管理与控制。

③能较熟练地编制工程成本管控报告、成本管控效益分析与评价报告。

④熟悉使用工程造价工具进行工程造价控制。

⑤能熟练使用财务软件和造价软件编制工程成本预算、工程成本决算和工程财务报表。

⑥掌握计算机应用基础知识和计算机常用操作系统的使用。

⑦掌握中文应用文写作的基本知识、方法和技巧，并能熟练运用本专业的报告、总结及相关材料的撰写。

⑧英语词汇量达到2000词左右，熟识英语基本知识，借助词典能阅读本专业相关资料。

⑨具有继续学习、掌握新技术、新方法、新知识的能力，通过考核取得相应的资格证书。

（3）素质要求。

①职业道德方面：具有正确的世界观、人生观和价值观；具有良好的个人修养和严谨务实的作风；具有良好的社会公德和职业道德，能自觉遵守行业公约和行为规范，有较强的行业法律、法规意识；具有勤奋好学、爱岗敬业、诚实守信、团结协作的优良品质。

②身体素质方面：掌握现代体育运动基本知识和基本技能，具有文体特长；身体健康、健美，达到《国家学生体质健康标准（2014年修订）》所规定的各项指标。

③心理素质方面：具有健康的心理和完善的人格；具有较强的心理适应能力和健全的意志品质；具有理智、真诚、坦荡的性格、良好的团队精神和良好的人际关系。

④企业文化方面：了解职业面向类企业文化和职业规范；熟识企业一般管理模式和管理方法。

3. 学生毕业条件

本专业实施“学历证书+职业资格证书”毕业制度。在修满学分，全部课程合格的前提下，学生还需满足下列条件方可毕业。

（1）取得造价员、施工员、资料员和会计从业资格证等职业资格证书（四选二）；

（2）取得全国大学英语等级考试A级证书，全国计算机等级考试一级证书。

（三）职业能力培养体系结构

1. 课程体系

为了有效地培养学生的职业能力，职业教育课程不仅要关注学生获得了哪些工作知识，更要关注学生以什么结构来获得这些知识。课程体系是影响学生职业能力形成的重要变量，有必要让学生直接按工作过程中知识的组织方式学习课程内容。最理想的方式是将职业教育课程体系与工作结构对应起来，从工作结构中获得职业教育课程体系。获得工作结构的基本方法是工作任务分析，根据工作实践过程寻找每个专业所特有的工作逻辑。不同专业所面向的职业领域的工作逻辑是不一样的，例如，有的职业工作任务以产品为逻辑线索展开，有的以工作对象为逻辑线索展开，有的以操作程序为逻辑线索展开，有的以岗位为逻辑线索展开。

成本管控专业课程体系按如下思路构建。首先，由“行、企、校”三方面专家对该类职业岗位进行深入剖析、论证，基于成本管控工作过程逻辑，确定具有代表性的典型工作任务，并根据任务来描述职业能力。其次，根据能力复杂程度整合典型工作任务形成综合能力领域，即归纳行动领域。再次，由具丰富教学经验的老师对根据认知及职业成长规律，对典型工作任务进行整合和序化，重构行动领域转化为专业课程。最后，结合相关职业资格证考试要求，对课程进行一定的调整，从而形成职业能力导向，“岗、证、课”对接的模块化课程体系。

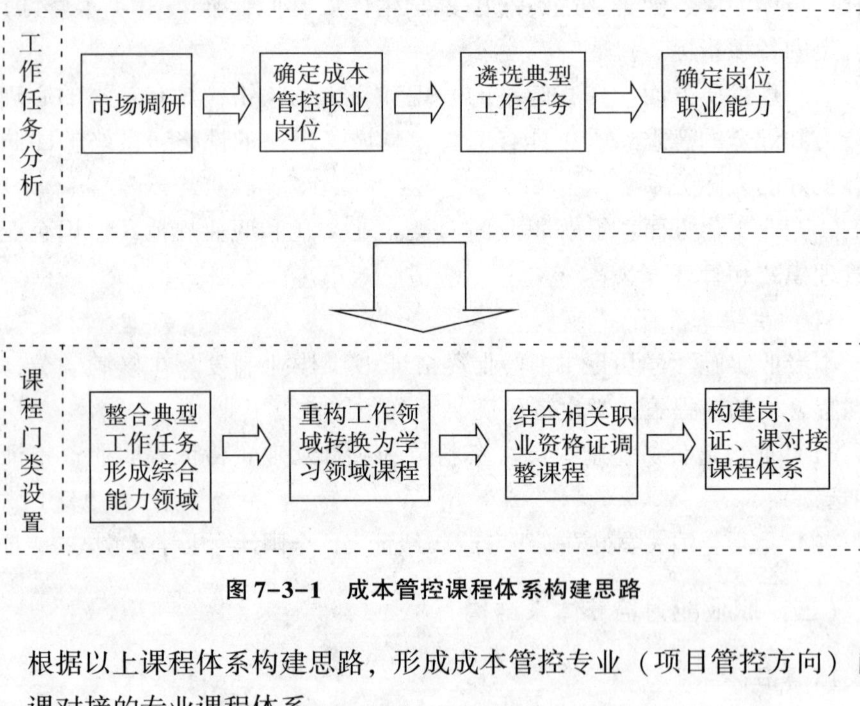

图 7–3–1　成本管控课程体系构建思路

根据以上课程体系构建思路，形成成本管控专业（项目管控方向）岗、证、课对接的专业课程体系。

表 7-3-3　工程项目不同阶段职业能力、所涉的相关职业资格证及主要对应课程

<table>
<tr><th colspan="3">工程项目阶段</th><th>成本管控的职业能力</th><th>涉及的职业资格证</th><th>主要对应课程</th></tr>
<tr><td colspan="3">决策阶段</td><td>1. 能根据投资项目决策需求提供相关信息
2. 能提供项目估算报告组成部分的具体分析
3. 熟悉土地价值估算方法
4. 熟悉项目成本构成和项目成本测算
5. 了解项目成本管控合约规划相关知识
6. 能估算项目的投资</td><td>会计证
造价员</td><td>1. 工程财务成本管控
2. 工程造价控制
3. 工程项目成本管控实务
4. 工程财务会计
5. 工程项目成本管控概论
6. 工程技术经济
7. 工程应用写作</td></tr>
<tr><td rowspan="5">实施阶段</td><td rowspan="2">设计阶段</td><td>初步设计</td><td rowspan="2">1. 能识读施工图
2. 能理解项目施工方案
3. 能确定工程施工方案的合理性
4. 熟悉工程定额
5. 能使用工程造价软件计算工程量
6. 能使用工程造价软件套价，编制工程概预算</td><td rowspan="2">造价员
施工员</td><td rowspan="2">1. 土木工程制图与识图
2. 建筑力学与结构
3. 建筑施工工艺与施工组织
4. 建筑设备安装识图与施工工艺
5. 工程计量与计价
6. 工程造价控制
7. 建筑材料
8. 建筑构造</td></tr>
<tr><td>施工图设计</td></tr>
<tr><td colspan="2">招投标阶</td><td>1. 了解项目招投标程序及相关政策
2. 能参与招投标文件的编制
3. 具备市场询价的能力
4. 能熟练使用造价软件编制招标控制价
5. 能分析与评价相关工程合同</td><td>造价员</td><td>1. 工程招投标与合同管理
2. 工程计量与计价
3. 工程造价控制</td></tr>
<tr><td rowspan="2">施工阶段</td><td>施工</td><td rowspan="2">1. 了解图纸会审和设计交底的相关知识
2. 熟悉工程隐蔽验收、工程变更管理的工作程序
3. 熟悉工程进度计划表编制的相关知识及工程进度款支付的相关程序
4. 熟悉工程索赔业务
5. 掌握竣工验收程序，熟悉项目成本结算编制方法</td><td rowspan="2">资料员
施工员
会计证</td><td rowspan="2">1. 工程项目管理
2. 工程项目成本管控实务
3. 工程造价控制
4. 工程项目成本规划与控制
5. 工程招投标与合同管理
6. 工程成本会计
7. 工程会计实务
8. 成本管控概论
9. 工程应用统计
10. 管理学原理
11. 会计基础</td></tr>
<tr><td>竣工验收</td></tr>
</table>

续表

工程项目阶段		成本管控的职业能力	涉及的职业资格证	主要对应课程
使用阶段	交付使用	1. 熟悉工程项目保修的内容及范围 2. 了解项目成本核算程序 3. 熟悉财务成本核算与分析	会计证	1. 工程成本会计 2. 工程财务会计 3. 工程项目成本管控实务

以上课程体系建构主要做法如下。

（1）校企深度合作，专家团队开发。

成本管控专业是目前国内首创专业，其人才培养方案、课程体系构架，基本上无经验可借鉴。湖南安信公司与湖南外贸职业学院商定，成立一支由安信公司现场专家+省内造价、财务方面的高级专家+高校高级教师+职业教育研究人员聚集的专家研究团队。由安信公司提供研究经费，经过数十次研讨、论证形成此稿。

（2）基于项目成本的控制和管理逻辑，构建系统化课程。

通过对省内近 10 家典型企业的调研，再结合安信公司近 20 年来积累的有关工程项目成本和有关企业的成本审计实践经验，由专家团队进行归纳、提炼，界定成本管控，并基于工程项目成本的控制和管理逻辑主线，确立成本管控职业岗位所需的知识、技能、态度，同时结合成本管控工作（任务）中实际应用的工作方法、程序、工作要素，建构课程结构、组织单项课程内容，开发出与成本管控岗位层级对应的项目化教学课程。专业核心课程：成本管控概论、成本管控实务、工程财务成本管控、项目成本分析与评价、项目成本确认与控制。专业主干课程：工程应用数学、工程技术经济、管理学原理、应用统计、建筑力学与结构、土木工程计量与计价、工程造价控制、工程项目管理、工程成本会计、成本管控法规实务、成本管控应用写作、土木工程施工技术与组织、大学生职业素养。同时我们组织相关专家对核心课程部分主干课程，按照成本控制与管理逻辑主线及该职业岗位知识、技能、素质需求重新建构课程内容。

（3）坚持素质本位，强化实践技能。

从市场调研得知，几乎所有的用人单位都认为培养大学生的良好的职业素质是第一位的，能力稍微差一点，工作实践中还可以逐步提高，因此专业课程，实行“工学交替”“做学结合”，强化学生实践技能培养（实践教学课时占总课时的51.6%）。

（4）立足企业需求，着眼学生发展。

本方案的人才培养目标，从学生毕业就业和企业现实需求对接，设置了入职岗位和职业迁移岗位，同时，考虑到高等职业教育的高等性及学生职业的发展性，设置了晋职岗位，课程结构设置了专业拓展模块，课程内容注重了高等教育的知识性和基础性。

总之，本课程开发，坚持一条主线，围绕三个核心，形成一个体系。坚持一条主线：以项目成本的控制和管理逻辑为主线；围绕三个核心：成本管控岗位的核心能力、支撑该核心能力的核心课程，支撑该核心课程的核心教学内容；形成一个体系：形成成本管控专业本体的独特的课程体系。

2. 实践教学体系

依据成本管控专业实践能力训练要求，校内建一个集专业教学、职业培训、技术服务、学生实习实训为一体的综合性、生产性实训中心。校外，以湖南安信公司为工学交替、"教学做"合一的实践教学基地，另与省内外20家左右的企业建立相对稳定的校外实习基地。建立一个能满足对学生岗位专项技能、岗位综合技能、岗位职责素质、职业创新能力、就业竞争能力培养的递进式实践教学体系。

成本管控专业实践教学体系构建的主要做法如下。

（1）校企共同投资、创建校内实训中心新模式。

按照"共建、共享、共赢"的原则，湖南安信公司投资100万元左右，湖南外贸职业学院提供场所并投资50万元左右，在校内建一个集成本管控专业教学、职业培训、技术咨询服务、实习实训为一体的综合性、生产性、经营性实训中心。校企共同管理、共同指导学生实习实训。该中心在确保成本管控专业学生实习实训，成本管控专业教师、安信公司员工培训的前提下，还须承担一定对外职业培训、技术咨询的任务，并将对外承接的真实的咨询服务项目用于学生实习。

（2）校企紧密合作，共建校外生产性实习基地。

湖南安信公司首先提出成本管控的理念和思想，并作为该专业学生"工学交替""教学做合一"的教学实践基地。同时，学院加强与建筑房产类，工程造价和项目管理中介公司等企业的紧密合作，了解他们的需求，研究学校能为企业的服务点，提升学校为企业服务的能力。

（3）运用信息化手段，创建空间实践教学新模式。

以世界大学城为平台，开发空间3G实景课堂。根据专业课程对企业现场实景的需求，将企业工作现场实景与现场专家直接引入学校教学课堂，实现教师、现场专家、学生在空间课堂中面对面的互动、互通。这种“空间教学”，可实现理论教学与实践教学于一体，让学生在学习过程中及时了解现代企业更新的设施，以及现代企业发展变化中呈现的新知识、新技术、新工艺。另开发“空间仿真实训”，利用现代信息仿真技术，根据成本管控专业实训需求，将建筑房产类项目的管理、建设生产过程、施工环节展现于校内“空间实训基地”。学员可依据项目建设过程中各个环节技术参数的变化，真实的模拟成本管理与控制操作，无须到项目建设现场就可进行实景操作。

（4）构建顶岗实训空间管理平台，强化学生实践能力培养。

“顶岗实训”是培养学生就业能力的重要手段，是实现高职毕业生“零距离”上岗的必要过程，是实践教学体系的重要环节。高等职业教育多年来的实践证明，绝大多数管理类专业，学生的顶岗实习是分散到多家企业的。学校和企业对顶岗实训生的管理基本处于“放养”状态，从一定程度上弱化了顶岗实训这个重要的实践教学阶段，影响了学生实践能力的提升。将学校顶岗实训管理空间⟷专任教师指导空间⟷企业指导教师空间⟷学生个人空间整合链接构成“四环联动”的学生顶岗实训空间管理平台。在“四环”各自空间中设置相应栏目：学校顶岗实训空间设立顶岗实训制度、岗前教育、顶岗实训设施、顶岗实训成效、岗位招聘信息；专任教师指导空间设立顶岗实训要求，项目任务单，实训实况跟踪、考核评价；企业指导教师空间，设立顶岗实训须知、学生轮岗实训计划、顶岗实训过程管理、现场指导；学生个人空间，设立顶岗实训计划、实训日志、实训效果、总结建议、实训指导教师。这种开放互动的学生顶岗实训空间管理平台，可全过程、全方位及时了解学生顶岗实训情况，校企教师可及时指导学生和解决学生顶岗实训中困难和问题，学生可随时向教师请教和诉求。这种空间管理模式可切实有效地强化学生实践能力和职业素质的培养。

（5）推行“3、3、3”学生顶岗实训。

“3、3、3”是指“三双”“三融”“三共同”。“三双”是指实践管理“双主体”、实习指导“双导师”、顶岗实训“双员制”。“三融”是指专业知识学习任务与顶岗实习项目相融，毕业设计与顶岗任务相融，学校文化与企业文化相融。“三共同”是指学校与企业共同设计评价标准，企业师傅与专业教师共同评价学习实训成效，学校与企业共同保障学生实训中的合法权益。

3. 职业培养体系

随着社会的发展和技术的进步，企业对从业人员的素质要求越来越高，职业意识和职业素养是企业选拔和引进人才的一个重要权衡指标。良好的职业道德是企业对员工的基本要求，是学生职业发展的基石。学生毕业后能否就职于优秀的企业，得到理想的工作岗位，既要看其对专业知识与技能的掌握程度，又要看其对职业的热爱程度、工作态度和责任心。职业道德教育是学生学会做人，学习做事的第一课。

在专业课程教学过程中，教师通过精心的教学设计将职业道德教育贯串到教学的每一个环节当中，让学生通过专业知识的学习尤其是在真实的职场环境中，通过真实的案例去感知职业道德的具体要求。

开展丰富多彩的职业道德教育活动，拓宽学生职业道德修养途径。企业参观与调研活动，使学生对职业道德有初步的感性认识；邀请业内成功人士和工作成绩突出的毕业生来校为学生开设专题讲座，结合他们自身的体会，对学生进行爱岗敬业教育，让学生既会“做事”也会“做人”。

4. 师资队伍体系

建设一支具有现代教育理念，熟识职业教育规律，热爱教育事业，师德高尚，素质优良，结构合理的“双师型”教学团队。

（1）创新教师管理机制。

对教师的工作能力、工作态度、学术水平、工作业绩进行全面考核，并将考核结果与教师岗位津贴，绩效奖励、培训学习、评先评优挂钩，并在院内推行，低职高聘、高职低聘。同时，建立和完善一系列管理制度。

（2）建立“名师”教学团队。

抓两支教学团队建设。通过外引内培，形成3名（工程造价1名，财务审计1名，建筑工程1名）副高以上职称，并在省内本专业领域有一定影响且具有二年以上企业实践经验的专业教师队伍，以及3名以上具有工程造价和财务专业背景的“双师型”专业教师组成专职教学团队。兼职教学团队，聘请3名以上在省内造价、审计事务、建筑工程专业领域有较大影响的企业专家和2名以上大学教授，作为成本管控专业相对稳定的兼职教师，形成真正的“名师”教学团队。

（3）提升教师教学能力。

建立专任教师提升学历和教学能力的制度。推行名师引领、以老带新、校企教师与专家结对的办法。鼓励教师读研、读博、深入企业顶岗实训。加强对教师、教研、科研、课堂教学能力的考核。全面提升教师的学术水平和教育教学能力。

（4）注重师德师风建设。

学院成立从教研室、系部到学院三级师德师风建设工作机构，制定考核标准，并出台《全面加强师德师风建设的意见》《“三育人”工作要求》《教师职业道德规范》等规章制度，落实到位。引导教师，秉承“诚信立身，勤奋立业”的校训，养成“行为世范，知行合一”的教风，倡导热爱祖国，热爱学生，热爱学校，热爱教育事业的“爱心”行动，促使全体教师树立正确的世界观、人生观、价值观和以学生为本的教学观。

5. 教学管理体系

建立与“系企合作，双主体育人”的人才培养相适应，有利于学生个性化学习，有利于发展学生特质和潜能，有利于教师积极创造性教学的教学管理机制。

（1）建立机构，明确职责，强化过程管理。

建立企业专家+学校教师+学生代表组成的专兼结合的教学督导委员会，实施学校→系部→教研室三级教学督查制度。充分发挥教研室“一线”教学管理的作用，教研室对教学各个环节进行全面督察，从教学资料准备、教案、教学进度、教学计划执行、课堂教学质量、实践教学效果、作业批改、课外辅导等进行定期检查，检查结果与教师绩效挂钩，并提交教学督导委员会。

（2）校企共建教学制度管理体系。

建立校企人才培养目标共定、课程体系共建、教学过程共管，学生学习共教，适应“工学交替，做学合一”的教学管理机制。校企共同评价教学质量，共同评价学生成绩，共同管理顶岗实习，共同实施教学督导。逐步建立弹性学制、学分制，教师评学，学生评教，学生选课、选教等一系列符合职业教育人才培养规律的制度管理体系。

（3）校企共建教学质量监控体系。

借鉴成本管控不同阶段工作职责要素，按照“工学交替，做学合一”的教学思路，依托大学城空间，建立起教学运行全过程监控体系。在学院“大学城”教学督导机构用户中设置空间监控专用平台，在专用平台空间⟷教学管理人员空间⟷教师空间⟷学生空间⟷企业督导教师空间均设置教学过程专项栏目，根据教学管理要求，校内外教学过程，学生顶岗实习，均在“空间中”展现，且上述相关人员根据各自工作、学习特点和学院要求，在本人的空间中发布相应内容和诉求。“三级”教学督导部门和校企双方指导教师，根据空间信息，做出相应处理并反馈至教学督导委员会。“教学督导委”拿出意见，在空间发布并通知相关部门和人员。教学运行全过程监控体系如图 7-3-2 所示。

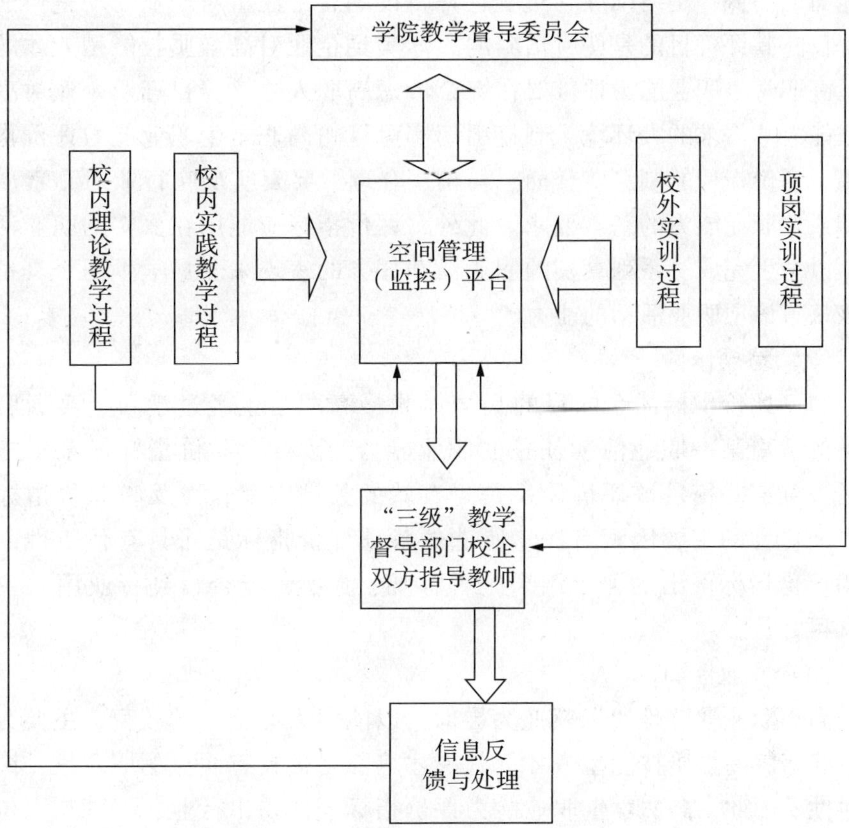

图 7-3-2　教学运行过程监控体系示意图

三、职业能力评价

（一）评价指标体系构成

职业能力评价应该包括过程性评价和结果性评价两种形式，学校、企业多个评价主体，坚持定性评价与定量评价相结合的原则，评价指标应系统化。

1. 评价指标体系构建原则

（1）科学性。

主要体现在评价观念的变革上，强调评价是为了更好地测量出学生职业能力的高低，是终结性与过程性评价的结合，注重对职业活动整体能力的评价，其评价目的是使所培养的人才满足企业对高素质技能型人才的需求。高职学生职业能力评价要在综合考虑高职人才培养目标及企业对高素质技能人才需求的大环境，制订出切实可行的高职学生职业能力评价指标体系。评价指标的制订要全面、科学、合理，要真实反映行业对高素质技能型人才职业能力的基本要求。此外，评价指标应能用在真实的职业活动中，以学生完成一系列真实的职业活动任务的表现来测量学生是否具备是否该从事该项职业活动的能力。

（2）易操作性。

制订评价指标体系的目的是全面测量高职学生经过学习、实训后所具备的从事某一职业活动任务的职业能力。因此，评价指标体系实施的难易程度，是衡量该评价体系是否有效的关键因素，而反映评价指标体系可操作性的主要因素有：①所选的各项评价指标是否具有代表性；②运用评价指标得出的评价结果是否客观、真实，能否得到行业用人单位的认可。

（3）职业性。

高等职业教育是“以就业为导向，以能力为本位”的教育，主要为社会一线培养高素质技能型人才。其人才培养目标具有明显的职业性，岗位针对性。因此，高职学生职业能力评价指标要体现出行业、工种与岗位职业活动对不同人才的职业能力需求。

2. 评价体系基本构建思路

徐国庆教授根据对德国职业能力划分标准的研究，从能力内容角度，将职业能力分为专业能力、方法能力和社会能力。专业能力具有职业特殊性，职业教育的课程体系主要是针对获得专业能力而设置的。方法能力和社会能力并非某种职业所特有的能力，具有职业普遍性，能在不同职业之间广泛迁移。从能力性质角度，将职业能力分为基本职业能力和关键职业能力。基本职业能力是个体从事某一职业所必需的能力，是个体胜任职业工作、赖以生存的核心本领。关键职业能力指学生为完成今后不断发展变化的工作任务而应获得的跨专业、多功能和不受时间限制的能力，以及终身学习的能力。关键职业能力是从事任何职业都需要的一种综合职业能力，包括专业关键职业能力、方法关键职业能力和社会关键职业能力。

以养成理论为理论基础，以成本管控专业岗位职业能力需求分析为依据，并在徐国庆教授对德国职业能力划分标准的研究基础上，加以综合提炼，我们设定了基本职业能力和关键职业能力两大类一级指标，其中基本职业能力进一步分解为专业知识和专业技能两个二级指标；关键职业能力进一步分解为方法能力和社会能力两个二级指标。这样可使两层次能力指标有较清晰的界限划分。然后根据成本专业人才培养规格专业核心能力和人才培养规格基本知识、技能和素质要求，将各个二级指标分解为三级指标。

3. 职业能力评价指标体系

（1）基本职业能力。

基本职业能力是指学生未来从事某一特定职业活动任务所必须具备的能力。基本职业能力是建立在拥有该专业相关的理论知识的基础上，经过大量的专业实践活动锻炼而获得的、与职业岗位活动相关的能力。所以基本职业能力下设专业知识和专业技能两个二级指标。

①专业知识。专业知识是与具体职业活动任务相关的技术知识，是从事某一职业活动任务必须掌握的知识，是技能获得的基础和前提。高职学生要想胜任职业活动任务，成为一名合格的高素质技术型、技能型人才，必须系统地学习、理解并掌握本职业活动任务相关的知识，这类与具体职业活动任务相关的知识即为专业知识。专业知识下设立土木工程基础知识、工程计量与计价知识、工程招投标与合同管理知识、财务基础知识、成本核算知识、财务成本管控知识、成本管控法规知识、项目成本管控知识 8 个三级指标。

②专业技能。专业技能是学生谋生的主要手段，是从事某一具体职业活动任务所必须具备的操作技能。专业技能下设立项目投融资技能、工程制图与识图技能、工程概预算技能、工程招投标技能、工程合同及资料管理技能、施工过程成本管控技能、财务成本核算技能、成本分析技能 8 个三级指标。

（2）关键职业能力。

高职学生不仅应具备从事本行业职业活动的基本职业能力，同时也应具备一定的与职业生存和发展息息相关的关键职业能力。关键职业能力下设立方法能力和社会能力两个二级指标。

①方法能力。方法能力是个人对在家庭、职业和公共生活中的发展机遇、要求和限制做出解释、思考和评判并开发自己的智力、设计发展道路的能力和愿望。方法能力特别指独立学习、获取新知识的能力。方法能力下设立获取知识与信息能力、分析与解决问题能力、技术创新能力、主动学习能力、逻辑思维能力、计算应用能力、英语应用能力、应用写作能力8个三级指标。

②社会能力。社会能力是处理社会关系、理解奉献与矛盾、与他人负责任地友好相处和相互理解的能力。社会能力下设立团队协作能力、人际交往能力、语言表达能力、心理承受能力、职业道德、职业精神6个三级指标。

综上所述，我们构建了包括3个层次、2个一级指标，4个二级指标，30个三级具体指标的高职成本管控专业职业能力评价指标体系。

表7-3-4　高职成本管控专业职业能力评价指标体系

<table>
<tr><th>目标</th><th>一级指标（A）</th><th>二级指标（B）</th><th>三级指标（C）</th></tr>
<tr><td rowspan="16">职业能力</td><td rowspan="16">基本职业能力（A1）</td><td rowspan="8">专业知识（B1）</td><td>土木工程基础知识（C1）</td></tr>
<tr><td>工程计量与计价知识（C2）</td></tr>
<tr><td>工程招投标与合同管理知识（C3）</td></tr>
<tr><td>财务基础知识（C4）</td></tr>
<tr><td>成本核算知识（C5）</td></tr>
<tr><td>财务成本管控知识（C6）</td></tr>
<tr><td>成本管控法规知识（C7）</td></tr>
<tr><td>项目成本管控知识（C8）</td></tr>
<tr><td rowspan="8">专业技能（B2）</td><td>项目投融资技能（C9）</td></tr>
<tr><td>工程制图与识图技能（C10）</td></tr>
<tr><td>工程概预算技能（C11）</td></tr>
<tr><td>工程招投标技能（C12）</td></tr>
<tr><td>工程合同及资料管理技能（C13）</td></tr>
<tr><td>施工过程成本管控技能（C14）</td></tr>
<tr><td>财务成本核算技能（C15）</td></tr>
<tr><td>成本分析技能（C16）</td></tr>
</table>

续表

<table>
<tr><th>目标</th><th>一级指标（A）</th><th>二级指标（B）</th><th>三级指标（C）</th></tr>
<tr><td rowspan="14">职业能力</td><td rowspan="14">关键职业能力（A2）</td><td rowspan="8">方法能力（B3）</td><td>获取知识与信息能力（C17）</td></tr>
<tr><td>分析与解决问题能力（C18）</td></tr>
<tr><td>技术创新能力（C19）</td></tr>
<tr><td>主动学习能力（C20）</td></tr>
<tr><td>逻辑思维能力（C21）</td></tr>
<tr><td>计算应用能力（C22）</td></tr>
<tr><td>英语应用能力（C23）</td></tr>
<tr><td>应用写作能力（C24）</td></tr>
<tr><td rowspan="6">社会能力（B4）</td><td>团队协作能力（C25）</td></tr>
<tr><td>人际交往能力（C26）</td></tr>
<tr><td>语言表达能力（C27）</td></tr>
<tr><td>心理承受能力（C28）</td></tr>
<tr><td>职业道德（C29）</td></tr>
<tr><td>职业精神（C30）</td></tr>
</table>

（二）评价指标权重与等级设置

1. 确定评价指标权重

指标的权重是指在相同的目标约束下，各指标间的重要性关系，因此，科学确定各评价指标权重对整个评价体系起着举足轻重的作用。下面主要采取德尔菲法粗略确定了高职学生职业能力评价体系中一级和二级指标所占的权重。而对各具体能力评价单元指标（三级指标）权重值分配情况则主要采用两两比较法中的0–4评分法来确定。

（1）采取德尔菲法初步确定高职学生职业能力评价体系中一级和二级指标所占的权重步骤如下。

第一步，编制咨询表（见表7–3–5）。

表7–3–5　第一轮成本管控专业职业能力评价指标权重咨询表

<table>
<tr><td rowspan="2">指标</td><td>序号</td><td>1</td><td>2</td></tr>
<tr><td>内容</td><td>基本职业能力（A1）</td><td>关键职业能力（A2）</td></tr>
<tr><td rowspan="2">权重（100%）</td><td>背景材料</td><td>60%</td><td>40%</td></tr>
<tr><td>本人意见</td><td></td><td></td></tr>
</table>

第二步，遴选专家，发放咨询表。

选择专家是关键。按照咨询项目所需要的知识范围，确定的专家一般应是掌握咨询项目某一特定知识和技能的人。此处选择来自行企校的专家共 15 人，其中行业主管部门专家 4 人，企业专家 6 人，学校专家 5 人，所选人才均为大专以上学历，且均在本职岗位上工作两年。

第三步，回收咨询表，进行相关统计处理（见表 7-3-6）。

表 7-3-6　第一轮调查指标权重统计结果

指标 专家	基本职业能力（A1）		关键职业能力（A2）	
	权重	离均差	权重	离均差
1	60%	-0. 05	40%	0. 05
2	70%	0. 05	30%	-0. 05
3	65%	0	35%	0
4	68%	0. 03	32%	-0. 03
5	55%	-0. 1	45%	0. 1
6	75%	0. 1	25%	-0. 1
7	62%	-0. 03	38%	0. 03
8	65%	0	35%	0
9	70%	0. 05	30%	-0. 05
10	68%	0. 03	32%	-0. 03
11	65%	0	35%	0
12	64%	-0. 01	36%	0. 01
13	65%	0	35%	0
14	60%	-0. 05	40%	0. 05
15	60%	-0. 05	40%	0. 05
平均值	65%		35%	

第四步，发放第二轮咨询表。

使用德尔菲法，为使结果科学合理，需反复收集意见整理，因而以第一轮统计结果为背景资料，进行第二轮咨询（见表 7-3-7）。

表 7-3-7　第一轮成本管控专业职业能力评价指标权重咨询表

指标	序号	1	2
	内容	基本职业能力（A1）	关键职业能力（A2）
权重（100%）	背景材料	65%	35%
	您的意见		

第五步，回收咨询表，进行相关统计处理（见表 7-3-8）。

表 7-3-8　第二轮调查指标权重统计结果

指标 专家	基本职业能力（A1）		关键职业能力（A2）	
	权重	离均差	权重	离均差
1	63%	−0.02	37%	0.02
2	65%	0	35%	0
3	65%	0	35%	0
4	66%	0.01	34%	−0.01
5	62%	−0.03	38%	0.03
6	68%	0.03	32%	−0.03
7	65%	0	35%	0
8	65%	0	35%	0
9	68%	0.03	32%	−0.03
10	65%	0	35%	0
11	65%	0	35%	0
12	65%	0	35%	0
13	65%	0	35%	0
14	64%	−0.01	36%	0.01
15	64%	−0.01	36%	0.01
平均值	65%		35%	

经过两轮调查结果，离均差在±0.03之内，各专家意见趋于一致，即基本职业能力和关键职业能力两项指标的权重分别为65%和35%，然后以同样的方式确定各二级指标的权重。根据德尔菲法确定的一级指标和二级指标权重如表 7-3-9 所示。

表 7-3-9　一级指标和二级指标权重

一级指标		二级指标	
名称	权重	名称	权重
基本职业能力（A1）	65%	专业知识（B1）	25%
		专业技能（B2）	40%
关键职业能力（A2）	35%	方法能力（B3）	20%
		社会能力（B4）	15%

（2）采取 0-4 评分法确定职业能力评价体系中三级指标所占的权重。

这种方法的做法是请一组专家共同对各个指标两两比较进行评分，评价两个指标重要性时采用五种评价计分。

①非常重要的指标得 4 分，另一个相比的很不重要的指标得 0 分。

②比较重要的指标得 3 分，另一个相比不太重要的指标得 1 分。

③两个指标同样重要时，则各得 2 分。

④不太重要的指标得 1 分，另一个相比比较重要的指标得 3 分。

⑤很不重要的指标得 0 分，另一个相比非常重要时得 4 分。

这里以社会能力二级指标下 6 个三级指标权重的确定来说明，其他三个二级指标下的三级指标权重以同样的方式确定。社会能力二级指标下 6 个三级指标权重的确定如表 7-3-10 所示。

表 7-3-10　社会能力二级指标下各三级指标重要性评价对比

指标名称	C25	C26	C27	C28	C29	C30	得分	分权重	总权重
团队协作能力（C25）	×	2	4	3	3	4	16	27%	4.0%
人际交往能力（C26）	2	×	2	1	1	2	8	13%	2.0%
语言表达能力（C27）	0	2	×	2	1	1	6	10%	1.5%
心理承受能力（C28）	1	3	2	×	1	1	8	13%	2.0%
职业道德（C29）	1	3	3	3	×	2	12	20%	3.0%
职业精神（C30）	0	2	3	3	2	×	10	17%	2.5%
总分							60	100%	15%

0-4 评分法的指标对比总分$=2n(n-1)$，表 7-3-10 中由 6 个指标组成，总分$=2\times6\times(6-1)=60$。各指标的分权重即各指标在社会能力二级指标中的权重，由各指标的得分除以总分得到。各指标的总权重，即各指标在整个指

标体系中的权重，由各指标分权重乘以社会能力二级指标权重15%得到。

2. 评价等级设置

评价等级的数量设置没有统一的规定，可根据实际需要设定。一般来讲，评价等级数量越多，其精确度就越高，整个评价的复杂程度也会随之增强。考虑等级设置的科学性和可操作性，成本管控职业能力评价等级采用五级制。将职业能力评价指标融入具体的评价中，对专业知识及无法从直接从项目任务完成过程中表象的关键职业能力采用笔试方式，对专业技能及能从项目任务完成中表象的关键职业能力采用项目任务实施测评方式，如可采用笔试+现场操作+毕业设计+第三方评价+平时工作成果展现等相结合的评价手段。评价成绩用百分制计算，然后将总分转换为五级分制成绩，标准为：90~100分为强健级，80~89分为满意级，70~79分为基本满意级，60~69分为薄弱级，60分以下为极弱级。

表7-3-11　职业能力评价等级设置及标准

等级	一级	二级	三级	四级	五级
属性	强健级	满意级	基本满意级	薄弱级	极弱级
分值区间	90~100分	80~89分	70~79分	60~69分	60分以下

（1）强健级。

较好地掌握成本管控专业知识，能将相关知识灵活地运用到项目任务中去。能按照企业的操作规范熟练正确地完成项目任务，并能将工作任务放到整个系统中去认识，不仅考虑任务的复杂性，还考虑多样化的企业和社会环境条件对工作过程和结果的不同要求。整个项目任务执行过程中体现良好的职业精神和职业素养。

（2）满意级。

较好地掌握成本管控专业知识，能将相关知识灵活地运用到项目任务中去。能按照企业的操作规范熟练正确地完成项目任务，保证工作任务成果质量，并体现良好的职业精神和职业素养。

（3）基本满意级。

基本掌握成本管控专业知识，基本能按照企业的操作规范完成项目任务，具备基本技能，具有一定的职业精神和职业素养。

（4）薄弱级。

具备使用专业工具所需的与情境无关的基本知识和相应的技能，只能部分完成项目任务，专业技能有限，具有一定的职业精神和职业素养。

（5）极弱级。

仅具表面的、概念性的专业知识，只能完成极少部分项目任务，专业技能缺乏，具有一定的职业精神和职业素养。

由于成本管控专业作为校企合作新专业还处在建设和不断完善阶段，指标体系和等级设置还需在实践中不断改进，从而使职业能力评价体系更加健全。

第四节　商品检验技术专业案例

商品检验技术专业（简称商检技术专业）（食品安全第三方监管方向）是湖南外贸职业学院与深圳民声科技有限公司签订联合办学协议，进行食品安全第三方监管订单培养的校企合作专业。该专业根据高职学生职业能力养成的规律与高职学生“四阶段”培养体系，以职业能力养成的过程为主线，以实践教学为主要手段，根据三年制学习时间安排的要求，把高职学生三年学习的过程分解为循序渐进的四个阶段，并根据四个阶段的教学目标整合各种教育资源，形成商检技术专业独特的高职学生职业能力养成的培养体系。

一、岗位能力分析

商检技术专业主要就业单位有生产企业、流通企业、服务企业。主要就业部门包括食品安全检测部门、食品安全督导部门、食品质量控制部门。主要就业的岗位是食品安全快速检测员、现场督导员、风险预警员、渠道拓展员。

商检技术专业依据深圳民声科技有限公司的食品安全第三方监管岗位特点和岗位能力要求，准确定位食品安全快速检测、现场督导、风险预警、渠道拓展四个职业岗位，并根据“知识学训—仿真实训—跟岗实训—顶岗实训”四个阶段的教学目标整合各种教育资源，形成该专业“校企合作无缝对接”工学结合人才培养模式。

商检技术专业（食品安全第三方监管方向）主要工作岗位应具备的职业能力与素质要求如表 7-4-1 所示。

表 7-4-1 商检技术专业（食品安全第三方监管方向）主要工作岗位应具备的职业能力与素质要求

主要工作岗位	职业能力与素质要求		
	知识	能力	素质
食品安全快速检测员	1. 食品安全快速检测技术对相应的危害进行检测、鉴别知识 2. 食品安全快速检测工作的操作程序知识 3. 食品安全快速检测数据处理和表达知识	1. 产品分类及确定对应速测项目的能力 2. 产品特性及对应采集和保存能力 3. 采集样品的识别能力 4. 样品检测及检测数据的记录能力 5. 检测结果的输出能力	1. 食品生产安全守法的职业操守 2. 严谨、务实的工作态度 3. 食品企业生产规范操作意识 4. 充足的敬业精神 5. 良好的人际沟通能力 6. 强烈的服务意识和团队合作意识
食品安全现场督导员	1. SPS 基本理论知识和 SPS 文件基本内容 2. SSOP 基本理论和 SSOP 文件构建知识 3. HACCP 体系基本知识和 HACCP 体系的建立、实施、审核知识	1. 掌握 SPS 对食品工厂卫生工作的总体规定 2. 构建食品工厂 SSOP 文件 3. 开展 SPS 评审活动和第三方监管 SSOP 评审活动 4. 对 SPS 和 SSOP 文件不符合项进行有效整改 5. HACCP 体系的建立与实施 6. HACCP 体系审核	1. 食品生产安全守法的职业操守 2. 食品企业生产的污染规避意识 3. 食品企业生产规范操作意识 4. 充足的敬业精神 5. 良好的人际沟通能力 6. 强烈的服务意识和团队合作意识
食品安全风险预警员	1. 构建食品安全预警体系基本理论 2. 食品安全风险知识 3. 食品安全预警基本知识 4. 计算机信息搜集知识 5. 计算机信息处理知识	1. 食品安全预警体系的构建能力 2. 食品安全风险的信息搜集能力 3. 食品安全风险的信息发布能力 4. 食品安全预警技能	1. 食品生产安全守法的职业操守 2. 食品生产的风险防范意识 3. 充足的敬业精神 4. 良好的人际沟通能力 5. 强烈的服务意识和团队合作意识

续表

主要工作岗位	职业能力与素质要求		
	知识	能力	素质
食品安全渠道拓展员	1. 食品安全基础知识 2. 市场开发基础知识 3. 营销策划基础知识 4. 商务谈判基础知识 5. 客户关系管理基础知识	1. 食品安全市场调研与预测能力 2. 食品安全市场营销策划能力 3. 食品安全项目的推销与谈判能力	1. 食品生产安全守法的职业操守 2. 食品生产的风险防范意识 3. 充足的敬业精神 4. 良好的人际沟通能力 5. 强烈的服务意识和团队合作意识

二、职业能力培养体系构建

（一）人才培养目标

商检技术专业（食品安全第三方监管方向）面向食品安全行业第一线岗位需要，培养德、智、体、美等方面全面发展，具有良好的职业道德和掌握食品安全第三方监管必备的专业理论知识，具备基本的职业素质与职业技能，能从事食品安全现场督导、快速检测、风险预警、渠道拓展等岗位工作的高端技能型人才。

主要就业单位有生产企业、流通企业、服务企业。主要就业部门包括食品安全检测部门、食品安全督导部门、食品质量控制部门。

主要就业岗位有食品安全快速检测员、食品安全现场督导员、食品安全风险预警员、食品安全渠道拓展员。

（二）人才培养规格

1. 素质要求

（1）职业道德。

①了解国家有关法律法规。

②具有正确的价值观、人生观和世界观。

③具有良好的职业道德和社会公德。

④具有诚实守信、爱岗敬业的优良品质。

（2）身体素质。

①掌握体育锻炼基本技能和基本知识。

②身体健康，达到《国家学生体质健康标准（2014 年修订）》的各项指标。

（3）心理素质。

①具有教育部《普通高校大学生心理健康工作实施纲要》的要求，人格完善，心理健康。

②具有健全的意志品质和较强的心理调节能力。

③具有真诚、理智的性格，善于处理人际关系。

2. 能力要求

（1）专业能力。

①语言文字表达能力。

②英语交流能力。

③计算机应用能力。

④食品安全现场督导能力。

⑤食品安全快速检测能力。

⑥食品安全风险预警能力。

⑦食品安全渠道拓展能力。

（2）社会能力。

①社会交往能力。

②组织能力和协调能力。

③社会适应能力。

④职业道德和行为规范。

⑤团队合作精神。

3. 知识要求

（1）掌握本专业必需的人文基础知识。

（2）掌握本专业必需的计算机基本知识。

（3）掌握本专业必需的英语基本知识。

（4）掌握本专业必需的法律法规基本知识。

（5）掌握食品安全第三方监管的基本知识和基本技能，要求学生获得食品安全第三方监管的食品检验员、助理食品安全师等证书。

（6）掌握计算机的操作方法及其在食品安全监管中的应用。

（三）职业能力培养体系结构

商检技术专业（食品安全第三方监管方向）基于工学结合的办学理念，积极探索人才培养模式。该专业与深圳民声科技有限公司合作订单班，逐步形成了“校企合作无缝对接”的工学结合人才培养模式。该专业根据企业人才需求的要求确定课程内容的选择与调整，企业兼职教师介入课堂内外的教学过程，企业专家在专业教学和实习实训中全程参与对学生的评价过程。已经构建了“学校学习—企业走岗—学校学习—企业仿岗—企业轮岗—企业顶岗—企业就业”这一“校企合作无缝对接”的人才培养模式。

该专业根据高职学生职业能力养成的规律与高职学生“四阶段”培养体系，以职业能力养成的过程为主线，以实践教学为主要手段，根据三年制学习时间安排的要求，把高职学生三年学习的过程分解为四个阶段，并根据四个阶段的教学目标整合各种教育资源，形成商检技术专业独特的高职学生职业能力培养体系。

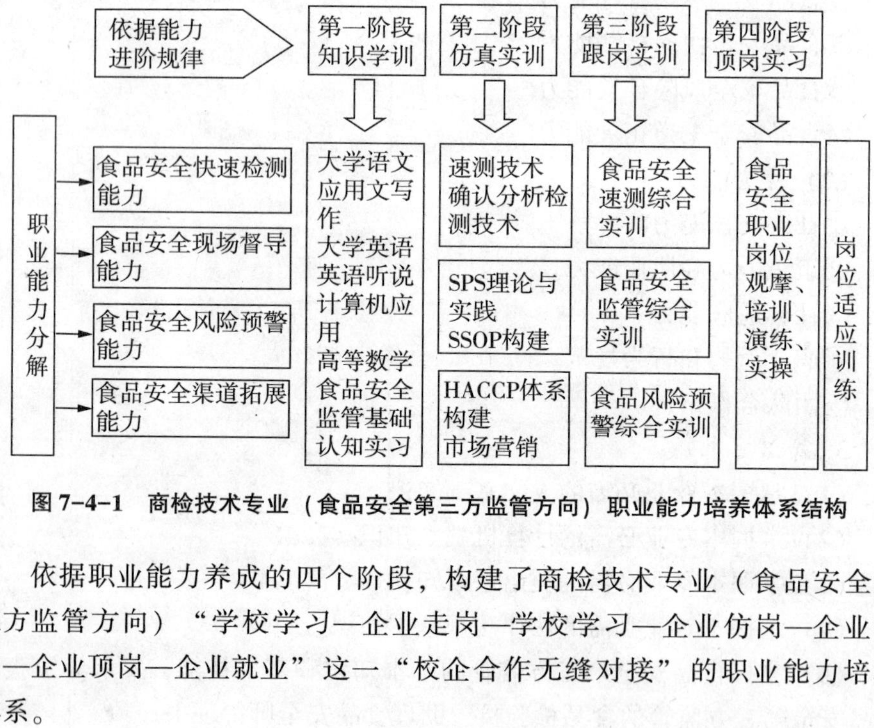

图 7-4-1　商检技术专业（食品安全第三方监管方向）职业能力培养体系结构

依据职业能力养成的四个阶段，构建了商检技术专业（食品安全第三方监管方向）“学校学习—企业走岗—学校学习—企业仿岗—企业轮岗—企业顶岗—企业就业”这一“校企合作无缝对接”的职业能力培养体系。

1. 打造食品安全第三方监管协同创新应用平台，实现教育资源和企业资源的深度融合

（1）强势推进校企合作机制。

湖南外贸职业学院和深圳民声科技整合各自的专业技术、软件建设、教育平台、教育硬件等方面的优势，依托湖南国际经贸职业教育集团建立了多种形式的校企合作平台及食品安全第三方监管协同创新平台，专业建设指导委员会全程参与专业调研，收集行业前沿动态和企业对人才需求变化，剖析食品安全第三方监管的业务流程，确定工作岗位和人才培养规格，制订和完善人才培养方案。

（2）校企合作，实现无缝对接。

①本专业将深圳民声科技公司引入校园，由学院与企业共同出资入股建立了湖南外贸职院食品安全基础化学实训室、食品安全快速检验实训室、湖南高校食品安全第三方监管远程实时监控中心、民声科技湖南食品安全第三方分析测试中心等校内实训基地，基地实行学院与深圳民声科技公司共同经营，学生担任基地的员工从事食品安全第三方监管工作。

②湖南外贸职业学院和深圳民声科技共同承担该专业的校内单项实训、综合实训和校外顶岗实习工作。

在校内实训期间，学生经培训考核合格后，可以参与到湖南外贸职业学院两个食堂的食品安全第三方监管服务，包括原料监控、风险预警、人员培训、操作评审、远程视频监控、成本分析六个方面，为学校师生食品安全保驾护航。在深圳民声科技和湖南外贸职业学院统一组织和协调下，学生也可以参与各地教育局学校食品安全项目和市监局食品安全项目，实时实地感受第三方监管服务工作，服务社会。

在校外顶岗实习期间，学生到深圳民声总部进行为期一年的食品安全知识学习和食品安全监管技能培训，分赴民声科技在全国范围内建立360个食品安全监控中心实习。湖南外贸职业学院和民声科技食品安全第三方监管订单班培养协议中约定了学生就业渠道，前三届订单班中课程及格、考核合格的学生，民声科技100%提供就业岗位，自第四届开始，民声提供50%的就业岗位，其他50%推荐给优秀的食品生产企业、流通企业、餐饮单位从事食品安全监管工作。

校企强强联合，在三年的培养时间里，学生分别在专业分流期、专业课程学习期和顶岗实习期三次到企业接触实际工作的观摩、培训、演练和实际操作，真正实现了专业学习与实际工作需要的无缝对接。

2. 创新“校企合作无缝对接”的人才培养模式

根据食品安全第三方监管岗位职业能力标准，结合“企业+专业”的人才培养模式改革的思路，定期开展市场需求调研，组织校内外专家共同制订食品安全第三方监管专业人才培养方案。

（1）准确定位人才培养目标。

依托与民生科技的校企合作平台，通过对食品安全第三方监管人才的需求调研，在专业建设指导委员会企业专家全程参与和指导下，根据专业人才需求，结合学生职业生涯规划，确定人才培养目标和专业人才培养规格。

（2）拓展订单培养领域。

加强与行业内的龙头企业深度合作，成立订单培养班，3 年后订单班比例争取达到 100%。

（3）完善实践教学平台。

通过继续投资扩展校内经营实体、继续开拓校外实训基地，营造真实或仿真的职业环境，使学生提前接触企业文化，感受职场氛围，按企业要求规范学生的礼仪，养成良好的职业行为习惯。

（4）完善工学交替实践能力培养模式与顶岗实习模式。

在校企合作的人才培养模式下构建工学结合实践教学模式，将课堂内学习与课堂外的实践深度融合交替进行。

（5）继续推行“毕业证+职业资格证”的“双证书”制度。

为学生提供食品安全监管的职业资格认证考试培训，将或课程融入专业教学中，积极鼓励学生参加多种证书的考证，将职业资格证书作为毕业的一个必备条件，3 年后毕业生“双证书”获得率达到 100%。

3. 以协同创新应用平台为基础，校企合作项目带动课程体系的改革和完善

（1）以构建食品安全第三方监管协同创新应用等平台作为课程体系建设的基础。

政府、学校、企业和行业共同参与，建立湖南国际经贸集团、职教新干线大学空间城和食品安全第三方监管协同创新应用等课程建设平台，紧紧依托专业平台建设岗位职业能力的课程体系、开发课程标准和课程体系的改革和完善。

（2）校企合作共同完成专业核心课程的课程标准。

湖南外贸职业学院和民声科技共同完成 HACCP 体系构建理论与实践、

SPS 理论与实践、SSOP 文件构成与实践、速测技术理论与实践、确认分析检测技术理论与实践等 13 门专业核心课程校本教材的编制和教学工作，并开发课程标准。

（3）校企合作共同构建专业学习与实际工作需要无缝对接的实践教学体系。

湖南外贸职业学院和深圳民声科技共同承担该专业的校内单项实训、综合实训和校外顶岗实习工作。在三年的培养时间里，学生分别在专业分流期、专业课程学习期和顶岗实习期三次到企业接触实际工作的观摩、培训、演练和实际操作，真正实现了专业学习与实际工作需要的无缝对接。

（4）校企合作项目带动课程体系的改革和完善。

湖南外贸职业学院和深圳民声科技先后启动民声科技订单班培养、湖南高校食品安全远程监控中心、湖南食品安全现场督导员培训、民声科技湖南食品安全第三方分析测试中心等项目，将课程体系的改革和完善融入项目建设之中。

4. 打造具有食品安全第三方监管行业特色的“双师型”教学团队

（1）进一步健全符合商品检验专业（食品安全第三方监管方向）特色的教师管理制度。

健全“双师型”教师队伍成长和激励机制。继续实行专业带头人遴选制度、新进教师准入实施细则、传、帮、带青年教师导师制、中青年骨干教师培养计划、教师培养培训方案、教师赴企业锻炼方案、兼职教师管理制度、教师科研管理制度等制度和方案，建立稳定兼职教师资源库并实行动态管理。完善新进教师准入标准（两年以上商务行业外向型企业工作经验），实行导师制，指定专家传、帮、带，对青年教师进行培养。

（2）强化实行双专业带头人制。

实行双专业带头人制。聘请具有食品安全监管行业有影响力的企业专家作为专业带头人，培养 1 名省级以上专业带头人，全程参与食品安全第三方监管专业建设。

（3）加大骨干教师培养力度。

商检技术专业（食品安全第三方监管方向）未来 3 年将使骨干教师的培养由现在的 7 名增加到 10 位。每位骨干教师都能主讲 1~2 门专业课。

（4）加快“双师型”教师培养步伐。

采取“外引内培”的方式打造“双师型”专业教学团队，本专业将选派多名教师赴企业锻炼和学习。

(5) 加重企业兼职教师数量比例。

积极聘用行业企业专业人才和能工巧匠担任兼职教师，由兼职教师承担的专业课程学时比例达到50%。加强专兼结合的教学团队建设。

每学期聘请企业兼职教师3~4位。采取灵活多样的授课方式，集中授课、进行讲座；指导学生实训。建立兼职教师库，实行动态更新。专业每学期都会派1~2位教师到合作企业深圳民声科技锻炼，专业教师每年的企业实践和社会实践时间不少于两个月。

5. 进一步完善专业学习与实际工作需要无缝对接的实践教学体系

(1) 校内实训基地建设目标。

在完善现有校内实习实训条件的基础上，完善食品安全第三方监管远程监控实训室、食品安全快速检测实训室、食品安全快速检测实训室（学院食堂）3个仿真式校内实训室。把校内实训室建设成开放式的实习实训基地。

(2) 校外顶岗实习就业基地建设目标。

民声科技精心设计了顶岗实习学生的能力拓展课程、合理安排毕业实习、科学指导毕业设计、辅助毕业教育，以及更好地帮助他们尽快融入企业、阶梯性成长。在完善现有的与民声科技有限公司的校企合作以外，力争与更多相关企业取得校企合作，同时全面完善湖南省高校食品安全第三方监管中心/湖南省食品安全监管员培训中心实训基地。

6. 依托湖南国际经贸集团、职教新干线大学空间城和食品安全第三方监管协同创新应用平台，共同完成了专业教学资源库建设

(1) 建立一个涵盖所有专业核心课程的学历教育资源体系。

通过广泛的市场调研以及与民声科技集团的联络与合作，建立一个涵盖职业教育、职业资格培训、技能训练的学历教育资源体系，使“教、学、做”一体化模式有了明确的指导和依据。同时，将所有专业核心课程的教学文件进行整理和优化，建立专门的案例集库、习题库以及专业理论资源库，并随着专业建设的推进及时修正和完善。

(2) 实现教学资源全面电子化。

开发教学资源并由专人负责及时上传和更新，在职教新干线平台建立网络教学平台。专业教师与学生在网络平台上建立个人空间，教师在空间上传教学过程资料，学生在空间上传学习过程资料，实现教师和学生个人资料的共享，在平台上能进行视频教学，能在线浏览并下载教案、教学课件等资源，学生作业实时上传与批阅，教师在线答疑与师生交流等功能。

(3) 建设多功能实训室。

实训室中配置学生用计算机，学生可用来随时登录数字化教室进行浏览和学习，为数字化教室的应用提供硬件支持。

(4) 建立和完善网络教学资源库功能。

以“教、学、做” 体化为目标，建立起共享型的网络教学平台，该教学平台应有站内搜索引擎、下载图标、分课程分模块的学习指导内容以及网络教学论坛，为在校学生、相关企业和社会学习者提供资源检索、资料下载、学习咨询、人员培训等服务。

(5) 建立起单独面向社会的职业培训资源系统。

职业培训资源主要包括培训项目、培训方案、培训网络课程以及测评系统等内容。同时，与民声科技集团合作开发专门针对企业员工和社会学习者的教学平台，使教学不仅面向在校学生，还能面向社会提供各种职业培训和就业支持服务。

三、职业能力评价

1. 评价指标体系构成

(1) 基本构建思路。

依据职业能力养成的四个阶段，以食品安全专业岗位职业能力需求分析为依据，全面考虑食品安全第三方监管行业职业能力水平的因素，参照设定职业特定能力、行业通用能力、职业素养 3 大类指标。

(2) 评价指标选取与构建。

①职业特定能力。

职业特定能力是指从事食品安全第三方监管行业的相关职业、岗位和工种必须或应当具备的技能和知识，由此设立了理论知识、专业技能两个二级指标。理论知识指标下设立食品安全基础知识等 15 个三级指标；专业技能指标下设立产品分类及确定对应速测项目的能力、产品特性及对应采集和保存能力、采集样品的识别能力、样品检测及检测数据的记录能力等 18 个三级指标。

②行业通用能力。

行业通用能力是指从一般职业活动中抽象出来的可通用的基本能力，可适用于行业内各个职业和工种，由此设立了专业语言能力、计算机操作能力、行业适应能力 3 个二级指标。专业语言能力指标下设立商务沟通能力、商务谈判能力、中文表达能力 3 个三级指标；计算机操作能力下设立计算机操作能力、办公软件操作能力 2 个三级指标。职业适应能力指标下设立沟通协调能力、团队协作能力、主动学习能力、心理承受能力 4 个三级指标。沟通协调能力指标下设立有效沟通能力、组织协调能力 2 个三级指标。

③职业素养。

职业素养是指从事某项职业所需具备的基本素质，由此设立职业道德、职业精神、职业礼仪 3 个二级指标。职业道德指标下设立爱岗敬业、遵纪守法 2 个三级指标；职业精神指标下设立吃苦耐劳、诚实守信、服务意识、工作责任感 4 个三级指标；职业素养下设立仪容仪表、言行举止 2 个三级指标。

综上所述，构建了包括 4 个层次、3 个方面、50 个具体指标的商检技术专业职业能力评价指标体系，如表 7-4-2 所示。

表 7-4-2　商检技术专业职业能力评价指标体系

<table>
<tr><th rowspan="2">目标（A）</th><th colspan="2">一级指标（B）</th><th colspan="2">二级指标（C）</th><th>三级指标（D）</th></tr>
<tr><th>名称</th><th>权重</th><th>名称</th><th>权重</th><th>名称</th></tr>
<tr><td rowspan="15">职业能力</td><td rowspan="15">职业特定能力（B1）</td><td rowspan="15">0. 115</td><td rowspan="15">理论知识（C1）</td><td rowspan="15">0. 25</td><td>食品安全基础知识（D1）</td></tr>
<tr><td>食品安全快速检测技术对相应的危害进行检测、鉴别知识（D2）</td></tr>
<tr><td>食品安全快速检测工作的操作程序知识（D3）</td></tr>
<tr><td>食品安全快速检测数据处理和表达知识（D4）</td></tr>
<tr><td>SPS 基本理论知识和 SPS 文件基本内容（D5）</td></tr>
<tr><td>SSOP 基本理论和 SSOP 文件构建知识（D6）</td></tr>
<tr><td>HACCP 体系基本知识和 HACCP 体系的建立、实施、审核知识（D7）</td></tr>
<tr><td>构建食品安全预警体系基本理论（D8）</td></tr>
<tr><td>食品安全风险知识（D9）</td></tr>
<tr><td>食品安全预警基本知识（D10）</td></tr>
<tr><td>市场开发基础知识（D11）</td></tr>
<tr><td>营销策划基础知识（D12）</td></tr>
<tr><td>商务谈判基础知识（D13）</td></tr>
<tr><td>计算机信息搜集知识（D14）</td></tr>
<tr><td>计算机信息处理知识（D15）</td></tr>
</table>

续表

目标（A）	一级指标（B）		二级指标（C）		三级指标（D）
	名称	权重	名称	权重	名称
职业能力	职业特定能力（B1）	0.115	专业技能（C2）	0.75	产品分类及确定对应速测项目的能力（D16）
					产品特性及对应采集和保存能力（D17）
					采集样品的识别能力（D18）
					样品检测及检测数据的记录能力（D19）
					检测结果的输出能力（D20）
					掌握SPS对食品工厂卫生工作的总体规定（D21）
					构建食品工厂SSOP文件（D22）
					开展SPS评审活动和第三方监管SSOP评审活动（D23）
					对SPS和SSOP文件不符合项进行有效整改（D24）
					HACCP体系的建立与实施（D25）
					HACCP体系审核（D26）
					食品安全预警体系的构建能力（D27）
					食品安全风险的信息搜集能力（D28）
					食品安全风险的信息发布能力（D29）
					食品安全预警技能（D30）
					食品安全市场调研与预测能力（D31）
					食品安全市场营销策划能力（D32）
					食品安全项目的推销与谈判能力（D33）
	行业通用能力（B2）	0.564	专业语言能力（C3）	0.272	商务沟通能力（D34）
					商务谈判能力（D35）
					中文表达能力（D36）
			计算机操作能力（C4）	0.12	计算机操作能力（D37）
					办公软件操作能力（D38）
			行业适应能力（C5）	0.61	沟通协调能力（D39）
					团队协作能力（D40）
					主动学习能力（D41）
					心理承受能力（D42）

续表

目标（A）	一级指标（B）		二级指标（C）		三级指标（D）
	名称	权重	名称	权重	名称
职业能力	职业素养（B3）	0.321	职业道德（C6）	0.206	爱岗敬业（D43）
					遵纪守法（D44）
			职业精神（C7）	0.429	吃苦耐劳（D45）
					诚实守信（D46）
					服务意识（D47）
					工作责任感（D48）
			职业礼仪（C8）	0.365	仪容仪表（D49）
					言行举止（D50）

2. 评价指标权重与等级设置

（1）评价指标权重确定。

指标的权重是指在相同的目标约束下，各指标间的重要性关系，因此，科学确定各评价指标权重对整个评价体系起着举足轻重的作用。我们主要采用较为成熟的 AHP 法（层次分析法）对评价指标赋以权重，如表7-4-3所示。具体步骤如下。

第一步：构建两两比较矩阵。

两两比较是指在同一层次的各个因素对上一层次某个特定因素的相对重要性比较构造出判断矩阵。采用 1-9 标度法进行标度。同一层次内 n 个指标相对重要性的判断由若干位行业专家完成。

表 7-4-3 “1-9”标度法

标度 α_{ij}	含义
1	两个因素相比具有同样重要性
3	两个因素相比，一个因素比另一个因素稍微重要
5	两个因素相比，一个因素比另一个因素明显重要
7	两个因素相比，一个因素比另一个因素强烈重要
9	两个因素相比，一个因素比另一个因素极端重要
2，4，6，8	两相邻判断的中值
倒数	如因素 i 与 j 比较的判断 α_{ij}，则因素 j 与 i 比较的判断 $\alpha_{ij}=1/\alpha_{ij}$

注：α_{ij}为 i 行指标对 j 列指标进行重要性两两比较的值

例如：B层对A层的3阶矩阵

$$B=\begin{bmatrix}1 & \frac{1}{4} & \frac{1}{4}\\ 4 & 1 & 3\\ 4 & \frac{1}{3} & 1\end{bmatrix}$$

第二步：确定指标权重。

采用和积法计算。

（2）设置评价等级。

评价等级的设置没有统一的规定。评价等级数量越多，精确度就越高，整个评价的复杂程度越强。为了保证职业能力评价的科学性，我们将评价等级设定为4个级别，即名义能力、功能性能力、过程性能力和整体化的设计能力。具体解释如下。

①名义能力。职业能力水平的第一层次，该层次的学生具有表面的、概念性的知识。

②功能性能力。这一级别的学生具备使用专业工具所需的与情境无关的基本知识和相应的技能。

③过程性能力。这一能力涉及工作过程知识和相关的职业资格要求。

④整体化的设计能力。这一能力要求学生将工作任务放到整个系统中去认识。

参 考 文 献

[1] F. A. 哈耶克. 致命的自负 [M]. 冯克利，胡晋华，等译. 北京：中国社会科学出版社，2000.

[2] 欧阳河，等. 职业教育基本问题研究 [M]. 北京：教育科学出版社，2006.

[3] 黄尧. 职业教育学——原理与应用 [M]. 北京：高等教育出版社，2009.

[4] 马克斯·韦伯. 社会科学方法论 [M]. 李秋零，田薇，译. 北京：中国人民大学出版社，1999.

[5] 毕结礼. 高技能人才开发探索与实践 [M]. 北京：企业管理出版社，2005.

[6] 何应林，宋兴川. 高技能人才概念研究 [J]. 职教论坛，2006 (1).

[7] 彭蝶飞，伍海琳，杨建安，童成意. 高职酒店管理专业"工学交替及双向参与"模式下实践教学的构建与实施 [J]. 湖南科技学院学报，2010，31 (2).

[8] 孟铁鑫. 基于工作过程的高职酒店管理专业课程体系构建 [J]. 商业经济，2011 (21).

[9] 姜舒曼. 澳大利亚职业教育评价体系对我国高职学生职业能力评价的启示 [J]. 物流工程与管理，2013，35 (5).

[10] 刘雪梅. 高职学生职业能力培养体系构建研究 [J]. 职教论坛，2012 (27).

[11] 王国辉. 社会转型期日本技术人才培养体系的再建构——基于职业能力开发大学校的职能分析 [J]. 外国教育研究，2014 (7).

[12] 周如俊. 职业院校实践教学体系的构建综述研究：基于职业能力培养视角 [J]. 职教论坛，2014 (3).

[13] 陈建新，蓝洁. 基于职业能力培养的高职实训支持体系架构 [J]. 职业技术教育，2014 (7).

[14] 丁宗胜. 高职学生职业能力培养的路径探索 [J]. 中国职业技术教育，2014 (17).

[15] 李兰，张小锋，陈丽媛. 中外高职教育职业能力培养比较研究 [J]. 经济研

究导刊，2013（29）.

［16］何晓蓉，龙山红，余绍军．高职工学结合人才培养质量评价体系刍议［J］．职教论坛，2010（8）.

［17］陈汇．高职院校学生质量评价体系探究［J］．职业技术教育，2011（32）.

［18］姜大源．职业教育学研究新论［M］．北京：教育科学出版社，2007.

［19］彭铁光，王辉．高职国际贸易专业仿真互动实训基地建设的探索与实践［J］．职教通讯，2013（20）.

［20］何添锦．“十一五”期间浙江技能型人才需求及培养对策［J］．教育与职业，2006（3）.

［21］韩雪洁，鹤洋．短缺之痛——吉林省高技能人才状况调查［J］．劳动保障世界，2006（3）.

［22］彭薇．苏州市如何走出高技能人才短缺的困境［J］．职业教育研究，2006（1）.

［23］侯雯．石家庄市企业高技能人才短缺的原因及对策［J］．职业教育研究，2005（11）.